KB088696

내가 유토피아가 되는 4가지 비밀

4브레인
내면연금술

4브레인 생활수행 창안자 玄牝 이 여 명 박사

고려대학교 영어영문학과, 원광대대학원 기학(氣學) 박사과정을 졸업했으며 동원대학교 뷰티디자인학과 외래교수로 재직한 바 있다. 타오월드협회 회장이자 이여명 장기힐링마사지 아카데미 원장, 이여명 '에너지오르가즘' 연구소 소장이다.
대학 때부터 정신세계에 몰입, 치열한 구도의 길을 걸어오며 완전 건강과 깨달음을 얻고자 자연건강법과 타오수련에 정진해왔다. 1997년부터 세계 최초로 타오수련에 입각한 '4브레인 생활수행' 체계를 정립해, 전인(全人) 교육을 실시하며 대중을 완전 건강과 행복, 깨달음으로 이끄는 데 힘쓰고 있다.

- 저서 〈기적의 복뇌건강법〉,〈배마사지 30분〉,〈뱃속다이어트 장기마사지〉,〈충전되는 에너지오르가즘 비법〉,〈오르가즘 혁명〉,〈성수련으로 풀이한 소녀경〉 외 다수
- 역서 〈치유에너지 일깨우기〉,〈멀티 오르가즘 맨〉,〈골수내공〉 외 다수
- 논문 〈장기 기마사지가 상기증 해소에 미치는 영향〉(석사논문)
       〈빌헬름 라이히의 성이론 연구〉(박사논문)

4브레인 내면연금술

지은이　이 여 명
펴낸이　이 영 주
편집　　이 은 선

초판1쇄 발행　2022년 4월 10일

펴낸곳　도서출판 타오월드
출판등록　1993,4,23. 제10-812호
주소　　서울 종로구 돈화문로 88, 일중빌딩 2~4층
전화　　(02)765-3270 | Fax (02)765-3271
홈페이지　www.taoworld.kr | www.taolove.kr

값 24,000원
▶ 잘못 만들어진 책은 바꾸어 드립니다.

내가 유토피아가 되는 4가지 비밀

4브레인
내면연금술

4브레인 생활수행 창안자

玄牝 이여명 박사 지음

타오월드

유토피아는 가는 곳이 아니라 내 안에서 되는 것!

행복을 얻는다는 건 삶에서 삶의 부자가 되어 진짜 성공한다는 의미이며, 삶의 고해에서 구원을 얻는다는 뜻이다. 인생 경영을 성공적으로 이끄는 건, 궁극적으로 삶의 구원과 관계가 깊다.

흔히들 행복한 환경이나 행복의 조건이 있다고 생각한다. 그러니 행복하게 해주는 조건이나 환경을 찾아 다들 정처 없는 여행을 떠나곤 한다. 그 여정에서 그들 나름의 행복을 느끼고 찾는 경우도 있지만, 대부분은 신기루나 파랑새를 좇았다는 후회와 함께 허탈감으로 결말을 맺곤 한다.

'진짜 지구촌에는 행복은 없는 것일까?' '인생은 고해일 뿐일까?' '생로병사의 비극은 정해진 운명일까?'

진리와 행복을 찾는 여행이 종종 실망으로 끝나는 건, 외부에서 그것을 찾기 때문이다. 나 자신도 그런 시행착오를 많이 겪었다.

어떤 명약이나 명의가 나의 건강을 지켜주고, 어떤 이념이나 종교가 나를 구원해주고, 돈이나 지위 등 어떤 조건이 나를 행복하게 해준다고 믿는다. 그런 조건들을 좇다가 아까운 삶을 허비하기 일쑤이며, 운 좋게도 그것들을 얻었다 해도 잠시만 행복감을 느끼며 안도할 뿐이다. 그리고는 이내 다른 파랑새를 좇는 자신을 발견하게 된다.

나는 수많은 헛발길질 끝에 행복은 오는 게 아니라 발견하는 것이라는 깨달음에 도달했다. 행복의 보물은 내 안에도 밖에도 널려있다. 종교적으로 표현하면, 천국이나 유토피아는 내 안에도 주변에도 깔려있다. 오직 그것을 보지 못하고 누리지 못하는 **나** 자신이 **문제**일 뿐이다.

유토피아는 가는 게 아니다. 내 자신이 유토피아가 돼야 비로소 행복을 발견하고 누리게 된다. 복이 와야 웃는 게 아니라 웃으면 복이 오는 것이 진리이다.

행복과 진리는 생각보다 가까이에 있었다. 너무 가까이에 있어 오히려 보지 못했던 것이다. 오랜 탐구 끝에 나는 이런 진리에 도달했다.

"행복과 진리의 열쇠는 자신의 4브레인 안에 있으며,
자기 탐구를 통해 발견할 수 있고,
4브레인 생활수행을 통해 진짜 내 것으로 향유할 수 있다."

결국 자기 자신의 본성과 본질을 알고 그것을 찾는 것이, 곧 궁극적인 행복의 길과 통한다.

인간은 성, 몸, 마음, 정신의 크게 4가지로 이뤄져 있다. 나는 이런 인간의 요소를 '4브레인'이라고 하여 성뇌(性腦), 복뇌(腹腦), 심뇌(心腦), 두뇌(頭腦)의 네 가지 뇌로 표현했다. 인간은 이 네 가지 요소, 즉 4브레인를 조화롭게 충족시켜야 참으로 행복하다. 급기야 4브레인의 잠재력을 깨워야 성공하는 삶을 살고, 고해의 인생에서 구원된다.

이 책은 4브레인의 잠재력을 깨우는 4브레인 내면 연금술을 담고 있다. 4브레인을 관통하는 하나의 원리를 이해하고 그것을 삶 속에서 실현하는 행복지도, 즉 올바른 인간 삶의 길을 안내하는 근본적이고 전체적인 길라잡이이다.

4브레인 중 하나, 즉 단편적인 것에만 의존하고 심취한다면, 결핍과 실망만 반복될 뿐이다. 자기 자신의 4브레인 본성과 본질을 통찰하고 깨우는 전체적 접근과 관리만이 그대를 온전히 변화시킨다.

행복은 그저 오는 게 아니라 발견하는 것이면, 이 책은 행복 발견의 고해상도 지도라고 할 수 있다. 이 지도를 따라가노라면 세상에서 가장 행복한 사람이 되어 있는 자신을 발견하게 될 것이다.

성토피아, 몸토피아, 맘토피아, 얼토피아를 이룬 전인(全人)은 육체적으로는 젖과 꿀이 흐르는 몸을 이루고, 정신적으로는 순간순간 새롭게 창조하는 대자유인이 된다. 즉 유토피아의 몸신, 해탈의 대자유인이 된다.

환경이나 조건이 아닌 주체의 변화, 나를 완성하는 것이 유토피아, 행복한 삶을 사는 길이다. 유불선의 각 종교가 추구한 이상 인간상은 원래 같다. 유교의 **성인(聖人)**, 불교의 **부처**, 도교의 **도인(道人)**, 기독교의 **신인(神人)**은 바로 그 자신이 유토피아를 이룬 전인(全人), 완성자이다.

4브레인 행복지도를 펼치면, 누구나 전인이 되는 길을 쉽게 발견할 수 있다. 그대 스스로를 변화시키는 **'알라딘램프'**와 **'도깨비방망이'**를 알게 되기 때문이다.

믿기지 않는가? 정말 그런지 한번 펼쳐보기 바란다!

2022년 봄
지은이 玄牝 이여명

이 책은 진리와 행복 탐구를 위한 입문서이다. 행복의 열쇠는 자기 자신에 대한 앎이다. 목차 대로 읽어가며 직접 실천해보면 자신과 삶의 본질을 깨닫고 어느덧 행복의 나라에 도달한 자신을 발견하게 된다. 하지만 개개인에 따라 다음 지침을 참고하면, 내면 연금술을 더욱 쉽고 신나게 따라갈 수 있다.

1. 4브레인 내면 연금술에 대한 전체 개요를 이해하기 위해서는 1부와 2부를 읽는다.
2. 나의 인간 유형과 나와 다른 타인을 이해하고 싶다면 3부를 읽는다.
3. 4브레인 내면 연금술 체계를 심도있게 이해하기 위해서는 4부의 도입부와 4부 각 수련의 도입부, 그리고 수련의 원리와 단계를 읽는다.
4. 4브레인 내면 연금술의 구체적 실천법은 4부 중 수련 따라하기 부분을 읽는다. 특별히 먼저 실천해보고 싶은 수련이 있다면 4부의 1~4장 중 해당 뇌 부분부터 읽고 단계별로 따라해 본다.
   특히 두뇌수련 3단계는 생활명상이라 누구나 쉽게 이해하고 실천할 수 있으니 먼저 읽어도 좋다.
5. 4브레인 내면 연금술을 실천하기에 앞서 생생한 변화 과정을 미리 알고 싶다면, 5부 '내 안의 유토피아를 맛본 사람들 이야기'부터 읽어본다.

contents

4브레인 행복지도를 펼쳐라!

당신이 가진,
그러나 고이 접어둔 행복지도

> "자신의 4브레인 안에 행복과 진리의 열쇠가 있다.
> 자기 탐구를 통해 발견하며, 4브레인 생활수행을 통해
> 진짜 내 것으로 향유할 수 있다."

누구나 행복과 건강을 원한다. 새해 인사는 물론이고 늘상 우리는 '행복하세요!', '건강하세요!' 하는 인사를 입에 달고 산다. 그런데도 실제로는 행복하고 건강한 사람은 그다지 많지 않은 것 같다.

왜 그럴까?

근본적 관점에서 내 대답은 이것이다. **"바로 나 때문이다!"** 그런데 모두들 "너 때문이야! 조상 탓이야! 환경 때문이야! 코로나 때문에 미치겠어!" 하고 있으니, 문제 해결은 요원해 보인다.

나 때문에 모든 문제와 불행, 고통이 생긴다는 사실을 모르는 것은, 즉 나 자신에 대해 아는 게 많지 않다는 뜻이다. 나 자신이 무엇을 좋아하고 싫어하는지 모르고 있고, 근본적으로는 내 본질과 본성을 전혀 모르고 있다는 것이다.

"과연 나는 누구인가?" 이런 본질적인 문제는 차츰 다루기로 하고, 우

선 많은 사람들이 행복하지 못한 현실적인 이유를 알아보자.

그 이유는 한마디로 '행복의 지도'가 명확하지 않거나 없다는 것이다. 우리가 보물을 찾으려면 우선 정확한 보물지도가 필요하다.

물론 보물지도가 있어도 보물을 직접 찾아나서서 시행착오를 거치며 고군분투 하지 않으면 소용없을 수도 있다. 하지만 일단 보물지도가 없다면 보물을 찾으려는 시도조차 하기 힘들고, 시도하더라도 그 여정은 험난하고 기약 없이 더욱 오래 걸릴 수밖에 없다.

이쯤에서 누군가 대뜸 시비를 걸 것이다. 이미 경전이나 수행서, 철학서, 건강서, 행복론 등이 수없이 많다고 말이다! 그렇다. 많은 선현들의 가르침이나 경전, 그리고 과거와 현대 탐구자들의 발자취들이 많은 건 사실이다. 하지만 행복을 위한 지도들은 단편적이고, 또한 그 길들이 불명확하게 여기저기 흩어져있을 뿐이다. 심지어는 엉뚱한 노선들이 지저분하게 깔려 있어 더욱 헷갈리기도 한다. 또한 가지 말아야 하고 갈 수 없는 길로 이끌기도 하고, 가야 할 길을 못 가도록 금지표시를 하고 있다.

예를 들면, 갈 수 없는 길은 현실 도피를 부추기는 내세, 이상향 등이다. 가야 할 길을 못 가도록 금지하는 건 자연스러운 성욕을 죄악으로 규정하는 관념에서부터 기타 무수히 많은 금기사항들이 있다.

인간의 욕구는 성적 욕구, 육체적 욕구, 감정적 욕구, 정신적 욕구 등 크게 4가지로 대별할 수 있다. 나는 이런 인간의 요소를 '4브레인', 즉 성뇌(性腦), 복뇌(腹腦), 심뇌(心腦), 두뇌(頭腦)의 네 가지 뇌로 표현했다.

인간은 이 네 가지 요소, 즉 4브레인을 조화롭게 충족시켜야 참으로 행복하다.

그런데 **현 인류가 떠받드는 대부분의 경전들은 두뇌 혹은 심뇌의 욕구만 다루고 있다.** 거기에는 현실 행복에 가장 중요한 육체 건강의 원리가 전무하다. 특히 인간의 가장 근본 욕구인 성욕을 충족시키기는커녕 죄악이나 수치로 세뇌하는 금욕적 교조들로 가득 차 있다.

그리고 세상에는 각종 건강법이나 건강 지식은 넘쳐나지만 건강 지혜는 참으로 부족하다. 성욕은 난무하고 성행동은 쾌락적으로 남발하지만, 성욕을 심오하게 충족시키고 승화하는 지혜는 부족하다.

다시 강조하지만 인간은 '4브레인', 즉 성뇌, 복뇌, 심뇌, 두뇌가 조화롭게 충족되어야 참으로 행복하다. 나는 오랜 연구와 체험을 통해 인간의 네 가지 요소인 '4브레인'을 충족시키고, 더 나아가 그 잠재력을 무한히 개발하는 원리와 실천법을 터득하게 되었다. 20대 초부터 시작된 진리 탐구가 50대가 넘어서야 어느 정도 성숙되어 그 진미를 조금이나마 맛보게 되었다. 그 삶의 맛이 너무나 오묘하고 신비로워, 그 맛을 많은 사람들과 나누고자 4브레인 행복지도를 쓰게 되었다.

서두에서 자기 자신에 대한 앎이 행복의 열쇠라고 언급했었다. 사실은 자기 안에 이미 우리가 찾고자 하는 행복의 보물이 모두 존재한다. 등잔 밑이 어두워 행복이란 보물을 보지 못할 뿐이다. 눈이 다른 사물은 볼 수 있지만 정작 자기 자신은 보지 못하지 않은가!

자기 인식은 단순히 지식으로만 이뤄지지 않는다. **자기 관찰과 자기 공부를 통해 자기가 변화하여 내재된 잠재력이 깨어날 때 진면목이 스스로 드러난다.** 그러니 우선 자신에 대한 공부부터 시작해, 자신의 욕구를 충족시키고 자신의 잠재력을 깨우는 실천부터 시작해야 한다.

원래 학교나 대학은 서양식으로는 지덕체(智德體), 동양식으로는 정기신(精氣神)의 인간 전체 요소를 함양해 조화로운 인간을 양성하는 목적을 지향했다. 하지만 지금의 학교는 국영수 중심의 지식을 전하는 두뇌 교육 내지는 직업 교육 차원으로 전락하고 말았다. **학교는 지식을 전하는 곳이 아닌 자신의 존재를 바꾸는 곳이 되어야 한다.**

참으로 우리에게 진정 필요한 공부는 자기 인식이며 행복한 삶에 대한 실천 지침이다. 자기 자신도 모르면서 어떻게 세상과 자연, 우주를 이해할 수 있으며, 스스로 행복하지 못하면서 어떻게 행복한 이상향을 찾을 수 있겠는가?

그런데도 종교인들은 다른 차원에 존재할 것으로 믿는 환상의 이상향만 좇고, 철학자들은 세계를 다양한 방식으로 해석하는 데만 애쓰며, 과학자들과 정치인들은 인간 자신의 변화 없이 물질과 세상만을 자기의 입맛대로 가위질하려 한다. (요즘은 유전자까지 가위질하기에 이르렀다.)

"철학자들은 세계를 다양한 방식으로 단지 해석하기만 했다. 그러나 문제는 세계를 변혁시키는 것이다."
 – 칼 막스, 「포이에르바하에 관한 테제」

"진리의 열쇠는 자신 안에 있으며, 자기 응시를 통한 자기 인식 속에서만이 시간에 속하지 않은 불변하는 진리를 발견할 수 있다."
 – 크리슈나무르티, 「자기로부터의 혁명」

공산주의의 이론적 토대를 마련한 칼 막스는, 세상의 해석에서 나아가 세상의 변혁을 추구해야 한다고 설파했다. 하지만 인간 자신의 변화가 동반되지 않는 세상의 변화는 끊임없는 다툼과 전쟁만 일으킬 뿐이다. 공산주의나 사회주의가 다른 체제의 국가들보다 행복한 사회라고 볼 수 없지 않은가? 민주주의라 해도 사회주의보다는 좀 나아 보이지만, 국민들 대다수가 그다지 행복하지 못한 것은 마찬가지이다.

반면 인도의 현대 성자로 추앙받는 지두 크리슈나무르티(Jiddu Krishnamurti, 1895~1986)는 진리에 대한 성찰이 한층 깊다. 자기 인식을 통해 내면에서 불변의 진리를 발견할 수 있다는 통찰이다. 하지만 그는 어떤 정신적 진리는 일별했을지언정 정작 자신은 암으로 생을 마감했다. 이에 대해 정신과 육체는 별개의 문제라고 할 수도 있다. 더 나아가 세상의 죄악을 대속하느라 암에 걸렸다고 미화할 수도 있겠다. 혹은 그는 암에 걸렸어도 진리와 행복을 성취했다는 등의 여러 해석이 가능하다.

하지만 나는 건강과 성의 원리에 대한 무지 때문이라고 본다. 크리슈나무르티는 의식의 흐름에 대해서는 냉철한 탐구와 깨달음이 있었지만, 건강 실천에서는 지혜롭지 못했다. 특히 성적 금욕으로 인한 많은 내적 갈등과 심신의 부조화를 겪었다.

자기 인식은 의식이나 정신 차원의 탐구뿐만 아니라 육체와 성 차원에서도 이뤄져야 한다. 또한 인식으로만 그쳐서는 안 되며 4브레인의 모든 잠재력이 4브레인 생활수행으로 한껏 깨어나고 변화돼야 한다. 이것을 간단하게 정리하면 다음과 같다.

> "행복과 진리의 열쇠는 자신의 4브레인 안에 있다. 자기 탐구를 통해 발견할 수 있으며, 4브레인 생활수행을 통해 진짜 내 것으로 향유할 수 있다."

이제 누구나 진짜 행복해지고 자유로워지는 행복의 보물지도, 4브레인의 원리와 실천법을 나누고자 한다. 인간의 네 가지 욕구를 모두 조화롭게 충족시키고 개발하는 4브레인의 행복지도는 그 어느 종교의 경전이나 행복 철학, 행복 실천법들보다 실제적이고 통합적이며 쉬운 접근법이다.

부디 독자 여러분들도 이 4브레인의 행복지도를 통해 지금 여기에서 행복하고 자유로운 삶을 살아가는 데 바른 이정표로 삼을 수 있기를 바란다. 아니 이 생애에서 반드시 가슴 벅차고 황홀한 **유토피아의 몸**(몸과 마음)을 성취하길 간절히 바란다.

내가 행복지도를 찾기까지

두뇌 – 알고 추구하는 행복
심뇌 – 보고 듣고 느끼는 즐거움
복뇌 – 움직이고 먹는 즐거움
성뇌 – 접촉하는 쾌감

온통 즐거움과 행복으로 넘쳐나는구나!
이 세상!

'나는 누구인가? 나는 어디에서 와서 어디로 가는가?'
'어떻게 하면 행복한 삶을 살 수 있을까?'

인간이면 누구나 자기 본질에 대한 근원적 의문에 빠져들곤 한다. 반면 행복한 삶에 대한 고민은 흔히들 몰두하는 문제이다.

내 고민은 20대초, 정확히는 대학 2학년부터 시작되었다.

대학을 입학하면서 처음 서울 생활이 시작된 대학 1학년, 대학과 서울 생활이 낯설면서도 신기하기만 했다. 대학 1학년 때는 좌충우돌하며 시간 가는 줄 모르고 보내다가, 2학년이 되자 차츰 삶에 대한 회의와 자신의 본질에 대한 이런저런 의문이 강하게 밀려왔다. 나 자신이 진정 누구인지도 모른다 생각하니, 삶이 구름 위에 떠 있는 것처럼 허무하고 불안해졌다.

과연 존재의 본질에 대한 근본적 의문이 풀릴 수 있을까? 그렇다고 어떤 의문이든 풀리지 말라는 법도 없지 않은가? 성경에도 "구하면 얻을 것이요, 두드리면 열릴 것이다!"라고 하지 않았던가?

나는 나 자신을 찾는 여정에 과감히 뛰어들었다.

나는 먼저 철학에 눈길을 돌렸다. 고대 철학자인 소크라테스, 플라톤에서부터 근대의 데카르트, 칸트, 쇼펜하우어, 그리고 비트겐슈타인, 화이트헤드 등 현대 철학자에 이르기까지, 철학과 수업도 청강해가며 철학책을 닥치는 대로 읽었다.

하지만 철학공부를 하면 할수록 머릿속만 더 복잡해지고 공부할 것만 늘어갔다. 철학공부를 더 한다고 해서 삶의 해답이 얻어질 것 같지는 않았다. 진리에 대한 치열한 고민과 그것을 풀려는 철학적 방법론은 내게 나름의 위로와 지적 만족감은 주었지만, 내 인생은 여전히 뿌연 안개 속에서 허우적거리고 있었다.

그렇다면 문학은? **오히려 문학은 재미도 있고, 타인의 인생 스토리를 통해 적잖은 교훈을 선사했다.**

여러 소설 중 영국 작가 서머싯 몸(William Somerset Maugham, 1874~1965년)의 자전적 소설인 「인간의 굴레(Of Human Bondage)」가 기억에 가장 많이 남는다.

고아 필립이 여러 가지 실패와 좌절을 통하여 결국 인생은 무의미하다는 결론에 이르는 내용으로, 말더듬이였던 작가 자신의 카타르시스를 위하여 쓴 작품이다. 고뇌를 짊어진 한 젊은이가 인생과 사회에 눈떠 가는 과정을 자전적으로 그렸다는 점에서, 내가 걸어야 할 길을 미리 보는 듯했고 무척 공감이 갔다.

필립이 오랜 고초를 겪은 후 깨달은 것은, 인간은 태어나 고생하다 죽을 뿐 인생에는 아무런 목적도 의미도 없다는 것이다. 직공이 오직 심미적인 기쁨을 위해서 양탄자의 무늬를 짜듯이 말이다. 소설은 필립이 결국 인생, 사랑, 죽음의 무의미함을 깨닫고, 샐리라는 여인을 만나 평범한 결혼생활을 준비하는 것으로 끝을 맺는다.

이 소설은 삶의 허무를 얘기하려는 의도보다는, 삶의 의미 추구라는 굴레조차 뛰어넘어 오히려 완전한 자유와 행복을 얻었다는 사실을 들려주는 듯했다.

'그렇다! 삶에 무슨 대단한 의미와 목적이 있다고 그것을 찾아 그토록 고뇌에 빠질 필요가 있겠는가? 그냥 순간순간 최선을 다하며 일하고, 결혼하고, 아이를 낳고, 죽음을 맞이하면 될 것을!' 이런 교훈을 얻자 일순간 마음이 편안해진 듯했다. 하지만 존재에 대한 의문은 여전히 떠나지 않고 머릿속을 맴돌았다.

여전히 안개 속을 헤매고 있을 즈음, **나는 우연히 인도의 현대 성자인 크리슈나무르티의 책 「자기로부터의 혁명」을 접하게 되었다.** 책의 서문을 읽고는 단번에 무릎을 쳤다.

"진리의 열쇠는 자신 안에 있으며, 따라서 자기응시를 통한 자기인식 속에서만 시간에 속하지 않은 영원불멸의 진리를 발견할 수 있다."

모든 문제는 내 안에 있으며, 그 해답도 내 안에 있다! 이 한 문장 속에서 진리를 발견한 것은 아니지만, 진리를 발견할 수 있는 길은 확연히 느껴졌다. **나는 지식이 아닌 자기통찰을 통한 깨달음이 모든 문제의 해답이라는 막연한 생각이 들었다.**

그때부터 내면의 여행이 시작되었고, 그 여행 지도를 얻기 위해 다양한 성자들과 종교들에 대해 공부하게 되었다. 크리슈나무르티를 비롯해 오쇼 라즈니쉬, 라마나 마하리쉬, 라마 크리슈나 등의 인도 성자들이 내 마음을 끌어당겼으며, 불교나 기독교 같은 전통적인 종교뿐만 아니라 각종 신흥종교에도 관심을 기울였다.

이런 내면의 탐구에 열중하던 중, 대학 2학년 2학기가 시작될 무렵이었다. 나는 우연히 한 구도단체를 만나게 되었다. 우연히 접한 이곳에서 나는 20대 청춘, 거의 10여년을 고스란히 쏟아부으며 본격적인 정신수행에 몰입했다.

내가 입문한 구도단체는 자신을 이기는 극기훈련이 핵심교리였고, 철저한 금욕생활이 그 밑바탕이었다. 그때까지만 해도 나는 미련할 정도로 고지식해서, 배운 대로 실천하려고 무척 애썼다. 하지만 팔팔한 20대 청년기에 피 끓는 정욕을 누르고자 사투를 벌인 금욕생활은 여간 힘든 일이 아니었다.

나는 정신수행뿐만 아니라 진리를 전하려는 사명감도 불타올라 대학 4학년에 이미 500쪽에 달하는 책을 썼다. 철학, 종교, 정신세계, 과학 등 진리를 찾고자 2년여간 탐독한 각종 서적을 학문적으로 정립하려는 의도였다. 그 이후로도 몇 권의 책을 더 썼는데 지금 읽어봐도 그 내용의 방대함과 논리가 놀라울 정도이다. 진리탐구에 대한 당시의 열정은 확실히 뭔가에 홀린 듯한 신들림이 있었던 것 같다.

그런데 치열한 구도 과정에서 즐거움과 행복감보다는 자주 두통과 피로감의 고통을 겪곤 했다. 일반적인 두통과는 달랐다. 머리가 안개가 낀 듯 무겁고 멍하며, 무언가 알 수 없는 기운이 머리를 압박하는 듯한 극심한 통증이었다.

그때까지만 해도 나는 그것이 무슨 증상인지, 왜 그런 고통에 시달리게 되었는지 도무지 알 수가 없었다. 오랜 세월 동안 통제할 수 없는 기운의 포로가 된 것처럼, 쳇바퀴 돌듯 이어지는 고통의 굴레 속을 헤매야만 했다. 그리고 10여 년이 흐른 후에야 비로소 그 실체가 상기증(上氣症)이라는 사실을 알게 되었다.

상기증은 말 그대로 기(氣), 즉 몸의 에너지와 열기가 가슴이나 머리와 같은 상체로 과도하게 몰리는 기의 불균형 상태다. 흔히 '열 받았다'고 말하는 상태다. 이른바 수승화강(水昇火降)이 이루어져야 인체 에너지가 조화롭게 순환하는데, 에너지가 머리에 몰려 불타는 듯하니 얼마나 피곤하고 괴롭겠는가?

내 경우는, 몸을 잘 돌보지 않은 상태에서 극심한 정신활동에 몰두해 에너지가 머리로 과도하게 몰린 결과였다. 나중에 확실히 깨달은 사실이지만, 극심한 금욕생활로 인한 성에너지 정체가 상기를 가중시킨 것이었다. 진짜 심해지면 그야말로 미치는 증상인 것이다.

상기증을 겪은 후부터 건강에 관심 갖고
장기마사지를 만나 복뇌수련 완성

　나는 극심한 상기증을 겪으면서부터 건강에 관심을 가졌다. 에너지의 불균형 상태에 빠져 있었으니 당연히 몸과 머리가 무겁고 자주 피로했으며 소화불량으로 고생할 수밖에 없었다. 몸이 하루하루 죽을 지경인데 수행이 다 무슨 소용이란 말인가? 진리탐구도 좋지만 먼저 몸이 건강해야겠다는 생각이 들었다.

　이런 이유로 자연요법의 세계에 발을 디디게 되었다. 이번엔 각종 건강 서적들을 탐독해가며 관련 지식을 섭렵했다.

　필요하고 일리가 있다고 생각되는 강좌에 참여하기도 하고 직접 체험해봤다. 단식, 생채식, 침구와 한의학, 다양한 분야의 민간요법 등에 심취해서 공부했다. 우선 나 자신의 건강 문제를 해결하고자 하는 목적이 가장 다급했지만, 건강에 관한 진리를 찾고 나름의 체계를 정립하고자 하는 목적도 있었다.

　다양한 건강법을 공부하고 체험하면서 얻은 결론은 의외로 평범했다. 한 마디로 요약해, 병은 잘못된 생활에서부터 오는 것이니 건강한 생활을 회복하는 것이 근본이라는 것이다.

　나는 **건강한 생활 원리를 쾌소(快笑), 쾌식(快食), 쾌동(快動), 쾌변(快便), 쾌면(快眠)의 오쾌법칙(五快法則)으로 정리했다.** 유쾌한 마음가짐을 갖고, 잘 먹고, 잘 움직이고, 잘 배설하고, 잘 휴식하는 생활이 바로 오쾌법칙인데, 실천할 수 있는 각각의 실천법을 나름대로 정리했다.

　이번에도 단순하고도 명쾌한 진리를 전하기 위해「건강을 얻는 마음의 지혜」라는 책도 쓰고 강의도 열었다. 실제로 내 책을 읽고 건강의 지혜를 일깨우고 마음의 힘을 얻어 지병을 극복한 독자들이 많이 나타났다. 하지만 정작 나 자신의 상기증은 좀처럼 호전되지 않았다.

상기증이 좀처럼 호전되지 않는 상황에서, 나는 자연건강법에서 더 나아가 기공에 큰 관심을 기울이게 되었다. 기공은 성명쌍수(性命雙修)라 하여 몸과 마음, 그리고 기라는 에너지 배양과 운용까지 정기신(精氣神)의 인간 전체를 닦는 수련이다. 기공은 인간의 모든 요소를 닦으니 몸과 마음을 전체적으로 조화롭게 만들어줄 수 있을 것만 같았다.

나는 태극권을 비롯하여 국내의 여러 기공수련을 배웠고, 그 과정에서 중국계 태국인인 만탁 치아가 창시한 힐링타오 국제 기공단체도 만났다. 초기에는 힐링타오의 성도인술 수련에 관심이 많았다. 20대 내내 금욕수행에 몰입했기에 성에너지를 방탕하게 낭비하지 않고 창조적으로 다루는 데 관심이 많았던 까닭이다.

하지만 기공을 통해서도 상기증은 여전했다. 쉽게 상기되는 내 체질에서는 호흡과 기공수련이 제대로 되지 않았으며, 억지로 호흡이나 기공수련에 몰입하면 오히려 상기증이 더욱 심해지는 경우도 있었다. **결국 이러한 문제는 장기마사지를 만나고 난 후에야 해결할 수 있었다.**

장기마사지를 시작하게 된 동기는, 우연히 내 배를 유심히 관찰하면서 손으로 만져보면서부터였다. 배를 여기저기 눌러보니 통증이 매우 심했고, 전체적으로 딱딱하게 굳은 것처럼 근육이 몹시 긴장되어 있었다.

그때부터 나는 아프고 딱딱하게 굳기까지 한 내 배를 직접 지압하며 풀기 시작했다. 손으로 지압하다가 너무 힘들면 공이나 그릇 같은 둥근 물체를 바닥에 깔고 위에 엎드려 배를 풀기도 했다. 신기하게도 배를 풀고

나면 속이 편안해졌다. 머리로 몰렸던 열도 쉽게 가라앉았다. 소화도 비교적 잘 되었다. 그런 체험을 통해 배의 중요성을 몸소 깨닫게 되었고, 명상이나 호흡 이전에 배를 풀어야 한다는 진리를 터득할 수 있었다.

배가 이토록 중요한 곳인데, 왜 배를 직접 다루는 건강법이 없는 걸까? 그 사실이 너무 의아했다. 이후로 나는 본격적으로 배에 대한 연구를 시작했다.

그런데 이게 웬일인가? 자료를 찾다 보니 수년 전부터 관심을 가졌던 힐링타오에 장기마사지 수련과정이 있었다. 나는 매우 놀랐고 또 기뻤다. 내가 그토록 중요하게 생각했던 배, 더 나아가 뱃속의 장기까지 마사지하는 법이 이미 체계적으로 정리되어 있었으니 말이다.

나는 당장 만탁 치아 선생이 쓴 「장기 기氣마사지」 책을 입수해 공부하며 실천했다.

직접 따라 해보니 장기에 대한 직접적인 터치 효과가 대단했다. 속에서부터 시원하게 풀리는 느낌이 강력했다. 단순히 배를 자극하는 효과보다 더 깊고 빠르며 강했다. 장기마사지 공부와 함께 내 나름의 새로운 방법을 터득하며 꾸준히 실천해나가니, 실제로 상기증과 소화불량이 개선되는 조짐이 보였다.

결국 나는 한국 독자들에게 이것을 소개하기 위해 1999년에 「장기 기마사지」의 한국어판을 번역, 출간하게 되었다. 그리고 당시 「장기 기마사지」가 각계각층의 독자들에게 선풍적인 인기를 끈 여세를 몰아 워크숍을 개최했다.

반응은 뜨거웠다. 한결같이 장기마사지가 인체의 표피나 말단을 다루는 다른 요법들과 달리 그 효과가 직접적이고 강력하다는 찬사를 아끼지 않았다.

20대 중반부터 관심을 갖고 공부한 여러 자연건강법은 장기마사지를 만나 날개를 달게 되었다. 그리고 오쾌법칙 역시 장기마사지를 만나 실천하기가 더욱 쉬워졌다. 인체의 뿌리와 중심을 다루는 장기마사지로 건강을 회복한 후에 오쾌법칙을 제대로 지킨다면, 누구나 건강한 생활을 할 수 있다는 믿음이 점점 더 강해졌다.

1999년 1월부터 시작한 장기마사지 워크숍은 지금까지도 꾸준히 이어지고 있다. 그동안 피부미용계와 마사지업계, 물리치료계, 한의학과 자연치유업계, 그리고 명상과 정신수련 분야의 수많은 전문가들이 장기마사지 워크숍에 참여했다.

인체를 다루는 요법은 결국 몸의 중심인 오장육부와 연결되지 않을 수 없다. 모든 길이 로마로 통하듯이 모든 요법은 장기마사지로 통하게 되어 있다. 지금도 강조되고 있는 장건강 열풍이 장기마사지에서 비롯되었다는 사실을 아는 사람은 많지 않다.

장기마사지 보급 초기에는 주로 전문가들을 대상으로 교육했다. 하지만 시간이 지나면서 일반인들도 손쉽게 실천할 수 있는 방법을 알려야겠다고 생각했다. 이후 「배마사지 30분」, 「뱃속다이어트 장기마사지」 같은 쉬운 책을 저술함과 동시에 셀프 건강법 형식의 '복뇌건강법' 강좌도 열었다. 일반인들의 반응 또한 뜨거웠다. 누구나 집에서 손쉽게 실천할 수 있으면서도 효과가 뛰어났기 때문이다.

2013년에는 「기적의 복뇌건강법」을 출간했다. 흩어진 진주알을 한 줄로 꿰듯, '복뇌'라는 개념으로 십수 년간 체득한 건강지식과 경험을 총체적으로 정리했다.

그후 복뇌건강법을 기초로 맥점지압, 타오요가와 기공체조, 두드리기, 철삼기공 등을 더하여 '몸신수련'으로 체계화했다. 한 마디로 몸신수련은 복뇌(5장6부) 이완에서부터 몸 전체를 통쾌하게 뻥~ 뚫어주고 생생하게 살려주는, 유토피아의 몸 만들기 수련이다.

금욕수행을 그만둔 후 성수련을 통해 성뇌수련 완성

건강 공부에 이어, 복뇌 공부와 함께 성공부를 시작했다.

앞에서 나는 20대 동안 정신적 진리 추구를 위해 성초월을 꿈꾸며 보낸 적이 있다고 얘기했다.

당시의 성초월이란 성욕을 죄악시하며 억지로 억압하는 부자연스러운 금욕생활이었다. 성경에는 음욕을 품기만 해도 이미 간음죄를 저질렀다는 내용이 있는데, 우리는 그것보다 더욱 독하게 배웠다. 여성을 여자로 의식만 해도 간음죄를 저질렀다는 것이다. 그러니 성적 접촉은 물론 성과 관련된 생각조차 지워야만 했다.

나는 우직하지만 치열하게 금욕을 실천하려 애썼다. 하지만 무작정 성에너지를 억압하는 것은 여간 고통스럽고 괴로운 일이 아닐 수 없었다. 원초적 성에너지인 성욕이 몸 밖으로든 안으로든 흘러야 되는데 무작정 억누르니 어떻게 되겠는가? 때로는 몽정으로 분출되기도 하고 때로는 불같은 성욕으로 충동적 자위에 휩싸였다. 그러면 극기에 실패했다는 죄의식과 좌절감에 빠지곤 했다.

그러는 동안 여자나 성인물을 가까이 하지 않음으로, 세속에 찌든 범인들보다는 고매하다는 우월의식이 커져만 갔다.

금욕수행 과정에서 정신적 수양이나 발전이 조금씩 이뤄지긴 했지만, 원초적 본능인 성욕을 완전히 제어하기란 쉽지 않았다. 나중에 알게 되었지만 이런 내적 갈등과 고통이 심화되어 상기증이라는 신체의 불균형을 일으킨 것이었다.

어떤 이들에겐 정체된 성에너지는 암이나 우울증과 같은 심신의 질병을 일으킨다. 억압된 에너지가 충동적으로 발산되면 성도착이나 성추행과 같은 성문제를 유발하기도 한다.

이런 견지에서 보면 금욕주의 종교인들이나 수행자들이 왜 그토록 심각한 질병에 시달리는지, 그들 사이에서 왜 성범죄가 자주 발생하는지 이해가 갈 것이다. 통계로 보면 종교인들이 성추행이나 성폭행, 미성년 성범죄 등 성문제를 가장 많이 저지르는 것으로 나타난다.

또한 독신수행을 고매하게 실천해온 종교인들이나 수행자들이 암이나 치매, 중풍, 불면증 등으로 세상을 하직하는 안타까운 일들을 심심찮게 목격하곤 한다. 내가 존경한 인도의 성자들인 크리슈나무르티, 라마나 마하리쉬, 라마 크리슈나 등도 모두 암으로 세상을 떠났다. 국내의 사례들도 많지만 여기서 언급은 피하겠다.

삶의 환희와 평안을 노래하고 추구하던 고고한 수행자들이 정작 중병으로 고통받고 세상을 떠나는 건 이해하기 쉽지 않은 일이다. 많은 사람들은 정신과 육체는 별개의 것이라고 쉽게 생각하고, 별다른 의문을 제기하지 않는다. 물론 엄청난 정신력으로 육체의 고통을 어느 정도 뛰어넘을 수 있는 건 사실이다. 하지만 현실적으로는 육체의 고통 속에서 행복감과 평화가 지속되긴 어렵다.

한마디로 그들은 정신수행에 몰두하고 의식 각성에는 밝았지만, 성과 육체의 메커니즘에는 그다지 알지 못했으며 성뇌수련과 복뇌수련에는 노력하지 않았기 때문이다. 심지어는 의식 고양을 위해 육체를 학대까지 한다면, 그 육체가 온전히 견딜 수 있겠는가?

나는 30대 초반, 10여 년간 몰두해왔던 금욕수행의 세계를 자연스럽게 떠났다. 어느 정도 공부가 무르익었던 걸까? 진리는 어떤 단체나 종교, 교조 안에만 머무르는 게 아니라 세상 어느 곳에나 흔하게 있는 것이라는 깨달음이 왔다.

새끼 새가 어느 정도 성숙하면 둥지를 박차고 떠나지 않던가? 나는 그렇게 자연스럽게 오랜 세월 머문 알을 깨고 넓은 세상으로 나아가고 있었다. 물론 처음엔 보호막인 알을 깨는 아픔과 미지의 세계에 발 딛는 두려움과 방황이 다소 엄습하기도 했다. 하지만 정신적 성장이 있었기에 자연스럽게 독립의 길을 걸을 수 있었다.

금욕수행을 포기하니 성욕이 가장 큰 걸림돌이었다.

'그냥 연애나 결혼을 하고 세속의 삶을 평범하게 살까?' '성에너지를 주기적으로 분출하며 그때그때 성욕을 해소하며 살까?'

하지만 억압으로나마 성에너지의 보존을 맛본 나는 평범한 일상으로 돌아갈 수 없었다. 성에너지의 일방적 분출은 심리적 허탈감과 육체적 탈진을 초래했다.

나는 성욕을 자연스럽게 충족시키면서도 성에너지를 고양하거나 승화하는 방법이 있을 것 같다는 생각에 이르렀다. 그러던 중 만나게 된 것이

도가의 방중술이다. 앞서 언급한 만탁 치아가 정립한 현대적 개념의 방중술이 있었기에, 나는 그가 쓴 「성도인술」을 탐독하며 연구했다. 금욕수행으로 심신이 다져진 터라 성에너지 조절이나 순환 수련이 비교적 빨랐다. 성욕을 충족시키면서도 성에너지를 외부로 발산하지 않고 내면으로 돌리니 더욱 성적 충만과 희열이 느껴졌다. 그에 따라 의식의 성장도 순조롭게 이루어졌다.

그간 억압하고 회피하던 성을 포용하니 세상과 여성이 사랑과 신비로움으로 다가왔다. 그것은 확실히 육체적 차원 이상의 신선한 감동이었으며, 내적 갈등과 투쟁이 어느 정도 종식된 휴식과 평화로운 느낌이었다.

때마침 만탁 치아의 신간 「멀티오르가즘 맨(Multi-Orgasm Man)」이 출간되었다. 나는 그 책도 탐독한 후 1997년 번역본을 출간했다. 성에 대해 이야기하는 것조차 금기시되는 분위기에서 오르가즘이라니! 남성들도 여성들처럼 여러번 오르가즘을 느낄 수 있다니! 더구나 멀티오르가즘! 당시의 멀티오르가즘 용어와 개념은 너무나 생소했으며, 남녀의 성의식에 큰 충격을 줬다.

급기야 한국윤리위원회에서는 「멀티오르가즘 맨」에 대해 제재가 들어왔다. 이후 도서에는 19금 딱지를 붙이는 제도가 생겼다. 재판부터는 일부 내용과 그림을 삭제해야 했으며, 만 19세 구독불가 딱지를 붙여야만 했다.

하지만 '멀티오르가즘' 하면 이제 더 이상 생소한 용어가 아니다. **멀티오르가즘이란 용어와 개념, 방법론을 국내에 유행시킨 주인공이 바로 필자라는 사실을 아는 사람은 드물 것이다.** 책 출간 이후 성교육 요청이 쇄도했으며, 이를 계기로 성인 성교육 분야를 선구적으로 개척하게 되었다.

이후 「멀티오르가즘 커플」 책을 출간하자 멀티오르가즘 개념이 더욱 확산되기 시작했다.

멀티오르가즘은 국소적이고 단발성 오르가즘인 '빅뱅(사정) 오르가즘'과 달리, 몸 전체로 확장되는 다발성 오르가즘을 뜻한다. 확실히 멀티오르가즘은 대다수를 차지하는 기존의 성체험인 빅뱅(사정) 오르가즘에 비교하면, 혁명적이고 놀라운 침실 혁명이다.

하지만 오랜 성교육과 성상담 경험을 통해 새롭게 깨달은 사실이 있다. 섹스를 오래 지속하거나 오르가즘을 여러 번 터트린다고 하여, 남성이든 여성이든 반드시 만족스럽고 에너지를 충전하는 성행위가 되지 못한다는 사실이다. 즉, 오르가즘을 여러 번 터트린 성행위 후에도 기력 소진과 함께 허탈감을 느끼는 사람들이 의외로 많았다. 오르가즘에너지를 터트린 후에 밀려오는 찜찜함과 허탈감. 그 뒤끝이 개운하지만은 않다. 물론 단발성 오르가즘만 짧게 느끼거나 아예 이것도 못 느끼는 경우보다는 훨씬 만족스럽지만!

이런 사실을 바탕으로 2010여 년부터는 멀티오르가즘 용어를 버리고 '에너지오르가즘(Energy Orgasm)' 용어와 개념으로 발전시켰다.

에너지오르가즘은 말 그대로 성에너지를 발산함으로써 얻는 소모적 쾌감이 아니라 성에너지를 온몸으로 충전하는 전체적이고 창조적인 오르가즘을 말한다. 서로의 에너지를 충전시켜주기에 그야말로 충만하고 황홀한 오르가즘이다. 또한 그 여운이 오래 지속되는 내적이고 전체적인 오르가즘이다.

섹스를 통해 엄청난 성적 잠재력이 각성되면 남녀 에너지가 교류되며,

더 나아가 가슴에서 사랑을 불러일으킨다. 궁극적으로 정신의 합일감에 따른 황홀경을 선사한다. 각성된 성에너지를 짧은 말초적 쾌감을 얻기 위해 빠르게 발산만 한다면, 충만하고 심오한 성체험으로 나아갈 수 없다. 성적 오르가즘은 인체의 뿌리가 되는 성뇌에서 출발하지만 복뇌(신체), 심뇌(감정체), 두뇌(정신체)에도 강하게 영향을 미친다. 참으로 원초적 에너지가 오르가즘을 통해 몸 전체로 흐르지 않는다면 복뇌, 심뇌, 두뇌와 같은 더 높은 에너지의 흐름도 순조로울 리가 없다.

21세기 새로운 '성학'은 성적 잠재력을 한껏 꽃피우는 '에너지오르가즘 이론'이다. 나는 2016년에 「충전되는 에너지오르가즘 비법」을 저술해 동양 전통의 성의학과 성수행법을 현대의학과 접목, 신개념의 에너지성학으로 체계화했다. 동양 전통과 서양의 실용주의가 만나, 이제는 선택된 소수만이 누리던 육체와 정신의 비밀들을, 평범한 사람들도 모두 향유할 수 있게 되었다.

성적으로 개방된 현대는 말초적 자극들이 흘러넘치지만, 온몸의 세포 하나하나를 진동시키는 심오한 에너지오르가즘은 부족하다. 성적 욕망을 부추기고 성에너지의 발산과 배설을 다그치며 당신의 귀중한 에너지를 갈취해갈 뿐이다. 성의 억압도 문제이지만, 성의 무분별한 해방도 인간을 허무와 피폐의 늪으로 빠뜨린다.

에너지오르가즘 처방은 성의 억압과 성의 해방이라는 단조로운 반복을 뛰어넘는 새로운 성혁명론이다. **에너지오르가즘은 성의 부자연스런 억압도 아니고 무분별한 해방도 아닌, 성에너지의 자기 절제와 승화를 통해 얻을 수 있는 지고한 쾌락이다.**

삶의 혁명과 신인류의 혁명은 에너지오르가즘 혁명에서 시작해야 한다. 인간 삶의 뿌리가 되는 성생활이 바뀌지 않는다면, 그 어떤 변화도 일시적이고 지엽적일 뿐이다.

수신제가치국평천하(修身齊家治國平天下)는 수성제가치국평천하(修性齊家治國平天下)로 바뀌어야 마땅하다. 단순히 정신(두뇌) 혁명과 마음(심뇌) 혁명을 넘어 몸(복뇌) 혁명으로 이어지고, 궁극적으로 성(성뇌) 혁명이 일어나야 한다.

성뇌수련에서 복뇌수련, 심뇌수련을 거쳐 다시 두뇌수련으로!

나는 애초에 정신수련으로 진리탐구의 여정을 내딛었다. 그 다음 에너지수련인 기공수련, 즉 심뇌수련으로 내려왔고, 이어서 복뇌수련과 성뇌수련까지 내려왔다.

이런 4브레인의 여정을 모두 밟는 데 20여 년의 세월이 걸렸다. 그리고 다시 성뇌에서 복뇌, 심뇌를 거쳐 두뇌까지 올라가는 데 10여 년의 수행을 거쳤다. 마침내 처음 출발한 두뇌수련으로 돌아와 '함께 창조 워크숍'을 2018년도에 체계화했다.

뜬구름 잡는 하늘에서 시작하여 굳건한 땅으로 뿌리 내린 후에, 마침내 진짜로 처음 출발한 천상으로 솟구쳐오른 것이다. 이것이 용솟음이요 등용문의 체험이 아닐까 한다. 하늘에서 이뤄진 것이 땅에서도 이뤄졌으며, 땅에서 이룬 것이 하늘로 다시 솟구치는 지난한 여정! 무려 총 30여 년의 세월이 걸렸다.

이제 두뇌수련인 '함깨(함께 깨어나는) 창조워크숍'에서는 처음 의문인 존재의 본질에 대한 답을 이야기한다.

'나는 과연 누구인가?', '나는 어디서 와서 어디로 가는 것일까?', '나는 어떻게 하면 행복할까?'

이처럼 '함께 창조 워크숍'에서는 나의 본질에 대한 탐구를 바탕으로 내가 진정 원하는 삶을 세상과 우주에 펼치는 창조원리를 배운다. 내면의 평화와 외부의 풍요를 동시에 펼쳐내는 마법의 창조 의식혁명, 그것이 바로 함께 창조 워크숍에서 이루고자 하는 목표이다.

이제부터 인간의 총체적 행복을 가져다줄 4브레인의 행복원칙과 4브레인의 실천법을 하나하나 탐구해보자. 그러면서 동시에 자신의 본질에 대한 자각에도 서서히 다가가는 내면 여행을 신나게 떠나보자.

이 책은 당신을 행복과 깨달음으로 안내할 내면의 보물지도가 될 것이다. 내면의 보물지도를 한 걸음씩 따라가노라면 순간순간 창조하는 신명나는 삶이 당신을 기다리고 있을 것이다.

그 여정을 가는 주체는 바로 **당신**이다. 다른 누군가가 대신 가줄 수 있는 길이 아니다. 참고 지도는 도움을 줄 뿐, 당신이 직접 가지 않으면 아무것도 얻을 수 없다.

유토피아는 당신 안에도 밖에도 어디든 존재하지만, 당신 자신이 변화하지 않으면 맛볼 수 없는 신기루일 뿐이다. 어떤 신도, 지도자도 단지 믿는다고 하여 그 세계로 당신을 데려갈 수는 없다는 사실을 명심하라.

진리 탐구의 방법론:
목적지는 같지만 길은 다양하다

"모든 문제상황은 현실과 이상의 괴리이다.
고뇌하는 인간들은 현실과 이상 사이에서 어느 곳으로 갈지 방황하고 있다.
학문의 영역은 다양하고 방법론에 차이가 있을 뿐, 결국 같은 진리와 법칙을 추구한다.
모든 탐구는 문제상황인 이상과 현실의 괴리를 좁혀 행복과 의미를 얻고자 한다.
산에 오르는 길은 다르지만 결국 하나의 정상을 향하고 있다.
다변하는 현실을 넘어 그 실상에 다가가 영원하고 절대적인 행복을 얻을 수 있을까?"

4브레인은 성, 몸, 마음, 의식이라는 인간의 네 가지 구성요소이자 네 가지 욕구이다. 이 네 가지 모두에 대해 탐구하기에 성뇌 차원의 성학, 복뇌 차원의 과학이나 의학, 건강론, 심뇌 차원의 문학이나 심리학, 미학, 에너지학, 두뇌 차원의 철학이나 종교학, 명상학 등이 모두 등장한다.

사실 모든 학문은 서술 도구와 방법, 표현방식이 다를 뿐 궁극적으로는 같은 진리, 세상의 법칙을 탐구하는 데 궁극적 목표가 있다. 즉 모든 학문은 표면적으로 구분되고 영역별로 나눠질 뿐 궁극적으로는 같은 곳을 향하고 있다. 산의 정상으로 올라가는 길은 다르지만 하나의 정상을 향해 나아가고자 한다. 그러므로 모든 학문은 표현방식만 다를 뿐 하나의 원리에 근거하고 있고, 하나로 통해 있다. 현실적으로 쓰임새가 분야별로 다른 듯하지만 궁극적인, 진리탐구의 차원으로 들어가면 모두 다르지 않다.

비근한 하나의 예, 즉 무지개에 대한 설명을 들어보자. 5~6천년 전 메

소포타미아에서 번성했던 수메르문명의 영웅신화인 길가메시 서사시에서는 신들이 인간 세상에 홍수를 일으킨 후 더 이상 끔찍한 홍수를 일으키지 않겠다는 신들의 징표가 바로 무지개라고 언급했다. 이 신화는 성경의 창세기 노아 홍수로 각색되어 무지개를 신의 활로 묘사하며 약속의 징표로 삼았다.

무지개를 주제로 심뇌 차원의 시를 쓴 시인들이 많다. 시인 최승호는 '무지개'란 시에서 무지개를 다변하는 오욕칠정으로 묘사했다.

"굳이 새삼스럽게 말하자면
내 몸 안에도 무지개가 있는데
다름 아닌 오욕칠정(五慾七情)이 나의 무지개
찬연할 때도 있다
음울할 때도 있다"

만약 성뇌 차원에서 무지개를 묘사한다면 색동저고리를 입은 아리따운 처녀로도 묘사할 법하다. 심뇌 차원의 에너지학적으로는 무지개를 다양한 기파장의 뭉침과 산란으로 설명할 것이다.

반면 과학은 무지개를 물방울이라는 프리즘이 만들어내는 빛의 마법으로 설명한다.

「이기적 유전자」로 유명한 과학자 리처드 도킨스(Clinton Richard Dawkins, 1941~)는 「현실, 그 가슴 뛰는 마법」이라는 책에서 무지개에 대한 종교적 신화와 과학적 분석을 비교하면서 과학적 사유가 훨씬 이성적이고 현실적 설명이라고 강조한다. 신화적 미신 없이도 현실의 마법을 얼마든지 경이롭게 설명하고 느낄 수 있다는 것이다.

눈으로 볼 수 없는 빨강색 바깥의 적외선과 마이크로파, 전파, 그리고 보라색 바깥의 자외선과 X선, 감마선 등은 기구를 통해 감지할 수도 있다. 그러면서 리처드 도킨스는 많은 정보를 과학적으로 알아내고 인간의 상상력을 펼칠 수 있으니, 과학적 사유가 얼마나 위대한지 감탄해 마지 않는다.

감마선 〉 X선 〉 **자외선** 〉 **가시광선** 〉 **적외선** 〉 마이크로파 〉 라디오파

나는 외부의 신이나 기타 미신적 신화를 끌어들이지 않고 현상을 이해하려는 그의 관점에 전적으로 동의하고 싶다. 그렇더라도 **과학적 탐구만이 실상 전체를 이해하는 도구라고 보기는 어렵다. 인간의 오감이나 과학적 도구만으로 탐지하지 못하는 부분들이 적지 않기 때문이다.**

예를 들면 어느 도구로도 감지하지 못하는, 자외선 밖의 X선, 감마선보다 더 짧은 에너지파장이 있을 수 있고, 적외선 바깥의 마이크로파나 전파보다 긴 파장이 있을 수 있다.

인간이 맨눈으로 볼 수 있는 영역은 고주파수(단파장) 쪽의 보랏빛과 저주파수(장파장) 쪽의 빨간빛 사이이다. 맨귀로 들을 수 있는 주파수대가 20Hz~20,000Hz인 것과 비슷한 이치이다. 코끼리가 들을 수 있는 초저주파나 박쥐가 들을 수 있는 초음파는 인간의 맨귀로는 들을 수 없다. 마찬가지로 어떤 곤충은 인간의 맨눈으로는 못 보는 자외선을 본다.

무지개에 대한 이해가 신화적 믿음이든 예술적 표현이든 과학적 설명이든 간에, 그 이해를 통해 무지개의 의미를 찾고 그것을 통해 인간의 행복을 구하려는 목표는 동일하다. 단지 표현방식만 다를 뿐 그 이해를 통해 무언가 보이지 않는 실상까지 다가가려는 노력은 같다고 볼 수 있다. 무지개를 나의 오욕칠정으로 비유하든 다른 세계로 이어주는 다리로 이해하든 그것은 완전히 틀린 것은 아니다. 거기에는 과학적 이해를 넘어서는 다른 의미가 존재한다.

4브레인에 해당하는 학문의 영역

4브레인	도가의 삼보	서양의 전인개념	학문 영역	학문 도구 인식 기능
두뇌	신(神)	지(智)	철학, 명상학, 종교학	이성, 직관
심뇌	기(氣)	덕(德)	문학, 심리학, 미학(예술), 기학(에너지학)	마음, 기감
복뇌	정(精)	체(體)	과학, 의학, 건강법	수학, 물리, 실험
성뇌			성학, 성건강법, 성수행	본능, 체험

행복을 정의하는 방법은 많겠지만, 다음과 같이 철학적 논리와 수학적 공식으로 정의할 수도 있다. **행복은 내가 가진 것과 원하는 것 사이가 일치하거나 비교적 가까운 상태**라고! 내가 가진 것과 원하는 것 사이의 간극이 크면 현실과 이상의 괴리가 큰 문제상황에 처해 행복하지 못하고 갈등 상황에 놓이게 된다.

그렇다면 무지개라는 현상을 놓고 어떤 식으로든 이해하지 못하면 답답하거나 때로는 두려울 수도 있다. 어떤 현상은 있는데 그에 대해 이해하지 못하니까! 그런 사람은 무지개를 어떤 식으로든 설명하거나 이해하려 노력한다. 그런 이해를 통해 의미를 찾아 종교인이나 예술인들이라면 심미적 위로와 감동을 얻고, 과학자라면 실용적 이득을 구하려 한다.

무지개에 대해 이해할 필요조차 없다고 생각하는 사람들은 그저 그 아름다움에 감탄만 해도 될 일이다. 그들은 무지개가 애초에 이해해야 할 문제라고 느끼지 않으니까. 문제는 현실과 이상의 괴리이다. 행복의 정도란 내가 가진 것과 원하는 것 사이의 거리 차이라 하지 않았던가?

보이는 무지개가 현실이라면 보이지 않는 부분까지 포함하는 무지개의 실상(본질)은 과연 무엇인가? 그 현실과 이상의 간극을 메우려는 노력이 각 학문탐구의 방식이다. 그러므로 무지개를 보고 어떤 의문도 품지 않는 것은 무지나 무관심이라고 할 수도 있고, 무지개의 실상을 있는 그대로 통찰하고 느끼는 달관한 사람의 경지라고도 볼 수 있다.

비근한 무지개에 대한 하나의 이해 방식을 통해 우리는 모든 학문의 방법론과 목적, 그리고 인간 행동의 양식을 하나로 꿰뚫어볼 수 있다. **모든 탐구는 현실과 이상의 괴리를 메꾸고자 하는 노력일 뿐이다. 현실과 이상의 괴리를 메꾸어서 앎(이해)에 도달하고 의미를 찾고 행복을 얻으려**

는 것이다.

그렇다면 현상과 이상은 무엇이고, 이 둘의 관계는 어떻게 이뤄져 있는 가? 세상은 무엇으로 구성되어 있고 어떻게 돌아가는가? 인간이 보고 느 끼고 있는 세상은 실상인가, 허상인가?

우리는 앎의 영역을 실상(實像), 현상(現像), 약상(約像)의 세 가지 범주 로 나누어 이해해볼 수 있다.

첫 번째로 실상(實像)은 절대적인 진리의 세계, 객관적 법칙의 세계이 다. 실상은 허상이 아닌 있는 그대로의 현실, 즉 이상적 세계라고 할 수 있다. 플라톤은 실상을 이데아, 칸트는 물 자체(物自體, Thing in Itself) 라고 표현했고, 이상향 혹은 유토피아라고 해도 좋다.

두 번째로 현상(現像)은 우리가 현재 보거나 생각하는 세계이다. 주관 적 현실로 같은 사물이나 사건이라도 각자 보는 눈과 방식에 따라 달리 보거나 생각할 수 있다. 더군다나 다른 종들의 눈으로 보면 세계는 판이 하게 다르게 보인다.

예를 들면 인간이 보는 세계와 곤충이 보는 세계는 완전히 다르다. 적 외선을 볼 수 있는 꿀벌의 눈에 보이는 꽃은 인간의 눈으로 보는 것과는 완전히 다르다.

세 번째로 약상(約像)은 인간들 사이에서 합의한 세계, 서로 약속한 범 주이다. 어떤 개념이나 관념, 사물에 대한 정의가 여기에 해당한다. 도덕 관념도 마찬가지이다. 인간 전체가 동의하는 도덕관념도 있는 반면, 종족과 문화에 따라 완전히 상이한 도덕관념도 무수히 많다. 그 시대와 문화를 살아가는 인간들이 합의하여 형성된 세계인 까닭이다.

세 가지 범주에서 가장 큰 세계는 있는 그대로의 실상이라고 생각하기 쉽다. 확실히 **약상(約像)**은 현상 중에서 어떤 집단이 합의하는 교집합 부분만 해당하므로 아주 작은 제한된 세계이다.

하지만 현상(現像)은 그리 만만하지 않다. 인간의 감각과 이성의 한계로 실상의 일부분만 보고 느낄 것 같지만 꼭 그렇지만도 않다. **인간의 관념이란 공상이나 허상도 만들어내는 능력이 있어 실제 존재하지 않는 세계도 얼마든지 만들어낸다.**

「사피엔스」의 저자 유발 하라리(Yuval Noah Harari)는 자신의 책에서 인간이 지구상 최강자가 된 능력은 허구와 상상력 때문이라고 설파했다. 인간은 상상 속에서만 존재하는 종교와 사상을 만들고 실체 없는 법과 규율, 국가와 기업을 만들어 보이지 않는 목표를 위해 집단을 한 방향으로 이끌어 지구상의 최강자가 되었다는 것이다.

물론 이 주장은 인간 중심의 편협된 생각에 불과하다. 다른 동물이나 미물이 인간보다 더 행복하고 오래 살아남을 수도 있기 때문이다. 더군다나 인간은 허상과 상상력을 통해 번뇌와 고뇌를 만들어내며, 서로 간의 다툼과 분쟁도 일삼아오지 않았던가?

어쨌든 재미있는 사실은 인간은 허상이나 공상을 만들어내고는, 그것이 현실이라고까지 생각하거나 착각할 수 있는 동물이라는 것이다. 진짜 위대하지 않는가!? 이런 관점에서 실상과 현상 중 어느 것이 큰 세계인가는 쉽게 판단하기가 쉽지 않다.

미리 결론부터 귀띔해놓자면 **실상과 현상이 하나가 되어야 우리가 추구하는 진리와 행복을 얻을 수 있다**고 본다. 그것이 현실과 이상 간의 괴리가 메꾸어지는 과정이니까! 실상과 현상이 하나가 되는 과정은 우리가 현실이라는 착각하는 관념, 허상과 공상을 버리는 길이다.

한마디로 허상을 버리면, 현상이 바로 실상이 된다.

이런 앎의 세 관점은 나만의 생각이 아니었다. 스웨텐 출신의 물리학자이자 우주론학자인 맥스 테그마크(Max Tegmark) MIT 교수도 이런 사유를 했다. 그는 「맥스 테그마크의 유니버스」에서 현실을 **내적 현실, 외적 현실, 그리고 합의적 현실,** 세 가지 종류로 구분했다.

'내적 현실'은 인간의 뇌에 투영된 주관적 현실이다. 우리의 뇌는 있는 그대로를 투영하지 않고 주관대로 편집해서 본다. **'합의적 현실'**은 내적 현실 중 모두가 동의할 수 있는 교집합에 해당하는 현실이다. 주로 인간 집단 지성의 산물이라고 할 수 있다. **'외적 현실'**은 내적 현실과 합의적 현실의 토대가 되는 '있는 그대로의 현실', 즉 객관적 실체이다.

앎(세계)의 종류와 진리 탐구

앎(세계)의 종류	속성	일관성	맥스 테그마크의 현실 종류	실제성
실상(實像)	진리	법칙, 일자	객관적 현실, 있는 그대로의 현실	신, 이네아
현상(現像)	관념 (인간의 뇌에 투영된 영상)	무질서, 다자	내적 현실, 주관적 현실	환영, 그림자
약상(約像)	개념	패러다임, 집단지성	합의적 현실, 약속의 범주	관습, 문화

칸트는 외적 현실을 '물 자체(物自體, Thing in Itself)'라고 부르고 외적 실체가 존재하지만 우리가 인식할 수 없다고 생각했다. 하지만 맥스 테그마크는 그의 책 제목, 「맥스 테그마크의 유니버스: 우주의 궁극적 실체를 찾아가는 수학적 여정」(원제: Our Mathematical Universe: My Quest for the Ultimate Nature of Reality)에서도 알 수 있듯이, 수학이라는 인식의 도구를 통해 외적 현실을 인식할 수 있다고 보았다.

사실 모든 탐구자들이 어떤 식으로든 우주와 세상의 궁극적 진리를 찾으려고 애써 왔고 지금도 노력하고 있다. 그 도구가 수학이냐 이성이냐 지혜냐 직관이냐 등의 차이가 있을 뿐이다.

칸트는 우주의 궁극적 실체는 있지만 인간의 이성으로는 알 수 없다는 불가지론의 입장에 선 것이다. 그렇다! 모른다는 것도 알 필요가 없다는 것도 하나의 문제 해결 방법이라고 할 수 있다.

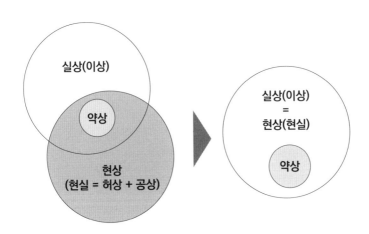

실상과 현상, 약상의 관계, 그리고 실상과 현상의 괴리에서 하나되기
현상은 실상의 반영이지만 허상을 만들어 실상과 동떨어지게 되었으며, 심지어는 존재하지 않는 공상의 세계까지 만들어낸다. 약상은 실상과 현상 중 약속에 의해 규정되는 세상이다.
현상에서 허상과 공상이 빠지면 현상이 실상과 하나되어 현실이 이상으로 펼쳐진다. 현상이 실상과 하나되는 것이 깨달음이요, 존재의 변화과정, 진리의 실현과정이다.

다시 강조하지만 **문제는 현상과 실상의 괴리이고 차이이다.** 현상은 복잡다단하고 무질서하며, 생로병사의 고통과 고뇌로 가득 차 있는 현실세계이다. 하지만 실상은 하나의 법칙 하에 질서정연하게 돌아가고 생로병사의 고뇌를 넘어서는 이상향이어야 한다. 고뇌에 찬 현실세계에 안주만 해도 괜찮은데, 문제는 누구나 그것을 넘어서는 절대적 진리와 행복, 영원의 이상향을 추구하려는 몸부림에 있다.

바로 그 두 간극을 줄이고자 애쓰는 것이 삶의 행동양식이며 동서고금 모든 탐구자들의 열정적인 노력이다.

내가 시도하는 노력도 바로 그 **현상과 실상의 괴리**를 줄이고 궁극적으로 일치시키는 지도를 만드는 일이다. 계속 강조하지만 그 지도를 통해 우리의 존재 전체, 즉 성뇌, 복뇌, 심뇌, 두뇌의 4브레인을 변화시켜야 그 두 간극을 줄일 수 있다. 수학이나 이성, 혹은 직관이나 종교적 믿음으로 안다고 하여 고뇌에 찬 현실이 바뀌지는 않는다. **물 자체, 존재 자체로 거듭나야 바로 그것을 있는 그대로 알 수 있게 된다.**

맥스 테그마크는 수학이라는 도구로 우주의 객관적 법칙을 인식할 수 있다고 보았지만, 내 견해로는 수학 역시 합의적 현실의 범주에 속한다. 수학이 실상의 관념에서 발상된 성질도 있겠지만, 어디까지나 인간, 그것도 특정 집단이 합의한 도구일 뿐이다. 수학을 모르면 진리를 알지도 체득하지도 못한다는 것은 말이 안 되지 않은가? 수학 자체로는 우주의 진리 전체를 기술할 수 없다는 것은 확실하지만, 수학을 열심히 하다가 진리의 바다에 도달할 수는 있다. 산의 정상을 올라가는 길은 많으니까!

「성경」 역시 마찬가지이다. 과연 「성경」만이 하나님의 말씀이고 구원의 책일까?「성경」의 말씀을 통해 궁극의 진리를 맛볼 수도 있지만,「성경」이 진리 자체는 아니다. 강을 건너는 데 배가 필요하지만 배 자체가 강 건너의 세계는 아니듯이!

수학이든 철학이든 문학이든, 또한 성경이든 코란이든 불경이든 모두 강을 건너는, 다양한 종류의 배이지 강 건너의 세계 자체는 아니다.

이 책을 읽어가노라면 모든 학문이 하나로 통한다는 사실을 깨닫게 되어 일말의 지적인 만족감도 얻게 되리라 믿는다. 이미 그것을 조금이나마 느끼지 않았는가? 우주와 세상의 이치를 통하면 누가 무엇을 애쓰고, 어떤 꾀를 부리고 우주적 놀이를 하는지 다 보인다!

앞의 서설이 너무 길었던 것 같다. 이제 본격적으로 우리를 진리와 행복으로 이끌 4브레인의 원리와 실천법을 하나하나 배워보도록 하자.

내면 연금술인 4브레인 생활수행

2부.
내면 연금술인 4브레인 생활수행

왜 4브레인인가?
찾는 게 아닌 '발견'하는 내면 연금술
나를 완성하는 것이 곧 유토피아

왜 4브레인인가?

    우리의 본질에 대해 탐구해보기 전에 우선 우리 인간이 어떤 요소로 구성되어 있는지 알아보자. 인간의 구성 요소는 사실 너무 쉽고 당연히 알아야 할 주제이지만, 대다수가 간과하고 있다.

    인간이라 하면 영적이고 정신적 존재라고 생각하는 이들이 있고, 반면 단순히 물질로 구성된 육체적 존재라고 보는 이들도 있다. 전자는 육신은 그저 정신의 옷에 불과하다고 보고, 후자는 정신은 물질적 작용에 의해 파생되어 나오는 의식의 불꽃에 불과하다고 본다. 또 어떤 부류는 인간은 정신과 육체의 이원적 존재로 구성되어 있다고 보기도 한다.

    그런데 **삶의 양태(樣態)로 인간을 4가지 요소로 구분하면, 가장 포괄적이고 합리적 이해가 가능하다.** 정신적 요소는 가슴의 마음, 머리의 의식으로 나누고, 신체적 요소는 골반의 성, 복부의 육체로 나눈다.

    이는 한 집에 네 개의 방이 있는 것으로 비유할 수 있다. 실제로 인체를 보면 골반강, 복강, 흉강, 뇌강 등, 크게 네 개의 방으로 구성되어 있다. 이 각각의 방에 작용하는 것을 에너지로 표현하면 성에너지, 육체에너지, 감정에너지, 정신에너지로 말할 수 있다. 인간의 욕구로 표현하면 성감대 접촉의 성욕구, 식욕과 움직임의 육체적 욕구, 사랑과 감동의 심리적 욕구, 앎과 합일체험의 정신적 욕구이다.

하나의 실체나 에너지가 현실에서 네 가지 양상으로 표현되고, 그 각각의 양상을 충족시키기 위해 크게 네 가지 욕구를 가지게 된다. 이 네 가지 욕구를 골고루 조화롭게 충족시키기만 하면, 우리의 온존재는 충족되고 행복감을 느낄 수 있다.

나는 인간의 네 가지 요소를 각각 성뇌, 복뇌, 심뇌, 두뇌라고 이름붙였다. 뇌라고 한 것은 앞으로 밝히겠지만 각 요소가 모두 지성적 작용을 함께 포함하고 있고, 정신과 육체가 별개의 실체가 아니라는 것을 강조하기 위해서이다.

확실히 어떤 뇌를 특별히 많이 자극하는 요소들은 따로 있다. 성감대를 자극하면 성뇌, 즉 성욕구를 가장 직접적으로 자극하고 충족시킨다. 물론 성적 자극이 신체적 건강과 심리적, 정신적 자극까지 일으킬 수 있지만 그것은 이차적 영향력이다.

음식을 먹거나 움직이는 등 신체의 물리적 자극이 가해지면 복뇌, 즉 육체적 욕구가 일차적으로 충족된다. 복뇌의 양식이 잘 충족될수록 이어서 다른 뇌도 덩달아 고양시킬 수 있다.

우리가 누군가를 열정적으로 사랑하거나 감동을 받을 때는 어떠한가? 심장이 벌렁벌렁하며 심쿵부터 느낀다. 심뇌가 바로 반응을 한다. 어떤 관계

망과 연결되어 있다는 소속감을 느낄 때도, 누군가에게나 궁극적 존재에 대한 신뢰감을 느낄 때도 마찬가지이다. 마음이 든든하다.

반면 두뇌의 양식(糧食)은 앎과 깨달음, 의미와 목표 추구, 영적 체험, 합일감 등이다. 우리가 하나하나 알아가고 깨달아갈 때, 무언가 의미를 느끼고 목표를 성취할 때 두뇌는 충족되고 더욱 깨어난다.

네 가지 뇌는 하나의 실체나 에너지가 현실에서 네 가지 양상으로 표현되었을 뿐 뿌리는 같다. 네 가지 뇌는 같은 뿌리에서 뻗어나온 네 나뭇가지로 비유할 수 있다. 또한 네 가지 뇌는 인간 존재 안에서 하나로 연결되어 있듯이 따로 떨어져 있지 않다. 네 가지 뇌는 연속적으로 이어져 존재하며 상호 영향을 주고 받는다. 어떤 뇌의 욕구를 잘 충족시키면 다른 뇌도 좋아하고 깨어난다. 그 반대도 마찬가지이다. 어떤 뇌를 망가뜨리면 다른 뇌도 순차적으로 악영향을 받는다.

4브레인 인간관과 각 뇌의 충족 양식

4브레인	에너지	역할	비유	충족 양식
두뇌 (생각뇌)	정신 에너지	현실 계획	주인	앎과 지식, 가치관, 통찰, 합일체험
심뇌 (감정뇌)	감정 에너지	현실 운영	마부	애정, 소속감, 믿음, 감동, 호흡
복뇌 (신체뇌)	육체 에너지	현실 실행	말	음식, 운동, 물리 자극
성뇌 (생명뇌)	성 에너지	창조 에너지	마차	성적 쾌감, 오르가즘

4브레인과 정기신(체덕지)과의 관계

4브레인을 잘 관리하고 효율적으로 충족시키는 것이 가장 현실적으로 행복해지는 방법이다. 더 나아가 각 뇌가 지닌 잠재력을 깨우고 개발해 나간다면 전인(全人)을 이룰 수 있다. 유토피아의 몸신, 해탈의 대자유인이 되는 것이다.

4브레인을 충족시키고 깨우는 공부가 바로 '4브레인 생활수행'이다. 4브레인 생활수행의 원리를 이해하면, 누구나 쉽게 실천하여 삶의 행복과 자유에 이를 수 있다.

지금까지 행복지침서들이나 인간 구원의 경전들, 그리고 각종 수행서들이 많이 존재했지만 그 서술들이 지엽적이고 추상적이며 핵심을 제대로 꿰뚫지 못했다. 많은 경우는 영혼, 윤회, 사후 천국과 같은 추상적 관념들과 엉뚱한 개념들을 심어주어 오히려 진리의 길을 오도하고 지름길을 가로막기까지 했다.

4브레인 생활수행은 바로 지금 여기에서 행복하고 자유롭기 위한 지름길, 내면의 행복지도를 확연하게 제시한다. 다른 세계, 혹은 미래의 헛된 희망과 약속을 절대 얘기하지 않는다. 오직 바로 여기에서 행복해지고 자신의 본질과 본성을 직시하는 여행을 안내한다.

자기 안에, 4브레인 안에 모든 진리와 행복의 보물이 숨어있다. 그저 그것을 발견해서 향유하기만 하면 된다. **자기 관찰과 자기 공부를 통한 자기 인식과 자기 개발만이 그 보물을 찾는 유일한 길이다.** 자기 안에 있기 때문에 찾기 쉽고, 원래 자기 것이기 때문에 얻기 쉽다.

이제, 아름다운 내면의 길을 따라 함께 가슴 벅차고 신나는 여행을 떠나보자!

찾는 게 아닌
'발견'하는 내면 연금술

"그가 나를 단련하신 후에는 내가 순금같이 되어 나오리다!"
「구약성서」(욥기 23장 10절)

대부분의 사람들은 진리나 행복을 외부에서 찾으려 애쓴다. 이는 신기루나 파랑새를 잡으려는 것처럼 헛된 노력으로 끝나기 쉽다. 중요한 것은 내면을 변화시키는 것이다. 나 자신의 문제가 개선되면서 나 자신이 성장하지 않으면, 외부의 어떤 변화도 환경조건만 바뀔 뿐 삶의 질에는 큰 변화가 일어나지 않는다.

예를 들면, 대다수의 사람들은 성뇌의 성적 욕구를 만족시키기 위해 섹시한 여성이나 명기를 찾는다. 하지만 그런 상대를 찾은들 자신의 성감각이나 성적 능력이 구비되지 않는다면 다 무슨 소용일까? 자신이 준비되지 않은 상황에서 그런 여성을 만나면, 오히려 조루가 촉발되어 기대와 다르게 실망과 좌절감만 맛보게 될 것이다.

복뇌의 건강과 장생 욕구를 추구하는 방식은 더욱 가관이다. 병이 생기면

명의나 명약을 찾아 이리저리 쫓아다니기 바쁘다. 돈이나 권력이 있는 사람들은 갖은 방법을 동원하여 불로초나 불사약을 구하려 애쓴다. 하지만 동서고금의 어느 재력가나 권력가도 불로초를 먹고 장수했다는 소식은 듣기 어렵다. 그들이 살아있는 동안 막강한 재물과 권력으로 행복했다는 소식도 듣기 어렵다.

이토록 선대들의 경험으로 확실히 증명되었음에도 불구하고 여전히 많은 사람들은 재물과 권력, 명예 등 외부 조건과 환경에서 행복을 찾으려 애쓰고 있다. 이런 평범한 진리를 한평생 살아보고 인생을 충분히 허비한 후에야 비로소 깨닫곤 한다. 물론 죽을 때까지 깨닫지 못하는 사람도 적지 않지만 말이다.

심뇌의 심미적 욕구 추구도 마찬가지이다. 마음의 허전함을 달래기 위해 거미줄처럼 표면적 관계를 맺고 거짓 사랑과 관심을 구한다. 자연과 사람, 사물, 고상한 문화에 대한 깊은 감동은 없고 자극적 포르노물과 충동적 게임, 흥미를 자극하는 영화나 소설 등의 표피적이고 소모적인 자극에 집착할 뿐이다.

심뇌가 열려야 비로소 진짜 사랑의 관계가 저절로 연결되고, 모든 대상은 깊이와 감동으로 다가온다.

두뇌의 욕구 추구는 가장 심하게 왜곡되어 있다. 지적 앎의 추구는 자연과 우주, 물질에 대한 지식이나 법칙을 찾는 데로 집중되어 있다. 그리스의 자연철학을 필두로 철학은 존재론이라 하여 존재의 자연법칙 탐구에 골몰해왔다. 다행스럽게도 현대의 인식론 철학은 탐구하고 사고하는 인간 자신에 대한 성찰에 눈을 돌렸다. 하지만 여전히 인간 자신의 변화 없이 자신을 탐구 대상으로만 삼고 있을 뿐이다.

과학은 주로 물리와 자연법칙을 탐구한다는 면에서는 철학과 비슷하다. 하지만 과학은 철학과 달리 실험적 방법론으로 연구하고 그 원리와 법칙을 이용하여 물질 환경의 변화를 적극적으로 꾀한다. 근대 과학혁명으로 말미암아 인간 문명의 발달은 이전 수십만 년 동안 이뤄진 변화보다 훨씬 크다. 더구나 현대 정보통신 발달로 인한 인간의 문명과 삶은 혁신적으로 변화되었고, 앞으로 십수 년간 더욱 많은 변화를 가져다줄 것이다.

하지만 물질이 풍요로워지고 문명이 편리해졌다고 하여 인간이 예전보다 더 행복해졌는가? 오히려 인간성은 말살되고 환경오염과 기후변화에 따른 지구의 위기까지 임박하고 있다. 인간 자신이 물질의 주인이 아니라 물질의 노예로 전락하여 오히려 물질로 파괴당하는 지경에 이르렀다. 그런데도 종교에 이어 의학이나 과학은 신의 지위로 군림하려 들고 있다. 대중들은 허무맹랑한 종교 관념에 맹목적으로 복종하듯이 아무 의심 없이 그 전략에 빠져들고 있다.

많은 종교와 정신적 추구 역시 인간 정신을 고양하지 못했고, 인간에게 자유와 행복을 주지 못했다. 오히려 신이나 지고한 존재에 수동적으로 의존하게 만들어, 인간의 자유를 구속하고 인간을 신의 노예로 전락시켜 왔다. 대부분의 종교 지도자들과 영적 지도자들은 지금 여기의 행복보다는 미래와 사후 세계에 관심을 쏟게 만들며 인간의 에너지를 분산시켜 왔다.

4브레인의 4가지 요소는 나 자신이 이미 내면에 지니고 있는 보물들이다. 그 내면의 보물을 발견하고 개발해 현실에서 누리기만 하면 된다. 그 과정은 내면을 변형시키는 '**내면의 연금술**'을 통해 이뤄질 수 있다.

내면의 연금술[동양의 연단술]로 성뇌, 복뇌, 심뇌, 두뇌의 나 자신을 변화시키면, 우주의 진리도 터득하게 되고 진짜 행복도 누릴 수 있다.

앞에서 4브레인의 욕구를 외부에서 추구하는 행태와 그 한계성을 잠깐 언급했다. 그것은 서구의 외면 연금술사들(Alchemist, 동양의 外丹사상)이 지금까지 주로 행해 온 방식이다. 흔히들 연금술사들은 납과 황, 수은과 같은 거친 물질을 불멸의 금으로 만들려 하거나 엘릭서(영약) 같은 불로장생약을 제조하려고 애써왔다. 그들의 궁극적 목적은 금에서 더 나아가 그 변화에 없어서는 안 되는 물질이자 불로불사의 영원한 생명을 선사하는 궁극의 물질인 '**현자의 돌(Philosopher's Stone)**'을 찾거나 만드는 것이었다.

완전함과 불멸을 위한 연금술(연단술)

서양의 연금술은 현대 화학으로 발전되어 비의적이고 주술적 분위기는 줄어들었지만 여전히 불멸의 법칙, 신통방통한 기술이나 기구, 불로장생의 신약을 개발하는 데 혈안이 되어 있다. 일반인들도 자신의 꿈을 이뤄줄 마법을 얼마나 갈구했으면, 서양에서는 알라딘램프, 동양에서는 도깨비방망이 같은 이야기까지 만들어 냈을까?

금 나와라 뚝딱~ 하면 금이 나오는 마법의 도깨비방망이! 각종 신물질을 만들어내는 현대 화학, 유전자를 조작하여 동식물의 모양이나 속성을 변화시키고 심지어는 복제 동물까지 창조해내는 현대 분자생물학 등을 보라. 마치 마법의 세계가 현실로 펼쳐지고 있는 듯하다.

하지만 물질을 변화시켜 그 완전한 물질, 이른바 현자의 돌을 통해 인간 자신을 온전하게 변화시키려는 노력이 과연 성공할까?

사실 연금술도 궁극으로 들어가면 물질의 변화와 함께 내면의 변화를 추구한다. 어떤 연금술사는 자기 자신을 변성시킨 후에야 비로소 지고한 물질을 만들 수 있다고 말한다.

16세기의 괴짜 의사 파라켈수스(Paracelsus, 1493~1541)는 연금술의 3원리를 제창하여 연금술 역사를 새로 쓴 인물이다. 모든 물질이 수은, 황, 소금의 3요소로 구성되어 있다는 연금술의 3원리는 바로 파라켈수스가 정립한 이론이다.

수은, 황, 소금의 화학적 성질은 영, 혼, 육과 연결하여 이해하기도 했다. 그들 연금술사들에게는 수은, 황, 소금의 조합을 통해 현자의 돌을 만드는 일은 영, 혼, 육을 결합시켜 현자의 돌을 탄생시키는 것과 동일하게 생각되었다. 그들은 물질 탐구라는 도구로 자신의 변성을 추구했다고 볼 수 있다.

물질에서 영혼이 빠지고 물질의 변화에서 자신의 변화가 빠진 현대 과학

은 연금술에서 발전한 것이 아니라 오히려 퇴보한 면으로 기록되어야 한다.
양자론 같은 현대 물리학에서 다시 탐구자 자신과 정신을 관찰대상과 실험에 불러들이고 있는 변화는 정말 다행스러운 일이다.

과연 현자의 돌은 무엇이고 그것은 존재하는가? 알라딘램프나 도깨비방망이 같은 요술방망이는 우화 속에서만 존재할까?

아니다. 그것은 현실로 존재한다. 진짜 현자의 돌이 무엇인지, 알라딘램프나 노깨비방방이 같은 신물이 무엇인지 그 비밀을 여기에서 알려줄 것이다.

혹시 그 비밀을 듣고는 너무 평범하여 실망할 수도 있겠지만, 그 맛을 체험하게 되면 삶의 신비와 불멸의 영원성을 획득하게 된다.

연금술이나 변성을 추구하는 학문에는 비밀이나 비전이 많아 보인다. 확실히 외면의 연금술에서는 재료나 공법 등을 여러 가지 이유로 상징이나 비유를 통해 숨기는 경향이 있다. 소문난 맛집만 하더라도 재료와 만드는 방법을 다 드러내지 않지 않는가?

하지만 내면 연금술 공부에서는 비밀이 있는 듯하고 비법을 숨기는 듯한 이유가 좀 다르다. 공자나 예수, 부처의 제자들은 한결같이 스승이 뭔가를 숨기고 안 가르쳐준다고 불만을 제기한 적이 있다. 정확히는 안 가르쳐주거나 숨기는 게 아니라 말해주어도 제자들이 못 알아 듣는 것이다.

그들의 인식수준이 못 미쳐 말해주어도 그 소중함을 알지 못하며, 심지어는 불신과 조롱까지 일삼곤 한다. 그러니 때로는 제자가 준비된 상태가 아니거나 받아들일 태도가 되지 않는 사람에게는 아예 말을 하지 않는 내용도 있을 수 있다.

「노자도덕경」(하권 41장)에는 이런 구절이 있다.

상근기의 사람은 도를 들으면 바로 실행하고
上士聞道勤而行之
중근기의 사람은 도를 들으면 반신반의 하고
中士聞道若存若亡
하근기의 사람은 그 말을 크게 비웃는다.
그들이 웃지 않으면 도가 되기에 부족하다.
下士聞道大笑之不笑不足以爲道

자, 나는 누가 어떻게 생각하고 받아들이든 진실을 말해야겠다. **'현자의 돌' 혹은 현자의 돌을 만드는 것은 일반화하여 얘기하면 '자극'이다. 알라딘 램프나 도깨비방망이도 신통한 자극일 뿐이다.** 소원을 빌 때 알라딘램프를 비비거나 도깨비방망이를 두드리는 것은 은연중에 자극을 염두에 둔 비유가 아닐까?

금속이나 식물의 변형을 추구하는 외면 연금술에서 자극 요소는 주로 **'불'** 이다. 적절한 불의 열조절로 물질의 하소, 용해, 증발, 승화, 혼합, 증류 등이 유발되고, 그 과정을 통해 그 물질이 변성되고 순환되는 것이다. 불 지피는 기술로 온도를 물질의 상태에 따라 알맞게 조절하는 요령이 연금술의 관건이다.

그렇다면 내면 연금술에서 변화를 이끄는 자극은 무엇인가? **그것은 바로 4브레인의 요소이다.** 두뇌의 의도와 의지, 심뇌의 믿음, 감동, 호흡, 그리고 복뇌의 음식과 운동, 물리적 자극, 성뇌의 성적 접촉 등이 모두 인간의 변형을 일으키는 자극 요소들이다.

그들 요소들로 적당하게 자극하면 4브레인의 욕구가 충족되고, 아주 지혜롭게 자극하면 4브레인의 잠재력이 무한히 깨어날 수도 있다. 한없이 행복하고 자유로운 존재로 거듭나기까지 존재의 변형은 가능하다!

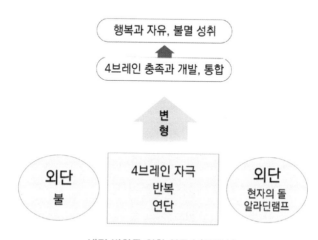

내적 변화를 위한 연금술(연단술)

자극을 통해 충족되고 개발되는 원리 또한 간단하다. **4브레인이 잘 통하고 흐름이 원활하면 모든 게 조화롭고 건강하고 행복해진다.** 그야말로 만사형통(萬事亨通)이다! 성뇌의 성통, 복뇌의 도통, 심뇌의 기통, 두뇌의 신통이 잘 이뤄져야 하듯이 4브레인의 각성 원리는 **통(通)과 순환**에 있다.

성뇌와 복뇌가 잘 통하면 기혈순환이 원활하고 충만한, 건강하고 장생하는 몸이 되고, 심뇌와 두뇌가 잘 통하면 자유롭고 창조하는 정신을 갖게 된다. 전자의 목표는 젖과 꿀이 흐르는 유토피아의 몸신이요, 후자의 목표는 나날이 새롭게 창조하는 대자유인이다.

자극과 통에 의한 4브레인 개발 원리

　적절한 자극의 반복은 4브레인을 통하게 하여 그 잠재력을 무한히 개발시켜 준다. 각 뇌가 얼마나 통했느냐에 따라 충족과 각성의 수준이 결정된다. 아주 간단하지 않은가? 적절한 자극을 통해 4브레인을 통하게 하면 만사형통이다! 하지만 적절한 자극이 무엇인지, 얼마나 자극해야 존재의 변용이 일어나는지 하는 문제는 아직 남아 있다.

　일단 여기서는 대상이나 환경 이전에 자신이 변화해야 한다는 사실을 직시하는 것으로 만족하자. **외부는 내면 의식이 투영된 세계이기 때문에, 내가 바뀌지 않으면 세상은 아무것도 바뀌지 않는다.** 세상이 바뀐 듯이 보이더라도 옷 갈아입듯이 겉만 바뀔 뿐 속은 그대로이다.

　「구약성서」에 내면 연금술을 잘 표현한 구절이 있다.

　"그가 나를 단련하신 후에는 내가 순금같이 되어 나오리다!"
　「구약성서」(욥기 23장 10절)

나를 완성하는 것이
곧 유토피아

"이해하라, 그리고 실천하고, 또 실천하라,
그러면 얻게 될 것이다."

앞장에서 적절한 자극을 통해 4브레인이 얼마나 통하느냐에 따라 그 성숙 정도가 결정된다고 말했다. **편의상 4브레인의 발전 단계를 〈3승9단(三乘九段)〉으로 나누었다.**

발전 기준과 목표가 있어야 그 지표를 삼아 실천하기 쉽고 발전도 빨리 이루어진다. 두뇌의 힘을 작동시키는 가장 강력한 요소 중 하나가 목표 설정에 따른 의도와 이미지이다. 목표를 의도하고 그 결과를 이미지로 상상하는 것만으로도 이미 현실이 변화되기 시작한다. 목표와 의도, 이미지는 현실 창조의 씨앗이기 때문이다.

상중하의 3단계 구분은 흔히들 쓰는 기법이다. 앞서 인용한 「노자도덕경」에서도 상근기의 사람, 중근기의 사람, 하근기의 사람으로 나눠 언급했지 않은가?

하승단계는 4브레인 모든 영역에서 95%를 차지한다. 그만큼 대부분의 사람이 하승단계에 머물러 있다는 것이다.

비근한 예로 경제력 측면을 따져보자. 옥스팜이 분석한 크레디트스위스의 2015년 10월 연례 세계 부(富) 보고서에 따르면 상위 1%의 재산이 전 세계 부에서 차지하는 비중은 50.1%로, 나머지 99%의 재산을 합친 것보다 많아진 것으로 나타났다. 심지어 슈퍼리치 62명의 재산이 하위 50%와 동일할 정도이다. 이런 예만 보더라도 하승단계의 사람들이 95% 정도 차지한다는 주장이 쉽게 이해가 될 것이다.

중승단계는 4브레인 모든 영역에서 5%를 차지한다.

복뇌수준에서 중승단계라면 에너지체질인 건강체질로 경쾌하고 편안한 몸의 소유자이다. 이들은 거의 불편하고 성가신 질병이 없다. 과연 이런 신체를 자신하는 사람이 5%를 넘을 수 있다고 보는가?

4브레인 중 성뇌수준이 최악인데 이 영역에서 중순단계는 3% 이하인 것으로 보인다. 사실 모든 뇌 영역에서 중승단계 수준만 되어도 건강생활을 영위하며 상당히 행복하고 자유로운 삶을 살아갈 수 있다.

상승단계는 4브레인 모든 영역에서 0.1%를 차지한다.

성욕구에 초연하고 즐겁고 유쾌한 영성체질의 소유자로서, 자신의 감정에 휘둘리지 않으며, 매사에 부분적이고 편협된 사고를 넘어 통찰하는 의식을 발휘하는 자이다. 한마디로 도시 속의 신선이나 도인, 현대적으로 표현하자면 완성자, 전인, 자유인이라 할 수 있다.

3승 단계는 각각 다시 3단계로 구분되어 총 9단계가 된다. 9수는 동양에서 완성수로 보니 9단계로 성장 단계를 정하면 가장 합리적이다. 4브레인

4브레인 각성 단계

3승	9단계	성뇌수준		복뇌수준		심뇌수준		두뇌수준	
하승 下乘	1 단계	말초쾌감	짧은 빅뱅 오르가즘	음체질	의존체질	감정의 노예	무감정	사고―분열의식	잠자는 의식
	2 단계		연장된 빅뱅 오르가즘		병체질		혼란된 감정		혼란된 의식
	3 단계		멀티 오르가즘		미병의 음체질		잡다한 감정		잡다한 의식
중승 中乘	4 단계	에너지쾌감	에너지 오르가즘	에너지체질	건강한 양체질	감정의 주인	정돈된 감정	직관―통일의식	정돈된 의식
	5 단계		감정 에너가즘		건강한 에너지체질		통일된 감정		통일된 의식
	6 단계		정신 에너가즘 (몽환의식)		완전건강 에너지체질		직관적 감정		직관적 의식
상승 上乘	7 단계	성감초연	엑스터시 (환희의 무아지경)	영성체질	무중력 영성체질	감정의 초월	감정 해방	통찰―초월의식	초월의식 출연
	8 단계		엑스터시 연장		영성체질 양태		감정 초연		초월의식 연장
	9 단계		엑스터시 완성		영성체질 완성		감정 초월		초월의식 완성

차원의 모든 삶의 행위가 초승의 기술(테크닉)에서 중승의 예술, 이어서 상
승의 도술로 발전해간다. 급기야 4브레인 통합을 통해 성인이 되고 도인의
경지까지 도달하게 된다.

성뇌수준으로 보자면 3단계까지는 말초감각에 머물러있는 하승(下乘)이

요, 6단계까지는 성감각을 조절하여 심오하고 충전되는 에너지오르가즘을 즐기는 중승(中乘)이요, 7단계부터 9단계까지는 성감각을 초월하고 두뇌 차원의 황홀경을 자유롭게 체험하는 상승(上乘)이다.

사실 유불선의 각 종교가 추구하는 이상은 같다. 유교는 인간의 잠재성인 덕성(德性)을 함양하여 이상인간인 성인(聖人)으로 거듭나 이상사회인 대동사회(大同社會)를 구현하려 한다. **불교**는 불성(佛性)을 깨워 부처가 되어 불국토(佛國土)를 건설하는 데 목적이 있다. **도교**는 도성(道性)을 길러 노인(道人)이 되어 지상선경(地上仙境)을 이루고자 한다. **기독교**는 원래 인간의 신성(神性)을 깨워 신인(神人)으로 거듭나 아버지 나라를 이 땅 위에 건설하는 데 목적이 있다.

사후 세계의 구원이나 영생은 부차적인 문제이며 원래 성인들이 말하거

	인간의 잠재성	이상인간 (자기 수양)	이상사회 (함께 수양)	사후세계 (타력신앙)
유교	德性	성인	대동사회	저승
불교	佛性	부처	불국토	극락
도교	道性	도인	지상선경	무릉도원
기독교	神性	신인	아버지 나라	천국

각 종교가 추구하는 이상인간과 사회

나 의도한 바가 아니다! 사후 세계에 대한 질문에 각 성인들은 이렇게 대답했다. 공자는 삶도 모두 알지 못하는데 사후의 일에 대해 어떻게 아느냐고했고, 부처는 현재 삶의 문제 해결이 급선무인데 사후 세계에 관심을 갖느냐고 꾸짖었다.

도교의 교조인 노자는 그 어디에서도 영혼이나 사후세계에 대해 언급한적이 없다. 오직 삶의 도를 깨치고 삶에 초연해지는 정신 수양에 대해서만얘기했을 뿐이다.

기독교의 근본은 더욱 자세히 고찰해볼 필요가 있다. 제자들과 신도들에의해 가장 많이 왜곡된 경전이 성경이기 때문이다. 원래 예수도 사후의 구원이 아닌 거듭남, 깨달음을 통한 현세의 구원을 설파했다.

예수는 당시의 각자(覺者)로서 백성들의 의식을 깨우는 스승 역할을 수행했던 것으로 보인다. 그 당시 민중들로 하여금 내면의 거듭남을 종용하여아버지의 나라, 새 하늘과 새 땅을 건설하려 애쓰다가 힘에 부쳐 꿈을 이루지 못했던 것이다.

이런 정황은 예수의 육성이 고스란히 담긴 「도마복음서」*에 적나라하게담겨있다. 그리고 「도마복음서」를 일부 인용하여 신화(神話)처럼 꾸민 「신약성경」(특히 마태복음, 누가복음) 곳곳에서도 은연중에 남아 있다.

주)「도마복음서」
1945년 12월 한 아랍인 농부가 남부 이집트의 나그 함마디(Nag Hammadi)마을 근처에서 발견한 '비밀복음서'. 이 '비밀복음서'는 이전까지 알려지지 않았던초기 기독교 복음서들을 모아 놓은 52종의 텍스트들이다. 그것에는 「도마복음서

먼저 예수가 제자들에게 자신과 똑같이 되라고 말한 기록을 「도마복음서」와 「신약성경」에서 찾아보자.

"나의 입으로부터 나오는 것을 마시는 자는 누구든지 나와 같이 되리라. 나 자신 또한 그 사람과 같이 되리라. 그러면 감추어진 것들이 그에게 드러나게 되리라." 「도마복음서」(제108장)

"제자가 선생보다 높지 못하나, 무릇 온전케 된 자는 그 선생과 같으리라." 〈누가복음 6:40, 마태복음 10:24~25〉

(Gospel of Thomas)」, 「빌립복음서(Gospel of philip)」, 「진리복음서(Gospel of truth)」 등이 포함되고 있으며, 「야고보비밀서(Secret book of James)」, 「바울묵시록(Apocalypse of Paul)」, 「베드로묵시록(Apocalypse of Peter)」 등과 같이 예수의 추종자들이 쓴 것으로 보이는 글들도 포함되어 있다.

그런데, 이 '비밀복음서'는 예수의 행적과 말씀들을 신약성서와는 아주 다르게 쓰고 있을 뿐만 아니라, 그 신학 체계도 전통파 기독교와는 판이하다. 놀라운 내용들을 담고 있는 '비밀복음서'의 거의 대부분이 '영지주의(靈知主義)'에 대한 저작들의 문고라는 데는 의심의 여지가 없다. 진리에 대한 믿음보다 깨달음을 추구한 영지주의는 이단설로 역사에서 밀려났다. 바로 이들 저작이 항아리에 밀봉되어 나그함마디의 동굴에 묻히게 된 이유이다.

많은 성서학자들은 「도마복음서」가 순수한 예수의 어록으로 4복음서보다 먼저 만들어져, 4복음서 중의 〈마태복음〉과 〈누가복음〉에 공통적으로 인용되었다고 분석한다. 원형에 가까운 예수의 말씀은 모래알 속의 진주처럼 성서의 4복음서로 녹아들어 갔다. 「도마복음서」와 4복음서의 내용을 객관적으로 대조해보면, 우리는 이 견해에 쉽게 도달할 수 있다.

김용옥 선생의 「도올의 도마복음이야기1~3」(2008, 2010, 통나무)을 참고하면, 도마복음과 그 내용 해설을 상세하게 접할 수 있다.

예수는 하나님과 천국을 초월적인 곳에서가 아니라 자신 안과 이 세상에서 발견하고자 노력했다. 성서에서도 하나님의 나라, 천국도 분명 각자의 마음 속에 있다고 분명히 지적하고 있다. 먼저 천국에 대한 언급을 살펴보자.

제자들이 그에게 가로되, "언제 그 나라가 오리이까?"(예수께서 가라사대,) "나라는 너희들이 지켜보고 있는 그런 방식으로는 결코 오지 않는다. '보아라, 여기 있다! 보아라, 저기 있다!'라고 말할 수 있는 것이 아니다. 차라리, 아버지의 나라는 이 땅 위에 깔려 있느니라. 단지 사람들이 그것을 보지 못할 뿐이니라."「도마복음서」(제113장)

바리새인들이 물었다. "하나님의 나라가 어느 때에 임하나이까?" 예수께서 대답하여 가라사대, "하나님의 나라는 볼 수 있게 임하는 것이 아니요, 또 여기 있다 저기 있다고도 못하리니 하나님의 나라는 너희 안에 있느니라."〈누가복음 17:21〉

성경에서는 확실히 천국은 내면의 거듭남에 의해 우리 마음 속에서 점점 성장하는 것임을, 자라나는 나무에 비유하여 설파하고 있다. 이 구절 역시 「도마복음」(제20장) 내용과 동일하다.

"하나님의 나라가 무엇과 같을꼬 내가 무엇으로 비할꼬, 마치 사람이 자기 채전에 갖다 심은 겨자씨 한 알 같으니, 자라 나무가 되어 공중의 새들이 그 가지에 깃들였느니라."〈마태복음 13:31~32, 누가복음 13:18~19〉

실로 성경 안의 모래알 속에서 진주를 찾을 수 있는 눈만 뜨면, 예수도 인간 내면에 지닌 신성을 발견하여 아버지 나라를 이 땅에서 이룰 것을 설파했다는 사실을 알 수 있다. **예수는 모세의 유일신관을 초월하여 범신관의 수준까지 도달했다.**

다음 소개할 구절은 유일신관을 가진 유대인들이, 자신이 하나님의 아들이라고 자칭하는 예수를 제 분수를 넘어 버릇없다고 꾸짖는 장면이다.

> "나와 아버지는 하나이니라(I and the Father are One) 하신대, 유대인들이 다시 돌을 들어 치려 하거늘, 예수께서 대답하시되, 내가 아버지께로 말미암아 여러 가지 선한 일을 너희에게 보였거늘 그 중에 어떤 일로 나를 돌로 치려 하느냐. 유대인들이 대답하되, 선한 일을 인하여 우리가 너를 돌로 치려는 것이 아니라 참람함을 인함이니, 네가 사람이 되어 자칭 하나님이라 함이로다. 예수께서 가라사대, 너희 율법에 기록한 바 내가 너희를 신이라(You are gods) 하였노라 하지 아니하였느냐. 성경은 폐하지 못하나니 하나님의 말씀을 받은 사람들은 신(神)이라 하셨거든…"〈요한복음 10:30-35〉

위의 성경 구절에서 알 수 있듯이 예수는 자신이 신(神)임을 자각했었고, 모든 사람이 신이라고 설파했다. 그랬기 때문에 모세의 유일신관 전통을 가진 유대인들에게 박해를 받은 것이다. 깨달음의 눈으로 성서를 보지 않으면, 우리는 이러한 숨겨진 진리를 쉽게 간과해 버리고 만다.

이 외에도 성경에는 인간이 하나님과 똑같이 되기를 바라는 구절이 수없이 많다. "하늘에 계신 너희 아버지의 온전하심과 같이 너희도 온전하라."〈마태복음 5:48, 베드로전서 1:15, 레위기 19:2〉"너희가 하나님의 성전인

것과 하나님의 성령이 너희 안에 거하시는 것을 알지 못하느뇨."〈고린도전서 3:16〉

4복음서의 근간이 된 「도마복음서」는 적나라하게 그 메시지를 담았다. 아래 인용구에 의하면 사람은 하나님의 닮음을 넘어 죽지도 않고 보여지지도 않는, 존재 이전의 존재임을 선포하고 있다. 그리고 그런 자신의 본성을 깨닫지 못하면, 빈곤 속에서 머무르게 될 것을 엄중하게 경고하고 있다.

예수께서 가라사대, "너희가 (하나님을) 닮은 너희 모습을 볼 때에, 너희는 기뻐한다. 그러나 너희보다 먼저 존재한, 죽지도 않고 보여지지도 않는 너희 형상을 볼 때에, 과연 너희가 얼마만큼 감당할 수 있으랴!" 「도마복음서」(제84장)

"진실로 나라(천국)는 너희 안에 있고, 너희 밖에 있다. 너희가 너희 자신을 알면 너희는 알려질 것이고, 너희는 너희가 곧 살아 계신 아버지의 아들임을 깨닫게 되리라. 그러나 너희가 너희 자신을 알지 못하면, 너희는 빈곤 속에 머물게 되고, 너희 존재는 빈곤 그 자체이니라." 「도마복음서」(제3장)

이처럼 4대 종교의 교조들은 원래 사후세계에 대한 관심은 안중에도 없다. 오직 살아서 자신의 본성을 자각하여 해탈이나 구원, 온전함에 이를 것을 강조했다.

오직 제자들에 의해 사후세계의 관념들이 덧붙여져, 이후 민간신앙 차원으로 대중화되면서 유교의 저승, 불교의 극락, 도교의 무릉도원, 기독교의 천국 관념들이 남발되었다. 나약하고 무지한 민중들은 내면 연금술[자력신앙]보다는 외면 연금술[타력신앙]에 관심을 기울이고, 자신이 변화하기보다는 변화된 세계가 그저 주어지는 것을 좋아하기 때문이다. 자기 안이 아니라 밖에서 구원을 찾는 타력신앙(他力信仰)은 언제 어디에서나 대세를 이루어왔다.

그런데, 나약하고 문제덩어리인 인간이 유토피아에 들어간들 진정 행복해질 수 있을까? 아마 그 유토피아가 존재한들 인간들에 의해 금방 지옥으로 오염되고 말 것이다.

다시 한번 강조하지만 인간 내면에 모든 귀중한 보물과 유토피아, 신성이 존재한다. **이 내면의 잠재력을 깨워내 향유하는 것이 유토피아의 길, 참다운 내면 연금술이다.** 이 글을 쓰면서 내 표현과 비슷한 「도마복음서」의 다음 구절을 발견하고는 깜짝 놀랐다.

예수께서 가라사대, "만약 너희가 너의 안에 있는 것을 열매 맺으면, 너희가 가지고 있는 그것이 너희를 구원하리라. 만약 너희가 너희 안에 그것을 갖지 못하면, 너희가 가지고 있지 않은 그것이 너희를 죽이리라." 「도마복음서」(제70장)

하지만 **이 책이 다른 경전들보다 좀 나은 것은 있다. 그들은 성, 몸, 마음, 정신의 4가지 내면 전체를 체계적으로 제시하지는 못했다.** 그들은 주로 마음과 의식에 대해서만 강조했을 뿐이다. 그들이 남긴 마음의 경전들은 성과 몸의 관리와 변화에 대해서는 일체 언급하지 않았다. 오히려 몸에 대한 정신의 우위를 강조하는 관념을 심어 인간의 조화로운 행복을 방해하는 부작용도 낳았다.

또한 성자들 자신이 의도하지는 않았겠지만, 수많은 교조적 분파들과 맹신자들을 양산하여 인류를 분쟁과 전쟁의 장으로 내몰았다. 인류의 성장과 행복의 측면에서 보자면, 그들의 역할은 큰 도움이 못 되었다. 오히려 이름 없이 살다간 소박한 철학자나 과학자들이 더욱 나을 수도 있다. 이들은 최소한 교조적 추종이나 엉뚱한 관념을 낳는 원인 제공자는 되지 않았기 때문이다.

특히 종교의 금욕적 가르침이나 교리는 인류를 죄악과 고통 속으로 내몰았다. 금욕적 관념은 많은 수행자들로 하여금 세속을 성화시키기보다 세속을 등지게 만들었다. 지금도 인간의 근본적 욕구인 성욕을 어떻게 충족시키고 승화시키는지를 몰라 방황하고 고통당하는 수행자들과 대중들이 넘쳐난다.

성에너지는 생명의 원천이자 원동력이다. 이 근본적 생명에너지를 단순히 억압하고 죄악시해서는 다음 단계로 나아갈 수 없다. 그러므로 성에너지를 잘 충족시키고 다스리며 몸과 마음, 정신 차원으로 승화시켜 나갈 때, 참다운 삶의 행복을 얻고 깨달음을 더욱 자연스럽게 성취할 수 있다. 나무 뿌리가 변화하지 않는데 그 줄기와 열매, 꽃이 근본적으로 바뀔 수 있겠는가?

성생활은 가장 강력한 잠재력 각성의 기회이며, 남녀의 이원성이 적나라하게 합일되는 거룩한 행위이다. 수행은 잠재력을 개발하고 대립된 모든 이원성을 하나로 융합시켜나가는 과정이기에, 성수행을 생활수행의 출발점으로 삼아야 한다. 일상 성생활이 내적 에너지를 변화시키는 수행이 되면, 삶 자체가 수행과 놀이의 장으로 변모될 수 있다.

우리는 수행이라고 하면 산속이나 세상과 격리된 특별한 장소에서 행하는 것으로 생각한다. 하지만 그것은 육체와 정신, 세속과 초월, 성과 속을 분별하고, 정신 우위의 고행과 금욕수행을 강조해온 구시대적 사고방식일 뿐이다.

이제 모든 존재와 대립된 개념들이 하나로 어우러지는 신세계에서는 생활 자체가 수행이 되고 종교가 되어야 한다. 즉 삶과 동떨어진 장소나 저 세상이 아닌 삶 자체가 거룩하고 성스러워야 하며 지복으로 넘쳐야 한다.

그러기 위해서 나는 성, 몸, 마음, 정신의 모든 인간 내면을 생활 속에서 닦고 즐기는 '4브레인 생활수행'을 주창했다.

부디 4브레인 내면 연금술 9단계를 지표삼아 4브레인 생활수행을 신명나게 실천해 나가기를 바란다. 내면의 꽃을 활짝 피워, 지금 여기에서 지상 선경의 꿈을 모두 성취하길 바란다.

진짜 앎은 체험이다. 머리로 이해하는 지식 차원에 머물러서는 진정 아무것도 알 수 없다.

"이해하라, 그리고 실천하고, 또 실천하라, 그러면 얻게 될 것이다."

4브레인 인간관: 나는 누구인가?

> # 동서양의 인간 유형론 이해
>
> 동서양의 4체질설은 다 같이 체질(體質)에 따라 인간을 네 가지 유형으로 구분하고
> 성격 유형까지 연결시켰다는 점에서 탁월한 발상이다.
> 나는 4브레인 이론에 따라 인간 유형을
> 성뇌형, 복뇌형, 심뇌형, 두뇌형의 네 가지로 크게 구분하고자 한다.

이 세상에는 각양각색의 인간 유형들이 존재한다. 같은 성격이나 체질의 인간은 없다. 일란성쌍둥이라 할지라도 각 개성은 모두 다르다.

'저 사람은 왜 나와 다르게 생겼고, 다르게 생각하고 행동할까?' 나의 입장에서 보면 도저히 다른 사람들이 이해되지 않는 경우가 적지 않다. 이런 이유로 서로 오해하기도 하고 심지어 극심한 분쟁이나 갈등이 일어나기 일쑤이다.

인간은 왜 다르고, 어떻게 다를까? 인간의 본성을 파악하기 전에, 인간형에 대한 이해는 먼저 현실을 지혜롭게 살아가는 데 필요하다. **복잡한 인간관계가 이뤄지는 현대사회일수록 처세와 치료, 교육, 사업 등의 목적으로 인간 이해가 더욱 필요하다.**

인간형의 구분은 이미 고대로부터 많이 시도되어 왔다. 인간형은 현대 심리학에서 주로 성격 유형으로 파악한 것과 달리, 그 연원은 체질을 바

탕으로 하여 성격까지 구분하는 것이었다. 체질에 대한 논의는 그 연원이 오래 돼 동서의학의 태동기까지 거슬러 올라간다.

동양의학(東洋醫學)의 고전(古典)인 「황제내경(黃帝內經, 중국 진한대에 편찬된 가장 오래된 의서)」에서는 일찌감치 **인간의 25체질론(體質論)**에 대해 언급한 바 있고, 서양의학(西洋醫學)의 아버지인 히포크라테스 역시 **4체질론**을 부르짖은 바 있다.

고대 그리스철학의 우주 구성이 흙(地, 土), 물(水), 불(火), 바람(風)의 네 요소로 되었다는 원리에서 인체 형성에도 혈액(血液)·점액(粘液)·담즙(膽汁)·흑담즙(黑膽汁)의 사액체(四液體)로 구성되었다고 본 것이 **히포크라테스의 체액병리설(體液病理說)**이다. 이를 기초로 하여 약 500년 후 갈레노스(Claudios Galenos, 129?~199?)는 **4대기질설**(四大氣質說; 다혈질, 담즙질, 우울질, 점액질)을 발표함으로써 심리학 분야에서 응용해 왔다.

그러나 임상적(臨床的) 실증이론에 바탕을 두지 않은 고대의 체질이론은 동서양 의학사에서 두각을 나타내지 못하다가 19세기에 이르러 우리나라에서 비로소 제 색깔을 드러내기 시작한다. 바로 조선의 의성(醫聖)으로 추앙받는 이제마(李濟馬)에 의해 1894년에 완성(完成)된 「동의수세보원(東醫壽世保元)」을 통해 **사상체질(四象體質) 이론**이 체계적으로 정립되었다.

이제마의 사상체질(四象體質) 이론은 동서양의 사대이론(四大理論)과 근본적인 맥락은 비슷한 측면이 있다. 불교에서도 인체가 흙(地, 土), 물(水), 불(火), 바람(風)의 사대(四大)원소로 구성되었다고 보고 있다. 사대(四大)원소를 인체에 대입하면 이와 같다.

4대원소와 인체의 관계

사대(四大)원소	인체의 구성요소	인체에 미치는 영향
흙(地)기운	힘줄, 뼈, 힘살, 손톱, 발톱, 이 등 딱딱한 것	흙(土) 기운이 왕성하면 근골(筋骨)이 강해짐
물(水)기운	정액, 피, 콧물, 진액 등 흐르는 것	물(水) 기운이 왕성하면 정(精)이 잘 분비돼 정력이 왕성해짐
불(火)기운	호흡(呼吸)과 체온(體溫) 등 열 성질	불(火) 기운이 왕성하면 기운(氣運)이 뻗치게 됨
바람(風)기운	영혼(靈魂)과 정신활동(精神活動) 등 정신적 요소	바람(風) 기운이 왕성하면 지력(知力)이 뛰어나게 됨

히포크라테스와 갈레노스의 4체질설과 이제마의 사상체질론(四象體質論)은 인체 의학적 관점에서 연결시켜 볼 수 있다. 동서양의 두 체질론은 각론이 상이한 점은 있겠지만, 전체적 맥락은 상당히 통하는 점이 많다.

첫째, 점액질(粘液質)의 경우에는 점액(粘液)은 인체(人體) 내에서 내분비계(內分泌系)가 발달되어 호르몬과 수분이 많다는 의미이다. 점액질은 사상체질의 소음인(少陰人) 체질과 통한다고 볼 수 있다.

소음인은 사상의학(四象醫學) 이론에서 소양인과 반대로 신대비소[腎大脾小: 신장 기능이 발달하고 비장 기능이 상대적으로 떨어짐]하다고 본다. 소음인은 신장이 발달해 점액(粘液) 분비가 많다. 한의학에서 신장정(腎藏精)이라 하여 신장은 정수(精髓)를 담고 있는 장기이기 때문이다.

둘째, 담즙질(膽汁質)은 담즙이 많다는 의미로 태음인(太陰人) 체질에

4체질설과 사상체질론의 관계

사대(四大)원소	4체질설	이제마의 사상체질론	발달된 기질
물(水)기운	점액질(粘液質)	소음인(少陰人) 신대비소[腎大脾小]	정수
흙(地)기운	담즙질(膽汁質)	태음인(太陰人) 간대폐소[肝大肺小]	근골
불(火)기운	다혈질(多血質)	소양인(少陽人) 비대신소[脾大腎小]	기운
바람(風)기운	우울질(憂鬱質) 또는 흑담즙질(黑膽汁質)	태양인(太陽人) 폐대간소[肺大肝小]	시력

해당한다고 볼 수 있다.

태음인(太陰人)은 사상의학 이론에서 간대폐소[肝大肺小: 간장 기능이 발달되고 폐(肺) 기능이 상대적으로 떨어짐]하다고 본다. 태음인은 간장이 발달돼 담즙 생성이 많다. 간과 담낭은 각각 담즙을 생산하고 저장하는 장기이기 때문이다.

셋째, 다혈질(多血質)은 그 말이 의미하듯 혈액(血液) 활동이 왕성하다는 의미이다. 다혈질은 소양인(少陽人) 체질에 해당한다고 볼 수 있다.

소양인은 사상의학 이론에서 비대신소[脾大腎小: 비장 기능이 발달하고 신장 기능이 상대적으로 떨어짐]하다고 본다. 실제로 소양인은 비장(脾臟)이 발달돼 혈액(血液) 생성이 많다. 위장과 췌장을 포함한 비장 계통은 영양분을 소화시켜 혈액을 만드는 역할을 담당하고 있다.

마지막으로, 우울질(憂鬱質) 또는 흑담즙질(黑膽汁質)은 담즙(膽汁)이 부족하다는 의미로 태양인(太陽人) 체질에 해당한다고 볼 수 있다.

태양인은 사상의학 이론에서 태음인(太陰人)과 반대로 폐대간소[肺大肝小: 폐 기능이 발달하고 간 기능이 상대적으로 떨어짐]하다고 한다. 태양인은 간장(肝臟) 기능이 약함으로 인해 담즙 분비가 부족하다.

우울질이란 말 역시 간장 기능이 약해 신경이 예민하여 스트레스가 많고 우울증(憂鬱症)을 잘 느끼는 태양인 체질을 가리킨다고 볼 수 있다.

동서양의 4체질설은 다같이 체질(體質)에 따라 인간을 네 가지 유형으로 구분하고 성격 유형까지 연결시켰다는 점에서 탁월한 발상이라 할 수 있다. 융의 성격 유형이나 이에서 발전한 현대의 MBTI 성격분석 이론 등이 인간의 성격만을 분류한 것과는 확실히 차이가 있다.

그런데 9가지 성격 유형으로 유명한 에니어그램(Enneagram)에서는 인간의 성격 유형을 세 개의 그룹, 즉 본능형, 감각형, 사고형으로 나눈 후 각 그룹을 다시 3가지로 구분했다. 에니어그램(Enneagram)은 현대에 들어 체계적으로 정립되었지만, 그 근원이 2500년 전까지 거슬러 올라가서인지 신체와 연결된 점이 특징이다.

흥미롭게도 본능(Body) 중심은 장, 감정(Heart) 중심은 가슴, 사고(Head) 중심은 머리와 연결짓고 있지만, 아쉽게도 신체와 성격과의 연관성을 세밀하게 설명하지는 않고 있다.

나는 4브레인 이론에 따라 인간 유형을 성뇌형, 복뇌형, 심뇌형, 두뇌형의 네 가지로 크게 구분하고자 한다.

이런 4브레인 인간형은 신체와 성격을 체계적으로 연결하고 동서양의 4체질설을 포괄하는 가장 쉽고 합리적인 인간 유형론이 되리라 확신

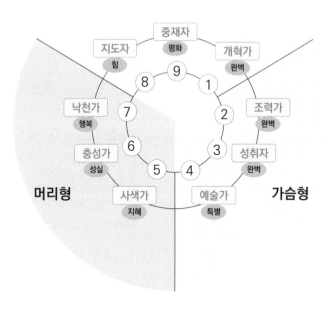

장형

에니어그램(Enneagram)의 세 자아와 9가지 성격 유형

한다. 왜냐면 **4브레인 인간형은 무엇보다도 각자가 판별하기 쉬우며, 현실에서 적용하여 자신의 과부족 성질을 보완하는 데 실질적인 도움이 될 수 있기 때문이다.**

 기존 인간 유형론들의 가장 난해한 점은 바로 그 진단기준이 애매하고 모호하다는 것이다. 자신은 물론 그 이론의 전문가들도 판별 기준이 제각각 다르고 구분할 수 없는 경우도 부지기수이다. 사상체질의 경우 어떤 한 사람을 두고 전문가들 사이에서도 체질 유형이 달리 나오는 사례가 비일비재하다.

이런 난점은 판별기준이 정밀해졌다는 MBTI 성격분석 이론이나 에니어그램(Enneagram)에서도 마찬가지이다. 결코 변화하지 않는다는 성격과 체질이 테스트할 때마다 달리 나오기도 한다. 그리고 나름대로 판별을 했다고 해도 자신에 대한 깊은 통찰이 생겼거나 이로 인해 자신의 정체성에 큰 변화가 일어나기도 쉽지 않다. 한마디로 자기 위로나 공허한 이론 정도로 그치기 쉽다는 것이다.

더 나아가 잘못된 판단에 고착되어 치우친 성격이나 체질에서 더욱 벗어나오지 못하는 부작용도 만만찮다.

자, 그렇다면 4브레인 인간형은 어떻게 구분되고, 이것을 통해 우리는 무엇을 얻을 수 있는가?

동서양을 관통하는
4브레인 인간형

음양이론을 기본으로 한 4브레인 체질과 성격 구분은
현실의 대립과 조화를 잘 묘사해준다.
4브레인 인간형에 대한 이해를 통해 쉽게 자신의 개성을 이해하고
더욱 조화로운 인간으로 성숙해나갈 수 있다.

4브레인 인간형은 가장 합리적인 인간 유형론이다. 사실 체질과 성격 유형은 카테고리가 적을수록 구분하기 쉽고 잘 들어맞는 경향이 있다. 하나에서 둘이 갈라졌다고 보는 음양의 이분법이 가장 기본적인 구분이다.

기본적으로 양은 뻗어나가는 성질이고 음은 움츠리는 성질이다. **양체질은 열성이고 음체질은 냉성이며, 양의 성격은 외향적이고 음의 성격은 내성적이다.**

음양(陰陽)에서 사상(四象)이 분화되니 또 네 가지로 구분된다. 이는 동양의 역리(易理)에 기초를 두고 있다. 역리에서는 태극은 음양을 낳고 음양은 사상을 낳는다고 하였다. 음체질은 신체를 바탕으로 하는 성뇌형과 복뇌형, 양체질은 정신을 바탕으로 하는 심뇌형과 두뇌형이다.

4대구분은 우선 신체 구조상 잘 들어맞는다. 신체는 한 집에 네 개의 방, 즉 골반강, 복강, 흉강, 뇌강으로 이뤄져있기 때문이다. 골반은 성뇌

와 성에너지, 성욕의 중심, 복강은 복뇌와 신체에너지, 물욕의 중심, 흉강은 심뇌와 감정에너지, 정서적 욕구의 중심, 뇌강은 두뇌와 정신에너지, 정신적 욕구의 중심이다.

이는 우주와 인체의 구성요소가 흙(地, 土), 물(水), 불(火), 바람(風)의 4대원소라는 견해에도 잘 부합한다. 정수(精髓)의 성질인 물의 요소가 많으면 성뇌형, 근골의 성질인 흙의 요소가 많으면 복뇌형, 기운의 성질인 불의 요소가 많으면 심뇌형, 지력의 성질인 바람의 요소가 많으면 두뇌형인 것이다.

흥미롭게도 이제마도 사상체질에서 인체를 네 부분으로 나누었다. **인체의 전면은 턱[頷]·가슴[臆]·배꼽[臍]·배[腹], 인체 후면은 머리[頭]·어깨[肩]·허리[腰]·볼기[臀]로 구분하였다.** 그리고는 턱에는 이해득실을 헤아리는 꾀[籌策]가 있으나 잘못하면 교만하고, 가슴에는 조직적인 계획을 세우는 경륜(經綸)이 있으나 잘못하면 잘난 체하고, 배꼽에는 절도 있는 행검(行檢)이 있으나 잘못하면 뽐내고, 배에는 포용력이 있는 도량(度量)이 있으나 잘못하면 과장하기 쉽다고 하였다.

또, 머리에는 식견(識見)이 있으나 잘못하면 남의 것을 탈취하게 되고, 어깨에는 위엄(威嚴)이 있으나 잘못하면 사치에 흐르기 쉽고, 허리에는 재간(才幹)이 있으나 게으르기 쉽고, 볼기에는 방략(方略)이 있으나 잘못하면 도적질하기 쉽다.

그러므로 함억제복(頷臆臍腹)은 항상 지혜(知慧)를 실천에 옮기는 것이어야 하고, 두견요둔(頭肩腰臀)은 항상 행업(行業)을 실행하는 것이어야 한다. 이것이 이제마의 지행론(知行論)이다.

이제마가 장부론(臟腑論)에서 폐비간신(肺脾肝腎)의 장기를 중심으로 인체를 네 부분, 즉 사초(四焦)로 나눈 것도 자못 흥미롭다. 배부(背部)와 흉부 이상을 상초(上焦)라 하여 폐와 위완(胃脘)이 주관하고, 등골뼈[背脊]와 흉격(胸膈) 부위를 중상초(中上焦)라 하여 비와 위가 주관하고, 허리와 배꼽 부위를 중하초(中下焦)라 하여 간과 소장이 주관하고, 요추 밑[脊下]과 배꼽 밑[臍下]을 하초(下焦)라 하여 신과 대장이 주관한다고 보았다.

이는 기존 의학에서 상중하 삼초(三焦)로 나눈 것을 폐비간신의 장기를 주로 하여 사초(四焦)로 구분한 것이다. 여기서 심장은 몸 전체를 주관하는 중심으로 보아 제외되었다.

인체를 전면과 후면, 그리고 폐비간신의 장기를 기준으로 네 부위[四焦]로 나눈 것은 4브레인 인간형과도 다소 통한다.

하지만 인체를 골반강, 복강, 흉강, 뇌강의 네 부위로 나누는 4브레인 인간형의 방식이 더욱 깔끔하다. 그리고 4브레인 인간형의 장기 구분은 뇌강의 뇌를 포함한다. 방광과 성기관을 포함하여 신장 이하는 성뇌, 비장과 간장, 위, 대소장의 복강 장기는 복뇌, 폐와 심장의 흉강 장기는 심뇌, 뇌강 장기인 뇌를 두뇌라고 본다.

신장 이하 장기는 성기능과 직접적으로 연관되어 있다. 비장과 간장, 위, 대소장의 복강 장기는 소화와 흡수, 배설 등의 인체 유지에 주로 기여하고 있고, 폐와 심장의 흉강 장기는 호흡과 박동으로 정서적 상태와 연관이 깊다. 그리고 뇌강의 두뇌는 사고 기능과 직관 등의 정신적 기능과 밀접하다.

4브레인 인간형을 외향으로 판단하자면, 성뇌형은 본능형으로 골반과 성기관, 장기로는 신장이 발달되었다. 복뇌형은 행동형으로 장과 소화기관, 심뇌형은 감정형으로 심장과 순환기계, 두뇌형은 정신형으로 뇌와 신경계가 발달되었다.

서양의 4체질론을 이에 대입하자면, 인체의 정수인 물이 많은 점액질은 신장이 강한 소음인과 성뇌형에 속한다. 신장과 성뇌는 인체의 정수를 많이 만들어내는 부위이기 때문이다.

인체의 근골이 튼튼한 담즙질은 간장이 강한 태음인과 복뇌형에 속한다. 간장과 복뇌는 담즙을 많이 생산하는 부위이기 때문이다.

불기운이 강한 다혈질은 비장이 강한 소양인과 심장이 강한 심뇌형에 속한다. 비장과 심장은 음식 소화와 혈액 순환을 통해 에너지를 공급하기 때문이다.

지력이 뛰어난 흑담즙질은 폐장이 강한 태양인과 사고 중심의 두뇌형에 속한다. 폐장은 호흡을 통해, 두뇌는 뇌신경을 통해 지력을 만들어내기 때문이다.

이제마는 태양인은 항상 크게 노하는 일을 경계해야 하고, 소양인은 항상 깊이 슬퍼하는 일을 경계해야 하며, 태음인은 항상 도락에 빠지는 일을 경계해야 하고, 소음인은 항상 지나치게 기뻐하는 일을 경계해야 한다고 했다. 두뇌형은 사고형으로 노하기 쉽고, 심뇌형은 감정형으로 슬퍼하기 쉽고, 복뇌형은 행동형으로 물질에 빠지기 쉽고, 성뇌형은 본능형으로 육욕에 빠지기 쉽기 때문이다.

4브레인 인간형, 4체질설과 사상체질론의 관계

4브레인 인간형	성격	신체 중심	사대(四大) 원소	4체질설	이제마의 사상체질론	발달된 기질	발달된 신체(장기)
성뇌형	본능형	골반강	물(水)기운	점액질 (粘液質)	소음인(少陰人) 신대비소[腎大脾小]	정수	골반과 성기관(신장)
복뇌형	행동형	복강	흙(地)기운	담즙질 (膽汁質)	태음인(太陰人) 간대폐소[肝大肺小]	근골	장과 소화기관
심뇌형	감정형	흉강	불(火)기운	다혈질 (多血質)	소양인(少陽人) 비대신소[脾大腎小]	기운	심장과 순환기계
두뇌형	정신형	뇌강	바람(風) 기운	우울질(憂鬱質) 또는 흑담즙질(黑膽汁質)	태양인(太陽人) 폐대간소[肺大肝小]	지력	뇌와 신경계

건강은 음양의 균형과 조화 상태이다. 성정(性情)의 조화 역시 체질에 따라 희로애락이 균형있게 잘 발휘되는 상태이다. 그래서 동양에서는 음양화평지인(陰陽和平之人)을 음양이 조화로운 최고의 건강인이자 성인(聖人)으로 여겼다. 바로 음양의 균형이 무너졌을 때에 병적 현상으로 나타나게 되며, 성격 역시 극단적으로 치우쳐 고통을 초래하게 된다.

이런 면에서 음양이론을 기본으로 한 4브레인 체질과 성격 구분은 현실의 대립과 조화를 잘 묘사해주는 장점이 있다. 4브레인 인간형에 대한 이해를 통해 쉽게 자신의 개성을 이해하고, 더욱 조화로운 인간으로 성숙해나갈 수 있다.

평생을 써 온 개성의 가면을
벗을 수 있을까?

거짓 자아에 매몰된 '닫힌 개성'에서 모두와 소통하고 조화하는 '열린 개성'으로!
궁극적으로는 하나의식에 통합된 '참나'로 거듭나는 것이 우리가 가야 할 길이다.

4브레인 인간형에서 성격은 어떻게 구분될까? 성격 유형도 크게 네 가지 성향으로 구분하고, 네 가지 성격은 각각 다시 선천요소와 후천요소, 즉 음양으로 나눠 8가지 성격 유형으로 판단하면 쉽다.

4브레인 인간형에 대해 자세히 알아보기 전에, 먼저 각자의 체질과 성격이 만들어지는 과정을 간략히 알아보기로 하자. **체질과 성격 과정을 잘 이해하면, 우리는 새로운 변화를 꾀하고 성장해나가는 데 중요한 통찰을 얻게 된다.**

첫째는 선천요소로서, 부모에게서 전달된 수정란의 선천적 유전정보와 10개월 태내 환경적 자극이다. 이 선천요소는 체질과 성격 형성의 30%를 차지하며 초기 인간 유형을 만들어가는 데 중요한 인자이다. 그러므로 먼 조상들에게서 전해지는 유전자와 부모의 심신 건강관리, 그리고 정자와 난자가 수정되는 순간의 부모 상태가 태아의 조건을 형성하는 초기의 중요 인자들이다.

그래서 조선시대의 태교책인 「태교신기」에는 태내 10달 태교보다 중요한 것이 잉태 순간의 정자와 난자의 상태라고 강조했던 것이다. 사실 수정 순간 부모의 상태뿐만 아니라 우주의 기운, 행성의 위치에 따른 별 파장의 영향도 크게 개입이 된다.

태내 10달의 환경조건도 태아 체질과 심리 발달에 지대한 영향을 끼친다. 섭생에 따른 태아의 영양 상태는 말할 것도 없고 어머니나 수변 가족의 행동과 정서적 자극에 의해 태아의 성격 형성이 지대하게 영향받는다. 예를 들면 임신시 태아는 모태와 직접적으로 연결되어 있으므로 어머니의 영향력이 가장 크다. 어머니가 부정적 정서를 자주 가지면 아이도 부정적 성향으로 기울 가능성이 커지고, 어머니가 힘든 일을 많이 겪으면 아이는 정서가 불안해지고 힘든 상황에 대처하는 투쟁의식도 무의식 중에 형성될 수 있다. 그러면 아이는 자라면서 삶을 낙천적으로 대하기보다는 노력하고 쟁취해야 살아남을 수 있다는 성격을 갖기 쉽다.

여기까지가 체질과 성격 형성에 영향을 끼치는 선천요소이다. 아이의 개성은 임신 시 부모의 본능적, 행동적, 감정적, 정신적 상태에 의해 크게 영향을 받는다.

둘째는 후천요소가 결정되는 시작점으로서, 아이가 탄생하는 순간의 조건이다. 이 후천요소는 체질과 성격 형성의 약 20%를 차지한다. 처음 아이를 맞이하는 부모나 의사, 간호사 등 주변 사람의 태도, 그리고 장소와 환경의 기운이나 우주적, 계절적 기운 등이 모두 아이의 인간 유형을 형성하는 데 영향을 끼친다.

예를 들면 어느 장소를 처음 방문했을 때를 생각해보라. 당신 자신을 맞이하는 사람의 태도, 그 때와 장소의 분위기 등, 그 당시의 모든 요소가 당신의 인상을 결정하게 되지 않는가?

생년월일시 위주로 사람의 운명을 보는 동양의 사주팔자는 바로 탄생 시기를 근거로 한 운세철학이다. 서양의 점성학도 탄생 시기의 별기운만 따진다는 측면에서 사주팔자와 비슷하다. 사주팔자나 점성학은 때 위주로 보고 출생 환경과 선천·후천요소의 다른 모든 조건은 배제되어 있어 정확도가 많이 떨어진다. 비근한 예로 정확히 같은 때에 출생했더라도 서로 지구 반대편이고 환경도 다르다면, 그 두 사람의 체질과 성격은 물론 운명도 완전히 다를 수밖에 없으니 말이다.

이런 관점에서 보면 온갖 수술도구와 기계장치로 둘러싸인 싸늘한 병원 환경에서 태어나는 현대인들은 세상의 첫 경험이 결코 유쾌하지만은 않다. 더군다나 제왕절개라는 무시무시한 충격을 받고 태어나는 아이는 두려움과 고통의 트라우마가 존재 속에 무의식적으로 깊이 새겨진다. 첫 단추를 끼는 것이 중요하듯이 인생의 첫 발걸음은 어느 누구에게라도 장래의 운명을 좌우할 정도로 매우 중요하다.

셋째는 7세까지의 유년기 가정환경을 중심으로 하는 주변환경이다. 이는 아이의 인간 유형에 30% 정도 영향력을 행사한다. 유년기의 주위 영향력은 참으로 엄청나다. 아이는 일말의 주체적 선택권이나 방어력이 없이 주위 정보들에 그대로 노출된다. 마치 텅 빈 도화지와 같아서 누군가 새겨넣는 대로 그림이 그려진다. 그들 인생의 그림 전체는 삶의 초기에 그려진 윤곽에 영향을 받을 수밖에 없다.

유년기는 가정환경, 특히 부모의 태도와 가정교육에 의해 만들어진다.

아이는 말투와 행동, 사고방식 그리고 식습관까지 부모를 닮아간다. 어떤 심리이론들은 유년기의 아이가 자라면서 결핍된 욕구나 부모가 원하는 욕구를 충족시켜주는 방향으로 성격 유형을 키워간다고 보기도 한다.

예를 들면 에니어그램에는 다음과 같은 성격이론이 있다. 아이가 어릴 때부터 '너는 강해져야 해. 남에게 져서는 안 돼!'라는 무의식적인 메시지를 부모에게서 받고 자랐다면, 커서도 힘에 집착하고 지배력을 행사하려는 8유형의 성격을 형성한다는 것이다. 어려서부터 성공에 대한 압력을 받고 자랐다면, 성공 이미지에 집착하고 성취욕이 강한 3유형의 성격이 만들어진다는 것이다.

이렇게 유아기부터 무의식적으로 받는 기본적 생존욕구, 수많은 욕망, 경쟁심, 이기심, 허영심, 명예욕 등은 인간의 후천적 성격 형성에 영향을 끼친다.

정신분석학과 성욕이론(리비도론, The Libido Theory)의 창시자인 프로이트(Sigmund Freud, 1856~1939)는 성적 행동이 유년기의 발달 단계부터 나타나며, 인간의 심신발달에 지대한 영향을 끼친다고 주장했다. 성적 충동이 인간의 심리 현상을 결정짓는 가장 강력한 동인이며, 유아에게조차 성욕이 존재한다는 프로이트의 주장은 당대 사회에 큰 충격을 몰고 왔을 정도로 혁신적이었다.

인간의 성격이 형성되는 과정에 대한 정신분석 이론이 '심리성적 발달 이론'인데, 구순기, 항문기, 남근기, 잠재기, 생식기 순으로 진행된다고 한다. 구순기(口脣期)는 생후 0~2세 기간으로 구강의 자극과 움직임으로 만족을 느껴 자아 개념이 확립되는 시기이고, 항문기(肛門期)는 3세 전후의 기간으로 쾌감을 느끼는 부위가 입에서 항문으로 바뀐다. 남근기(男根期)는 5세 전후의 시기로 성적 관심이 성기 부위에 집중되는 시기이다.

그런데 어린 시절의 각 발달단계에서 필요한 성적 욕구가 억압되거나 과도하게 고착되면, 성인기의 도착이나 신경증적 갈등으로 표출될 수 있다는 것이다. 프로이트의 '리비도(성욕)'는 프로이트 이전 연구들이 말하는 '의식적인 성갈망'과는 다르다. 프로이트의 '리비도'는 성충동 에너지로서 심리적, 생리적 의미를 모두 포함하고 인간의 성격 형성에 지대한 영향을 끼치는 요소이다.

여기서 프로이트의 성욕이론까지 꺼내는 이유는, **성욕이든 신체적 욕구이든 심리적 욕구이든 정신적 욕구이든 간에 유아기의 경험이 성인기의 성격 형성에 지대한 요인으로 자리잡기 때문이다.** 성격은 형성 과정에서 성욕이나 심리 욕구 등 하나만 작용하는 것이 아니라, 4브레인의 욕구 모든 차원에서 이뤄진다. 심지어는 당신이 무엇을 먹느냐에 따라서도 성격이 달라진다. 어떤 이론이나 학설이 부분적으로 분석만 할 뿐 전체적 진실을 통찰하지 못하는 것은 이것만 보아도 명백하다.

넷째는 7세 이후의 사회환경으로 인간 유형에 20% 정도 영향력을 행사한다. 이 시기에는 학교 교육, 인간관계와 직업, 특히 이성 관계가 가장 큰 영향을 미친다. 7세 이후부터는 본격적으로 자발적 사고능력과 분별심이 생겨난다. 성욕을 억압한 조선시대에도 남녀칠세부동석이라고 하지 않았던가?

7세 이후 자유의지와 이성능력이 커졌지만 개인은 여전히 자신의 길을 찾기 힘들다. 이미 형성된 습성이 발목을 잡고 있고, 주변 사회의 외적인 요구사항들이 여전히 몸을 갑옷처럼 옥죈다. 오히려 이 시기에는 사회적 요구에 부응하려고 거짓 자아의 가면(페르소나)을 더욱 두텁게 쓰기도 한다. '너는 사회와 국가에 봉사하고 충실해야 해. 지위가 높아야 대접받아. 돈 많고 좋은 집에 살아야 남이 알아줘.' 등등……

인간관계에서 부모와 형제자매 다음으로 영향을 끼치는 존재는 이성 (異性)이다. 우리는 이성관계를 유지하기 위해 자신의 성격을 일정 부분 고치기도 하고, 심지어는 상대방의 요구에 따라 자신의 욕구를 완전히 포기하기도 한다. 남녀의 조정과 화합 과정은 상호 발전적으로 작용하기도 하고, 서로를 파괴와 고통 속으로 몰아가기도 한다.

예를 들어 여성이 너무 강하고 권위적이면 남성적 자력을 흡수하여 남성을 여성적으로 만들고, 남성의 능력이 상대적으로 약하면 여성의 부드러운 여성성을 방해하기도 한다.

지금까지 인간의 체질과 성격 유형, 즉 인간형과 개성이 형성되는 4단계 과정에 대해 살펴보았다. 1단계는 부모에게서 받은 선천요소 30%, 2단계는 탄생 순간의 때와 환경조건 20%, 3단계는 7세까지의 유아기 조건 30%, 4단계는 7세 이후의 조건 20%이다. 전체적으로 보면 선천요소 30%, 후천요소 70%이다.

하지만 개인의 입장에서는 유아기까지 자유의지가 거의 기능하지 못하므로 자신의 운명 개척을 위해 20%의 싸움만 할 수 있다. 만약 **부모와 사회가 현명하다면 선천요소까지 부모가 태교 등의 노력으로 세심하게 준비할 수 있기 때문에, 반대로 운명 개척의 힘은 80% 이상으로 늘어난다.**

체질과 성격 형성에 미치는 영향

개인의 성격인 개성은 삶이라는 무대에서 펼쳐진 각자의 배역이다. 각자는 삶의 배역에 따라 개성이라는 가면을 쓸 뿐이다. 현실적으로 얘기하자면 개성은 각자가 행하는 삶의 생존방식이다.

어떤 사람은 삶의 무대에서 선역을 맡고, 어떤 사람은 악역을 맡는다. 어떤 사람은 좋은 결말을 맺기도 하고, 어떤 사람은 비극적 결말을 맞는 것 같이 보인다. 하지만 자신의 무대 위에서나 비극배우일 뿐 무대 밖에서는 그저 같은 사람이라는 사실을 자각하면, 모든 비극적 고통은 순간 사라진다.

우리는 대부분 현실적 삶에 집중하느라 참 자아인 본성은 잊고 살아가고 있다. 자아 상실 상태에서는 삶의 무대에서 희극배우이든 비극배우이든 삶의 참다운 기쁨과 의미를 얻지 못한다. 지금 우리가 성격 공부를 하는 것도 바로 거짓 자아인 개성의 본모습을 이해하고, 궁극적으로 우리의 본성을 깨닫고 회복하자는 취지이다.

대부분의 체질론과 성격론은 체질과 성격은 타고 나는 것이라 바꿀 수 없다고 주장한다. 물론 말로는 체질과 성격을 이해함으로써 삶을 조화롭게 개척해나갈 수 있다고 한다. 하지만 체질과 성격을 바꿀 수 없다는 주장은 은근히 운명론을 부추기는 것과 다를 바 없다.

나는 개인의 체질과 성격은 의지와 노력 여하에 따라 바꿀 수 있다고 본다. 실제로도 삶의 주기마다 바뀌고 있는 게 현실이다. 무대의 배우가 어찌 평생 한 역할만 맡겠는가? 상황에 따라 다양한 역을 맡게 되기도 하고, 의지에 따라 완전히 다른 역할을 소화한다.

성격 형성 과정에서 부모의 유전적 조건은 30% 정도 차지할 뿐이다. 환경적 요소에 의해 또 7세 이후 발현되는 자발적 사고기능, 자유의지에 의해 인간은 얼마든지 변화할 수 있다.

우주와 세상은 운명(필연)과 우연, 자유의지가 뒤섞여 펼쳐지는 무대이다. 미리 짜여진 신의 각본이나 우주의 각본에 따라 기계적으로 움직이고 있는 것이 아니다. 심지어 짜여진 연극대본도 실제로는 다르게 전개되는 경우가 많은 것처럼!

이 책으로 당신의 삶과 성격이 바뀐다 해도, 이는 우연과 행운보다는 변하고자 하는 당신의 자유의지가 가장 많이 기여했다고 볼 수 있다. **당**

신의 자유의지와 의도가 우연도 만들어내고 운명도 펼쳐내기에, 당신은 바로 당신 운명의 창조자이다. 당신은 자신의 변화를 통해 모든 것을 변화시킬 수 있는 창조력을 지녔다.

자신의 개성을 성찰하고 깊이 이해하는 것에서부터 의식의 변화가 시작된다. 자신의 개성을 이해하면, 타인의 다양한 개성도 받아들일 수 있게 되어 점차로 전체의식에 도달하게 된다.

전체의식은 본성의 눈이다. 본성의 눈으로 보면 모든 개성이 아름답게 보이며, 각자의 역할을 충실하게 수행하고 있음을 깨닫게 된다. 또한 그때는 어떤 가면을 쓰더라도 가슴 벅차게 그 배역을 소화할 수 있게 된다. 본성을 회복한 사람에게는 그가 자리하는 모든 곳이 그의 집이 될 테니.

하지만 본성에 대한 자각이 없으면, 개성은 가면이고 거짓 자아의 감옥일 뿐이다.

거짓 자아에 매몰된 '닫힌 개성'에서 모두와 소통하고 조화하는 '열린 개성'으로! 궁극적으로는 하나의식에 통합된 '참나'로 거듭나는 것이 우리가 가야 할 길이다.

우리가 가야 할 길은 멀게 보이지만 사실은 너무나 가까이 있다. 가까이 있으나 보지 못하고, 가지 못하고 있을 뿐이다!

❝

내 안에 흐르는
4브레인 인간형과
8브레인 인간형

각 사람들은 크게 성뇌, 복뇌, 심뇌, 두뇌의 네 요소로 구성되어 있고,
어느 뇌가 더 발달되어 있느냐에 따라 그의 개성이 겉으로 드러난다.
"나는 어떤 인간형일까?"

❞

먼저 자신이 4브레인과 8브레인 인간형 중 어느 유형인지 궁금하다면 다음 항목을 테스트해 보라. 반드시 본론을 읽기 전에 테스트에 대한 점수부터 체크해야 한다.

각 항목에 대해 너무 심각하게 생각할 것 없이 떠오르는 대로 바로 체크하면 된다. 자신의 상태를 올바로 진단하기 위해선 성격의 부정적인 면을 인정하고 대면하는 용기가 필요하다.

4브레인 인간형과 8브레인 인간형 분류지표

1. 각 문항이 자신에게 얼마나 해당되는지 점수를 매긴다.

1점: 전혀 그렇지 않다   **2점:** 거의 그렇지 않다   **3점:** 어느 정도 그렇다
4점: 대개 그렇다   **5점:** 매우 그렇다

2. 1A에서 4B까지 8브레인 유형별로 점수를 합산하여 괄호 안에 기록한다. 그런 후 A와 B의 점수를 합산하여 4브레인 유형별로 괄호 안에 기록한다. 121페이지에서 자신의 인간형과 의식상태를 확인해 보라.

1A

인간형 분류지표   점수

1. 자신의 욕구를 숨기지 않고 스스럼없이 잘 표현한다.   (   )

2. 유머와 위트가 있고 낙천적이다.   (   )

3. 내성적이어서 혼자 있는 것을 좋아하고, 앞에 나서는 것을 좋아하지 않는다.   (   )

4. 쉽게 흥분하지 않고 안정되고 침착한 편이다.   (   )

5. 나는 남녀의 조화로운 성행위에 몰입할 때 가장 즐겁다.   (   )

1A 합산 점수 (   )

1B

인간형 분류지표   점수

1. 자신의 욕구를 다소 저돌적으로 표현하는 편이다.   (   )

2. 주의가 산만하고 한곳에 집중하지 못하는 경향이 있다.   (   )

3. 다소 내성적이지만 고집이 센 편이어서 남의 말을 잘 듣지 않는다.   (   )

4. 지루한 것을 싫어하고 직업이나 취미 등을 자주 바꾼다.   (   )

5. 나는 직접적인 성행위보다 포르노를 보거나 유사 성행위가 더욱 즐겁다.   (   )

1B 합산 점수 (   )

1A + 1B 합산 점수 (   )

2A

인간형 분류지표	점수
1. 매사에 신중하나 결단이 빠르고 행동에 즉각 옮기는 편이다.	( )
2. 책임감이 있고 성취동기가 크다.	( )
3. 사교적이어서 대인관계가 넓고 사회생활 적응이 빠르다.	( )
4. 새로운 일을 위해 진취적이고 적극적으로 행동한다.	( )
5. 나는 먹기나 운동 등의 육체 활동에 몰입할 때 가장 즐겁다.	( )

2A 합산 점수 ( )

2B

인간형 분류지표	점수
1. 별 생각없이 행동부터 옮기는 경향이 있다.	( )
2. 성취동기가 커서 과욕을 부리는 경우가 종종 있다.	( )
3. 약하고 우유부단한 것을 싫어하지만, 쉽게 포기하거나 주저앉는다.	( )
4. 남을 지배하려는 의지가 강하고, 뜻대로 되지 않으면 완력을 행사하곤 한다.	( )
5. 나는 먹기나 운동 등의 육체 활동을 빨리 끝내는 것을 좋아한다.	( )

2B 합산 점수 ( )

2A + 2B 합산 점수 ( )

3A

인간형 분류지표   점수

1. 감정이 풍부하여 매사에 머리보다는 감성으로 표현하고 대응한다.   (   )

2. 명랑하고 활기차고 즐거움과 기쁨을 잘 느낀다.   (   )

3. 타인에 대한 동정과 연민이 많아 도와주기를 좋아한다.   (   )

4. 호기심과 모험심이 강하나 안정된 느낌을 준다.   (   )

5. 나는 예술 감상을 가장 즐기며, 남과 어울리기를 좋아한다.   (   )

3A 합산 점수 (   )

3B

인간형 분류지표   점수

1. 감정이 풍부하나 매사에 부정적으로 과민반응하는 경향이 있다.   (   )

2. 감정의 기복이 심하고, 남의 관심과 주의를 끌고 싶어한다.   (   )

3. 부정적 감정을 잘 떨쳐내지 못하고 그 감정에 오래 시달린다.   (   )

4. 자신의 욕구에 따라 여러 가지 일을 벌이나 마무리를 잘 못한다.   (   )

5. 나는 관계에 집착하며, 남의 관심을 끌 때 가장 즐겁다.   (   )

3B 합산 점수 (   )

3A + 3B 합산 점수 (   )

4A

인간형 분류지표   점수

1. 생각이나 계획보다는 직관적으로 판단하고, 즉흥적으로 행동하는 경   (   )
   향이 있다.

2. 세속적인 일보다는 내면과 정신세계에 몰입하는 경향이 있다.   (   )

3. 직선적이고 밝으며, 정의심이 풍부하다.   (   )

4. 다른 사람과 어울릴 때보다는 혼자일 때가 많고 평온하다.   (   )

5. 나는 명상이나 진리 탐구에 몰입할 때 가장 즐겁다.   (   )

4A 합산 점수 (   )

4B

인간형 분류지표   점수

1. 행동에 앞서 많은 생각을 하고 계획을 철저하게 짠다.   (   )

2. 많은 것을 알고 있지만, 현실은 우유부단하고 문제투성이이다.   (   )

3. 이성에 입각하여 의심이 많고 비판적일 때가 많다.   (   )

4. 탐구심이 강하고 지나칠 정도로 진지하고 신중하다.   (   )

5. 나는 지식이나 정보를 습득할 때 가장 즐겁다.   (   )

4B 합산 점수 (   )

4A + 4B 합산 점수 (   )

4브레인 인간형에서 성격 유형은 크게 네 가지 성향으로 구분하고, 네 가지 성격은 각각 다시 선천요소와 후천요소, 즉 음양으로 나눠 편의상 8 브레인 성격 유형으로 구분한다.

각 인간형의 **선천요소**는 원래 타고나는 성질에 가깝고, **후천요소**는 생후 경험과 학습에 의해 획득하거나 선천요소의 억압 혹은 변질로 나타나는 성질들이다. 4브레인 인간형을 어떻게 판별할 수 있을까?

성뇌형은 본능 중심의 인간으로 본능형과 충동형으로 나뉜다.

먼저 선천기질이 자연스럽게 드러나는 **성뇌의 본능형**은 성욕이 강하고 본능적 욕구에 충실하다. 비교적 본능적 욕구를 잘 표현하고 자신의 모습이나 욕구를 엉큼하게 숨기지는 않는다. 그러므로 겉과 속이 다르지 않고 뒤끝도 없는 편이다.

쾌락 본능에 따라 삶을 즐기고자 하기 때문에 낙천적이고 유머와 위트가 많다. 하지만 내성적이어서 혼자 있는 것을 좋아하고 앞에 나서는 것을 좋아하지 않는다. 본능적 욕구를 억압하지 않기에 평소 안정되고 침착한 편으로 쉽게 흥분하지 않는다.

외형은 마른 편에 속하지만, 골반, 특히 골반과 성기관 부위가 발달된 사람들이 많다.

주로 낙천주의자들이 이에 속하고, 평화주의자 중에 성뇌의 본능형이 많다.

성뇌의 본능형은 낙천주의자로 평화를 사랑하고 호탕한 성격이다. 이런 본능에 충실한 성격이 사회적 규범을 넘어 과도하게 표출되면, 분별심이 결여되어 이기심이나 소극적 태도로 보이기 쉽다.

성뇌의 충동형은 본능적 욕구는 강하지만, 본능형과는 달리 선천기질이 후천적 환경요소에 억압되어 다소 뒤틀리게 표현된다. 자신의 강한 욕구를 저돌적으로 표현하는 편이다. 성격이 다소 내성적이지만 고집이 센 편이어서 남의 말을 잘 듣지 않는다. 그리고 주의가 산만하고 한 곳에 집중하지 못하는 경향이 있다. 지루한 것을 싫어하고 직업이나 취미 등을 자주 바꾼다.

외형은 마른 편이고 하체와 골반이 발달되어 있으나, 전반적으로 허약해 보인다.

서비스업이나 임시직 종사자들, 사회운동가들이 이 유형에 속하는 사람들이 많다.

성뇌의 충동형은 본능에 충실하고 열정적으로 보이나, 무절제하며 고집이 세다. 본능적 욕구에 대한 후천적 억압이나 트라우마를 극복하고, 자연적인 본능을 자율적으로 절제하면서 표출하는 공부가 필요하다. 무분별한 고집도 서로에게 도움이 안 된다면 과감히 버려야 한다.

복뇌형은 행동 중심의 인간으로 동작형과 행동형으로 나뉜다.

먼저 선천기질이 많이 발현되는 **복뇌의 동작형**은 매사에 신중하나 결단이 빠르고 행동에 즉각 옮기는 편이다. 행동에 따르는 책임감이 있고 성취동기가 크다. 성취를 위한 사교활동에도 적극적이어서 대인관계가 넓고 사회생활 적응이 빠르다. 다소 보수적인 면이 있지만, 새로운 일을 위해 진취적이고 적극적으로 행동하는 경향이 있다.

외형은 복부, 특히 장과 소화기관이 잘 발달되어 있어 살이 잘 찌는 체질이다. 하지만 몸 관리를 잘 하는 편이다.

운동선수나 사업가, 기술자의 직업군들에게서 많이 보이는 유형이다.

복뇌의 동작형은 성취동기가 크고 빠른 추진력을 지닌 행동파들이다. 하지만 자아도취에 빠져 목적 달성에만 혈안이 된다면, 실수도 잦고 물불 안 가리는 돈키호테처럼 되기 쉽다.

복뇌의 행동형은 별 생각없이 행동부터 옮기는 경향이 있다. 동작형과 마찬가지로 성취동기가 크나 과욕을 부리며 조급한 경우가 종종 있다. 약하고 우유부단한 것을 싫어하지만, 쉽게 포기하거나 주저 앉곤한다. 남을 지배하려는 의지가 강하고 뜻대로 되지 않으면 완력을 행사하곤 한다.

외형은 복부, 특히 장과 소화기관이 잘 발달되어 있어 살이 잘 찌는 체질이다. 자신의 체격을 믿고 몸 관리를 게을리하는 편이다.

육체노동자, 세일즈맨 등의 직업군들에게서 많이 보이는 유형이다.

복뇌의 행동형은 동작형처럼 실천력은 강하지만, 과욕이 앞서고 부주의와 독단에 빠지곤 한다. 이들은 두뇌형의 사려깊은 성격이나 주변 관계를 잘 살피는 심뇌형의 성격을 조화롭게 길러야 한다.

심뇌형은 감정 중심의 인간으로 감성형과 감정형으로 나뉜다.

먼저 선천기질이 많이 발현되는 **심뇌의 감성형**은 감성이 풍부하여 매사에 머리보다는 정서적으로 표현하고 대응한다. 성격이 낭만적이어서 명랑하고 활기차고 즐거움과 기쁨을 잘 느낀다. 타인에 대한 동정과 연민이 많아 도와주기를 좋아한다. 호기심과 모험심이 강하나 안정된 느낌을 준다.

외형은 흉부, 특히 심장과 순환계가 발달되어 있어 다부진 몸매이다.

예술가, 봉사자, 엔터테이너, 상담가 등의 직업군들에게서 많이 보이는 유형이다.

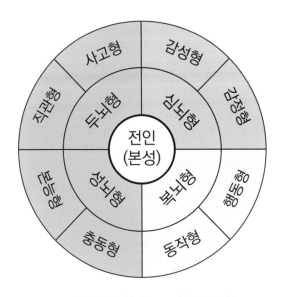

4브레인 인간형과 8브레인 인간형

심뇌의 감정형은 감정이 풍부하나 매사에 부정적으로 과민반응하는 경향이 있다. 감정의 기복이 심하고 남의 관심과 주의를 끌고 싶어한다. 부정적 감정을 잘 떨쳐내지 못하고 그 감정에 오래 시달린다. 자신의 욕구에 따라 여러 가지 일을 벌이나 마무리를 잘 못한다.

외형은 흉부, 특히 심장과 순환계가 발달되어 있으나 건강한 편은 아니다.

역시 예술가나 엔터테이너들, 그리고 정서 결핍자들이 이런 성격을 많이 보인다.

심뇌의 감정형은 정서적 경향을 지녔으나 정서적 결핍이나 과잉에 의한 것으로, 부정적 감정에 쉽게 사로잡히는 유형이다. 자존감을 기르고 주변과의 관계를 원만하게 정립하여 감성형의 성격으로 변모하도록 노력해야 한다. 아울러 성뇌형과 두뇌형의 성격도 보완하도록 노력해야 한다.

두뇌형은 지성 중심의 인간으로 직관형과 사고형으로 나뉜다.

먼저 선천기질이 많이 발현되는 **두뇌의 직관형**은 생각이나 계획보다는 직관적 판단을 많이 하고 즉흥적으로 행동하곤 한다. 세속적인 일보다는 내면과 정신세계에 몰입하는 경향이 있다. 직선적이고 밝으며 정의심이 풍부하다. 다른 사람과 어울릴 때보나는 혼자일 때가 많고 평온하디.

외형은 상체, 특히 뇌와 신경계가 발달되어 있고, 눈빛이 살아 있으며 밝은 기운을 내뿜는다.

명상가와 종교인들이 이런 성격을 많이 보인다.

두뇌의 직관형은 내면 세계에 몰입하고 명철한 통찰력을 지닌 구도자 유형이다. 다른 인간형의 요소가 매우 결핍될 경우에는, 현실에서 멀어지고 고립과 단절에 빠질 위험이 크다.

두뇌의 사고형은 행동하기에 앞서 많은 생각을 하고 계획을 철저하게 짠다. 아는 것이 많으나 현실은 우유부단하고 문제투성이이다. 이성적 판단에 견주어 의심이 많고 비판적일 때가 많다. 탐구심이 강하고 지나칠 정도로 진지하고 신중하다.

외형은 상체 특히 뇌와 신경계가 발달되어 있으나, 하체가 마르고 힘이 약한 편이다.

전문 지식인, 교수, 과학자, 정치인 등의 직업군들에게서 많이 보이는 유형이다.

두뇌의 사고형은 지성적이고 치밀한 성격의 소유자들이기 때문에, 사회적으로 두각을 나타내는 유형이다. 반면에 비판의식과 편견에 빠지기 쉬워, 파벌을 만들고 분쟁에도 많이 휘말린다. 이들 유형은 직관형의 요소를 깨우고, 복뇌의 동작형 요소를 더하면 더욱 조화로운 발전이 가능해진다.

지금까지 4브레인과 8브레인 인간형을 간략하게 살펴보았다. 각 사람들은 크게 성뇌, 복뇌, 심뇌, 두뇌의 네 요소와 선후천의 두 요소로 구성되어 있다. 어느 뇌가 더 발달되어 있느냐에 따라 4브레인의 개성이 겉으로 드러나고, 선후천의 어느 요소가 더 발현되느냐에 따라 8브레인으로 나눠진다. 어떤 사람은 누가 봐도 쉽게 판단할 수 있을 정도로 한 가지 개성이 뚜렷이 드러난다.

앞에서 예를 들었던 무지개에 대한 반응을 살펴보자. 무지개를 보고 신화적 상상력이나 신에 의한 창조적 경이가 느껴진다면, 두뇌의 직관형 인간일 가능성이 크다. 거기에다가 논리적 설명이나 근거를 더 따지고자 한다면, 두뇌의 사고형 인간일 가능성이 크다.

무지개에 대한 아름다움과 감성을 시나 그림, 노래 등으로 표현하고자 하는 열망이 강하면, 심뇌형 인간이다. 그 감정을 주로 아름답고 밝게 긍정적으로 표현하면 심뇌의 감성형 인간이고, 슬프거나 음울하게 부정적으로 표현하면 심뇌의 감정형 인간에 가깝다.

무지개를 직접 만지고 싶어하고 실제로 잡으려고 행동까지 시도한다면, 복뇌형 인간에 가깝다. 무지개 현상을 과학적으로 탐구하고 재현하기 위해 실험에 몰두한다면 복뇌의 동작형 인간이고, 직접 만져보려고 행동한다면 복뇌의 행동형 인간에 가깝다고 할 수 있다.

성뇌형 인간은 무지개를 보면 야릇한 관능적 쾌감이 느껴질 수도 있겠다. 성뇌의 본능형 인간은 아름다운 대상을 보면 대상과 결합하고자 하는 욕구를 일으키곤 한다. 성뇌의 충동형 인간이라면 달려가서 무지개와 격렬하게 포옹해보고 싶은 충동에 사로잡히지 않을까? 다소 극단적인 표현일 수도 있겠지만.

무지개에 대한 4브레인 인간형의 반응

4브레인	무지개에 대한 반응	인식틀
두뇌형	경이롭다, 알고 싶다	이성, 직관
심뇌형	아름답다, 애처롭다	마음, 감정
복뇌형	만져보고 싶다, 재현하고 싶다	행동, 실험
성뇌형	하나되고 싶다, 황홀하다	본능, 체험

4브레인 인간형을 가장 간단하게 판단하려면 무엇을 할 때 가장 즐거운지 알아보면 된다. 성뇌형은 성행위, 복뇌형은 식생활과 운동, 심뇌형은 예술 활동, 두뇌형은 진리탐구에 각각 몰입할 때 가장 즐거운 경향이 있다. 몇 가지를 비슷한 정도로 좋아하면, 그들 유형의 복합형이다.

4브레인 인간형의 구분은 다른 성격 유형에 비해 비교적 쉽고 정확하다. 하지만 두 가지 뇌의 기질이 복합적으로 발달된 경우도 있어 판단하기 쉽지 않은 경우도 종종 있다. 그런 경우는 두 인간형, 혹은 세 인간형

116

의 **복합형**이다. 가장 두드러진 유형이 자신의 인간형이며, 그 다음 유형이 부인간형이다.

사실 **인간형이 복합될수록 다재다능하고 열린 개성을 지녔다고 볼 수 있다.** 특히 4브레인의 선천기질이 모두 발달할수록 긍정적 기질을 보유한 상태로, 4브레인 균형상태에 도달했다고 보여진다.

4브레인의 요소 중 부족한 부분은 약점이므로 보완이 필요하다. 각 브레인의 재능적 요소까지 다 갖추진 못해도, 최소한의 발전과 균형이 필요하다. 예를 들어 심뇌를 개발한다는 것은 자비심이나 감응력, 에너지 레벨 등을 키운다는 의미이지 예술적 재능까지 모두 구비하는 게 아니다. 또한 복뇌를 개발한다는 의미는 건강체질을 만들고 실행력을 키우면 되지, 누구나 위대한 스포츠맨이 될 필요는 없다.

4브레인의 선천기질 유형별(1A, 2A, 3A, 4A) 점수합산이 높을수록 선천의식 수준이 성장한 상태라고 볼 수 있다. 테스트 결과가 20~39점이면 하위의 선천의식, 40~59점이면 중하의 선천의식, 60~79점이면 중상의 선천의식, 80~100점이면 상위의 선천의식으로 볼 수 있다.

반면에 후천기질 유형별(1B, 2B, 3B, 4B) 점수합산이 낮을수록 삶을 긍정적 방향으로 이끌어가고 있다. 후천기질의 각 유형별 점수합산이 낮을수록 선천기질과 조화를 이루며, 후천기질을 잘 펼쳐내고 있는 상태이다. 하지만 30점 이하라면 삶의 의욕이 떨어진 무기력한 상태일 수도 있다.

보통 평범한 사람들은 자신의 개성, 혹은 자신이 좋아하는 성향만 추구한다. 그 거짓 자아의 가면이 참 자신인 양 동일시하며 꼭 붙잡고자 한다.

닫힌 개성만을 자기 것으로 옳다고 고수하면, 다른 이들과 소통하지 못하고 매사에 부딪히게 된다. 그들의 삶은 전쟁이고 투쟁의 연속일 뿐이다.

어떤 경우는 부족한 뇌의 기질을 보상하기 위해 어떤 특정 뇌의 발달에 더 집착하기도 한다. 보상행동이 적절하면 긍정적 승화가 이뤄지기도 하지만, 너무 과도해지면 4브레인의 불균형으로 더 큰 문제가 발생한다.

그리고 4브레인 인간형의 개성이 선천기질 쪽으로 발전되면 삶이 더욱 행복해진다. 후천기질 쪽으로 치닫거나 발현이 과도해지면, 사회적으로는 성공할지라도 삶이 복잡해지고 불행해지기 쉽다.

이어서 개성의 이해를 통해 열린 개성으로, 개성의 통합을 통해 범인에서 전인(全人, 자유인)으로 나아가는 길을 알아보도록 하자.

4브레인 인간형	8가지 인간형	장점 (긍정적 방향)	단점 (부정적 방향)	직업군
1 성뇌형	1A 본능형 (선천)	1. 자연주의	1. 분별의식 결여	낙천주의자 평화주의자
		2. 낙천주의	2. 변화 회피	
		3. 내성적 성격	3. 무관심, 이기심	
		4. 평화주의	4. 소극적	
		5. 살이 잘 안 찌는 체질	5. 너무 마른 허약체질, 소화불량	
	1B 충동형 (후천)	1. 본능 충실	1. 무절제	서비스업 임시직 종사자 사회운동가들
		2. 열정	2. 주의력 분산	
		3. 확고한 주관	3. 고집	
		4. 호기심	4. 끈기 결여	
		5. 살이 잘 안 찌는 체질	5. 너무 마른 허약체질, 소화불량	
2 복뇌형	2A 동작형 (선천)	1. 빠른 추진력	1. 잦은 실수	기술자 사업가 운동선수
		2. 책임의식	2. 자아도취	
		3. 원만한 적응력	3. 임기응변	
		4. 강한 목적의식	4. 무분별한 수단방법	
		5. 풍채 있는 강한 체격	5. 비만체질, 만성병 취약	
	2B 행동형 (후천)	1. 빠른 행동력	1. 실수, 부주의	육체노동자 세일즈맨
		2. 큰 성취동기	2. 과욕, 좌절	
		3. 자기 생존욕구	3. 인내심 부족	
		4. 권력 의지	4. 지배 심리	
		5. 풍채 있는 강한 체격	5. 비만체질, 만성병 취약	

4브레인 인간형	8가지 인간형	장점 (긍정적 방향)	단점 (부정적 방향)	직업군
3 심뇌형	3A 감성형 (선천)	1. 풍부한 감성	1. 지나친 개성 도취	예술가 봉사자 엔터테이너 상담가
		2. 긍정적 감정	2. 불안	
		3. 이타심	3. 자기 상실	
		4. 호기심	4. 불안정	
		5. 상체발달 다부진 몸매	5. 요통, 과대 비만	
	3B 감정형 (후천)	1. 풍부한 감정	1. 심한 감정기복	정서 과민자 예술가 엔터테이너
		2. 매력	2. 자기 위주	
		3. 연민과 감정 이입	3. 슬픔과 우울	
		4. 자기 사랑	4. 자기 애착	
		5. 상체발달 다부진 몸매	5. 요통, 과대 비만	
4 두뇌형	4A 직관 (선천)	1. 직관력	1. 무질서	명상가 종교인
		2. 내면 가치 중시	2. 비현실주의	
		3. 박애주의	3. 자기 희생	
		4. 고독을 즐김	4. 고립과 단절	
		5. 뇌와 신경계 발달, 밝은 기운	5. 하체 무력	
	4B 사고형 (후천)	1. 완벽주의	1. 약한 추진력	전문 지식인 교수 과학자 정치인
		2. 지력	2. 우유부단	
		3. 분석력	3. 의심, 비판의식	
		4. 탐구심	4. 공상과 편견	
		5. 뇌와 신경계 발달, 밝은 기운	5. 하체 무력	

4브레인 인간형과 8브레인 인간형 진단하기

인간형	점수	인간형	점수	인간형	점수	인간형	점수	선천/후천기질	점수
본능형 (1A)		동작형 (2A)		감성형 (3A)		직관형 (4A)		4브레인 선천기질 (1A+2A+3A+4A)	
충동형 (1B)		행동형 (2B)		감정형 (3B)		사고형 (4B)		4브레인 후천기질 (1B+2B+3B+4B)	
성뇌형 (1A+1B)		복뇌형 (2A+2B)		심뇌형 (3A+3B)		두뇌형 (4A+4B)		8브레인 총합	

1. 나의 4브레인 인간형

4브레인 인간형의 A와 B 점수를 더하여 가장 높은 점수가 자신의 4브레인 인간형이다. 그 다음 높은 점수가 부인간형이다.

예를 들어 1A+1B 점수가 가장 높으면 성뇌형이며, 그 다음 3A+3B 점수가 조금 낮게 나왔으면 심뇌형이 부인간형이다.

각 유형의 점수가 같거나 비슷한 점수가 많을수록 복합 인간형이다. 복합 인간형도 그 수가 적지 않으며, 다양한 요소를 발전시켰다는 측면에서 더욱 균형잡힌 인간형으로도 볼 수 있다. 특히 4브레인 선천기질(1A, 2A, 3A, 4A)의 점수가 높을수록 더욱 바람직한 열린 개성을 지녔다.

2. 나의 8브레인 인간형

1A에서 4B까지 8유형별 합산점수가 가장 높은 유형이 자신의 8브레인 인간형, 그 다음 높은 점수가 부인간형이다. 각 유형의 점수가 같거나 비슷한 점수가 많을수록 복합 인간형이다.

예를 들어 3A의 점수가 가장 높으면 감성형이고, 그 다음 1A가 높다면 본능형이 부인간형이 된다. 두 점수가 1점 이하로 매우 비슷하면 두 인간형의 복합형일 가능성이 크다.

그런데 여기서 4브레인 인간형 중 성뇌형이 가장 높게 나왔더라도 8브레인 인간형에서는 다른 뇌에서 가장 높은 점수가 나올 수도 있다. 가령 성뇌형이라도 8브레인 인간형에서는 3A의 감성형이 가장 높게 나올 수도 있다. 그러면 이 사람은 8브레인 인간형에서는 감성형이 주인간형이 된다. 그리고 4브레인 인간형에서는 성뇌형과 심뇌형의 복합 성격이 우세하다고 볼 수 있다.

각 인간형의 성격이 긍정적 방향으로 향하면 장점이 되고, 부정적 방향으로 향하면 단점이 된다. 각 인간형의 장단점은 119~120페이지의 도표에 정리해 놓은 바와 같다.

3. 나의 선천의식 수준 판별하기

선천기질인 1A, 2A, 3A, 4A의 점수가 비슷할수록 4브레인 균형상태이다. 선천기질인 1A, 2A, 3A, 4A의 각 유형별 점수 합산이 높으면서 균형잡힌 상태일수록 선천의식 수준이 성장된 상태이다.

> 1) **20~39점:** 하위의 선천의식   2) **40~59점:** 중하의 선천의식
> 3) **60~79점:** 중상의 선천의식   4) **80~100점:** 상위의 선천의식

4. 나의 후천의식 수준 판별하기

후천기질인 1B, 2B, 3B, 4B의 점수가 낮을수록 삶을 긍정적 방향으로 이끌어가고 있다. 후천기질인 1B, 2B, 3B, 4B의 각 유형별 점수 합산이 낮을수록 선천기질과 조화를 이루며, 후천기질을 잘 펼쳐내고 있는 상태이다. 하지만 30점 이하라면 삶의 의욕이 떨어진 무기력한 상태일 수도 있다.

1) **20~29점**: 무기력한 상태   2) **30~39점**: 상위의 긍정의식

3) **40~49점**: 중상의 긍정의식   4) **50~64점**: 보통의 긍정의식

5) **65~74점**: 중하의 긍정의식   6) **75~84점**: 하위의 긍정의식

7) **85~100점**: 불안정한 상태

5. 선•후천의식으로 보는 성격의 개선방향

선천기질인 1A, 2A, 3A, 4A의 점수가 낮은 유형은 약점이므로 보완이 필요하다. 가령 3A의 점수가 많이 낮다면 감성형의 성격을 기르도록 노력해야 한다. 체력 역시 부족한 면을 보강하는 방향으로 관리가 필요하다.

반면에 후천기질인 1B, 2B, 3B, 4B의 점수가 지나치게 높은 경우는, 현대 문명의 현실적 삶에 너무 치중하고 있는 과잉 긴장 상태이다. 해당 유형의 선천기질을 더욱 발현시킬 필요가 있다.

선천기질과 후천기질의 합산 점수가 모두 다소 낮게 나오는 경우는 삶의 의욕이 저하된 상태일 수 있다. 삶의 소명의식과 목표의식을 재정립하고 삶을 좀 더 적극적으로 개척해야 한다.

때로는 선천기질과 후천기질의 합산 점수가 모두 다소 높게 나오는 경우도 있다. 이 경우는 선천기질이 강하게 발현되고 있으나, 과잉 의욕으로 부정적 방향으로 표출되고 있는 경향을 보인다. 각 유형의 선•후천기질을 긍정적 방향으로 이끌도록 더욱 주의하며 노력해야 한다.

8브레인 총합 점수는 대략 100~140점 정도가 정상 범위이다. 선천의식의 점수가 높으면 후천의식의 점수가 낮고, 선천의식의 점수가 낮으면 후천의식의 점수가 높기 때문에, 그 범위를 넘어서는 경우는 흔치 않다.

6. 4•8브레인 인간형을 자기성찰의 지도로 삼아 전인(全人)으로 성장하기

사실 본성의 눈으로 보면 각 인간형은 각자의 개성으로 더 좋고 나쁨이 없다. 하지만 현재 자신의 삶이 행복하지 못하고 개선의 필요성이 느껴진다면, 이곳의 지침을 참고해 보기 바란다.

4•8브레인 인간형은 단순히 성격 유형학이 아니라 인간의 본성을 되찾는 내면의 지도이다. 4브레인 인간형을 참고하여 자신의 4브레인 잠재력을 깨우고 통합적인 전인(全人)으로 거듭나는 것이 무엇보다도 중요하다.

7. 4브레인 전문가나 주의 사람들의 평가에 귀 기울이기

자신의 성격을 있는 그대로 판단하고 개선하려면, 전문가들이나 주변 사람들의 조언에 마음을 열어 놓아야 한다. 자신의 인간형에 대한 이해는 있는 그대로의 자신을 받아들이면서도, 더욱 원만한 성격으로 성장해나갈 때 더욱 값지게 된다.

여기서 제시한 4•8브레인 인간형 테스트와 평가는 자신의 성격 경향을 가늠해보는 일반적인 지침일 뿐이다. 자신의 성격을 더욱 종합적으로 진단하여 근본적으로 개선해보고 싶다면, 4브레인 인간형 창안자나 전문가에게 직접 상담받아 보길 권한다.

충족에서 깨어남으로, 범인에서 전인으로!

전인은 하나의식에 연결되어 참나의 본성과 본질을 찾은
완전 건강인이요 대자유인이다.
이렇게 변화된 전인만이 객관적인 통일원리를 자각하게 되고,
자유의지에 따른 자유로운 삶과 지복을 누리며 영원한 불멸성을 얻는다.

인격의 변화는 먼저 자신과 타인의 개성을 이해하는 것에서부터 시작한다. 인간은 모두 다르다. 다름에 대한 이해는 전체에 대한 통찰이 넓어질수록 깊어진다. 나의 개성만이 전체가 될 수 없음을 이해하면, 타인의 개성도 받아들일 수 있게 된다. 나만 선하고 옳다는 닫힌 사고는 독단과 독선이 되어 서로 간의 분쟁만 일으킬 뿐이다.

열린 개성을 지닌 사람들이 많이 모일수록 구성원 간에 소통과 화합이 잘 이뤄져, 평화로운 조직이나 사회가 영위될 수 있다.

개인은 한 가지 성향으로 치우친 인간형을 지닌다 해도, 구성원 전체로 보면 각 인간형이 조화를 이루고 있다. 부부 공동체나 사회 공동체에서 비슷한 인간형 사이에서 잘 화합될 수도 있고, 다른 인간형들이 모여 잘 화합될 수도 있다. 끼리끼리 잘 지낼 수도 있지만 서로 달라서 결핍을 채워주기 때문에 잘 어울리기도 한다. 그것은 구성원들의 성향이나 목표에 따라 다르긴 하지만, 화합의 가장 중요한 요소는 기본적으로 차이를 인정

하고 받아들이는 열린 개성, 포용하는 마음이다.

자신의 개성이나 욕구를 충족시키려는 충동에서 나아가, 그 장점을 긍정적으로 개발해 나가면 '**전문인**'이 될 수 있다. 전문인은 어떤 분야에 특출한 재능을 발휘하는 사람이다. 자신의 타고난 자질을 바탕으로 그것을 더 갈고 닦아 그 분야의 고수 반열에 오른 사람이다.

직업에서 뛰어난 재능을 발휘하는 전문인은 보통 사회적 성공을 성취한다. 그렇지만 그가 열린 개성을 지니지 않았다면, 그의 삶이 반드시 행복하고 만족스러운 결말을 맞이할지는 미지수이다.

진리의 추구에서 어떤 특정한 길과 방법론만을 고집한다면 '**수행인**'이라고 할 수 있다. 4브레인의 어떤 길로도 우리는 진리의 정상으로 올라갈 수 있다.

성뇌수련은 성행위를 통해 정상을 체험하는 길로서 동양의 방중술, 인도의 쿤달리니 요가나 좌도 탄트라 등이 이에 속한다. 복뇌수련은 신체적 단련과 고행의 길인데 하타요가, 단식, 약물, 기타 육체적 고행 등이 이에 속한다.

심뇌수련은 마음의 봉사와 헌신을 요하는 카르마요가와 박티요가, 에너지 단련을 위한 호흡과 기공수련 등이 이에 속한다. 두뇌수련이라면 진아(眞我)탐구에 몰두하는 즈나나요가와 참선, 명상 그리고 앎을 추구하는 철학 등이 이에 속한다.

확실히 각 뇌의 수련은 전통적으로 저마다의 가풍과 방법론을 전승하고 있다. 종교라고 하더라도 범신론인 불교는 깨달음을 강조하는 두뇌수련에 가깝고, 유일신론인 기독교는 믿음을 강조하는 심뇌수련에 가깝다.

수행인의 유형

4브레인 수련	자극 양식	수행 방식	수행의 수준
두뇌수련	사고, 이미지, 앎과 통찰, 합일의식	참선, 명상, 즈나나요가(진아탐구)	분열의식 – 통일의식 – 초월의식
심뇌수련	믿음, 감동, 호흡, 에너지	호흡, 기공수련, 카르마요가(봉사), 박티요가(복종과 헌신)	감정의 노예 – 감정의 주인 – 감정의 초월
복뇌수련	음식, 운동, 물리적 자극	신체적 단련과 고행, 단식, 약물, 하타요가	음체질 – 에너지체질 – 영성체질
성뇌수련	성적 쾌감, 오르가즘	방중술, 쿤달리니 요가, 좌도 탄트라	말초쾌감 – 에너지쾌감 – 성욕초월

정상으로 가는 길은 많다. 어떤 길이건 성실하게 최선의 노력을 경주하면 정상에 다다른다. 다른 길도 인정하는 열린 개성을 가지고 추구할수록 성공할 가능성은 커진다. 하지만 문제는 '수행인'은 고지식할 정도로 자신의 길만 진리의 길로 고수하는 경향이 있다. 이런 닫힌 태도를 지닌 수행은 자기만의 방에 자신을 가두어 거짓 자아의 탈에 더욱 갇히기 쉽다. 급기야는 4브레인의 불균형으로 정신이나 건강에 치명적인 문제가 발생하기도 한다.

수행인이나 종교인들 중에 오히려 옹고집쟁이나 불건강한 사람들이 흔하다는 건 이상한 일이 아니다. 내가 보기에 이들은, 일상을 충실하게 살아가는 평범한 사람보다 못한 경우가 비일비재하다. 뛰어난 지도자나 스승이라고 하지만, 그 아래에서 좇는 이들이 더욱 훌륭한 경우가 많다.

성뇌수련 외에는 대부분의 수행자들이 성을 죄악시하거나 금욕하는 분위기가 강하다. 그리고 한결같이 세속의 욕구를 천시하고 포기하는 길을 걷는다. 내가 보기엔 자신들이 포기하기보다는 신도들을 포기하도록 만드는 데 주안점이 있는 것 같지만.

닫힌 의식의 수행자들은 자기만의 방에 갇혀 더 이상 나아가지 못한다. 무언가 성취를 이루었다고 자신하지만 독 안에 갇힌 쥐일 뿐이다. 신념과 종교 간에 갈등과 전쟁을 부추기길 좋아하며 자신의 두뇌 권력만 휘두르는 데 골몰한다. 이런 불장난에 맹목적으로 동조하는 신도들은 또 얼마나 많은가?

열린 수행자들은 자신의 방에서 성취한 후 다른 방문도 여는 개방성을 지녔다. 아예 다른 방에도 과감하게 들어가 그 방도 체험하고 성취하는 수행인들이 얼마나 될까? **머리에서 출발했다면 가슴으로 내려오고, 몸으로, 성으로 내려와야 한다.** 하지만 가슴까지는 내려와도 몸까지 내려오는 수행자는 드물고 성까지 내려오는 건 아예 불가능할 정도이다.

반대로 성에서 출발했다면 몸으로 올라가고, 급기야 가슴과 머리까지 상승해야 한다. 하지만 몸까지는 올라가기 쉬워도 가슴과 머리까지는 비상하기 어렵다. 성에서만 머무른다면 결국 에너지의 소진과 불균형으로 심신이 피폐해지고 만다.

나는 4브레인의 잠재력을 함께 개발하는 사람을 '수행인'에서 더 나아간 '지혜인'이라 부르고 싶다. '지혜인'은 삶 속에서 4브레인의 요소를 골고루 충족시키고 그 잠재력을 함께 깨워간다. 이들이 수행장소는 산이나 외딴 섬이나, 사원이나 예배당 등 특별한 곳이 아니다. 바로 삶 속이다. 침실에서 성수행을 행하며, 식탁이나 운동장에서 복뇌수련을 하고, 직장이나 사회에서 심뇌수련과 두뇌수련을 한다.

인간이면 누구나 4브레인의 차원에서 모두 무한한 잠재력을 지니고 있다. 우리는 보통 두뇌 잠재력의 1~3%만 사용한다고 한다. 천재라고 알려진 아인슈타인도 두뇌의 7% 정도만 사용했다고 할 정도이니.

어디 두뇌만 그럴까? 심뇌, 복뇌, 성뇌 모두 그 잠재력의 아주 작은 부분만 발현되고 있는 게 현실이다. 비행기를 가지고 있으면서 날지 못하고 창고 정도로만 쓰고 있는 것에 비유하면 이해하기 쉽다.

지혜인은 두뇌, 심뇌, 복뇌, 성뇌의 네 요소를 균형 있게 추구한다. **어떤 실체에 대한 가장 완벽한 앎과 체험은 우리의 본능과 행동, 감각과 지성으로 동시에 통찰하고 체험함으로써 얻어진다.** 네 요소를 조화롭게 개발할 때 비로소 전체적인 통찰과 충족이 가능해진다. 어떤 한 요소가 다른 기능을 대체하려 하면 비효율적이고 심신의 불균형을 초래하기 십상이다.

예를 들어 효율적인 건강관리를 위해서는 4브레인 기능들을 함께 동원해야 한다. 몸 관리만 집중하거나 마음 관리로만 건강해지고자 하는 것은 효율성이 떨어지고, 심하면 4브레인의 불균형을 초래한다.

또한 의식 개발을 위해 신체적 고행을 단행하면 어느 정도 의식 상승은 가능하지만, 어느 순간 신체가 무너져 결국 정신까지 곤두박질치고 만다. 육체가 정신을 받쳐줄 수 없을 정도로 불균형이 초래되는 것이다.

지혜인이 4브레인의 잠재력을 최대한 깨워 균형과 통합을 이루면 '**전인(全人)**'으로 거듭나게 된다.

전인은 바로 모든 구속, 거짓 개성의 가면에서 벗어난 대자유인이자 완성인이다. 또한 모든 종교인들이 추구하는 이상 인간, 즉 유교의 성인(聖人), 불교의 부처, 도교의 도인(道人), 기독교의 신인(神人)이다.

전인이 되는 것은 자신이 느끼는 결핍감을 채우고 두려움을 극복하는

길이다. 각 인간형은 결핍으로 다양한 두려움들을 지니고 있다. 안전하지 못함에 대한 두려움, 약함에 대한 두려움, 존중받지 못함에 대한 두려움, 홀로 있음에 대한 두려움 등등. 궁극적으로는 모든 인간이 죽음의 두려움, 유한성으로 인한 허무감을 극복해야만 하는 과제와 마주해야 한다. 전인은 거짓 자아(개성)의 욕구 성취로 만족하는 데 그치지 않는다.

전인은 하나의식에 연결되어 참나의 본성과 본질을 찾은 완전 건강인이요, 대자유인이다. 이렇게 변화된 전인만이 객관적인 통일원리를 자각하게 되고, 자유의지에 따른 자유로운 삶과 지복을 누리며 영원한 불멸성을 얻는다. 결국 자신이 '영원한 나', '참나' 자체였음을 깨닫게 된다.

인간 완성은 이 시대를 살아가는 누구나 가능하며, 이 삶에서 이루어야 할 최대의 과제가 되어야 한다.

개성의 충족	개성의 계발	특정 뇌 수행	4브레인 수행과 충족	4브레인 조화와 통합
범인 →	전문인 →	수행인 →	지혜인 →	전인

충족에서 깨어남으로, 범인에서 전인(대자유인)으로 성장하기

4부

4브레인 내면 연금술로
유토피아의 몸 만들기

" 4브레인 생활수행 들어가기

4브레인 본질과 4브레인의 연결 관계

성뇌, 복뇌, 심뇌, 두뇌의 4브레인은 어디에서 왔고 어떻게 형성되었는 가? 이것을 이해하면 인간의 본성을 근본적으로 이해하고, 어떻게 인간 의 삶이 현실적으로 다채롭게 펼쳐지고 있는지도 이해할 수 있다.

4브레인은 하나의 실체, 혹은 에너지에서 나와 4가지 형태로 펼쳐지는 인간의 현실적 양태이다. 우리는 4브레인을 같은 뿌리에서 뻗어나온 네 나뭇가지로 비유한 바 있다. 인간의 4브레인을 한 집에 네 개의 방이 독 립하여 존재하지만, 방문이 열려 있어 서로 연결되어 있는 것으로 비유해 도 좋다.

먼저 성뇌(性腦)부터 만들어진다. 성뇌는 에너지적으로 말하면 성에너지요, 창조에너지이다. 정자(양에너지)와 난자(음에너지)가 만나 수정란이 잉태되고 여기에 깃드는 에너지가 음양의 성에너지이다. 물론 여기에 육체에너지, 감정에너지, 정신에너지의 씨앗이 같이 깃들었겠지만 아직은 잠재적 형태로 존재할 뿐이다. 최초는 음양의 성에너지가 성적 접촉을 통해 만나 생명 창조에너지로 작용하여 새 생명이 움트기 시작한다. 그야말로 성에너지는 창조에너지요, 창조의 원동력이다.

성욕은 생명 창조의 욕구이자 창조적 삶의 원동력이다. 이 우주도 무극 안에 잠재된 음양에너지가 서로 뒤엉켜 3원소와 4원소(사상), 5원소(오행)를 만들어내고 급기야 삼라만상을 창조했다. 창조 욕구는 인간뿐만 아니라 식물과 동물, 만물 속에 깃들어 있는 본능이다. 이런 창조 욕구는 삶과 우주의 원동력이기 때문에 성뇌의 지성은 본능과 충동으로 움직인다. 성은 본능적이다.

두 번째, 복뇌(腹腦)가 발달하기 시작한다. 복뇌는 음식과 움직임의 양식을 공급받아 5장6부를 포함하여 골격과 근육 등의 몸을 만들어간다. **복뇌의 지성은 동작과 행동이다.** 5장6부의 움직임과 같은 본능적 동작이 있고, 신체를 의도적으로 움직이는 행동이 있다. 이런 실제적인 동작이나 행동을 통해 현실을 실현시켜 나아간다.

물질 세계는 궁극적으로는 음양의 2원소, 더 나아가 지수화풍(地水火風)의 4원소, 혹은 목화토금수(木火土金水)의 5원소가 다양하게 결합되어 현실적으로 다채롭게 펼쳐지고 있다. 물질 세계는 동작과 움직임을 통해 춤추고 있으니, 복뇌의 지성은 움직임이다.

세 번째, 심뇌(心腦)가 발달하기 시작한다. 심뇌는 부모의 애정과 관심

뿐만 아니라 태양과 우주 별들의 에너지를 받아 발달해간다. 우주 에너지도 인간의 성장에 영향을 크게 미친다

보통 7세 이전에 감성이 발달하고 마음이 형성된다. 심뇌의 지성은 감성과 감정이다. 감성을 키우는 양식은 사랑과 애정, 관계에서 오는 안정감과 신뢰심, 사물이나 사건, 예술에 대한 심미적 감동 등이다. 감성은 에너지의 교감과 연관되어 있어 호흡과도 직접 연결되어 있다.

심뇌는 현실을 계획하는 두뇌와 달리, 현실을 실질적으로 운영해 나간다. 우리는 머리가 아닌 가슴에 이끌려 행동하는 경우가 얼마나 많은가?

두뇌로 어떤 계획을 짜도 막상 순간의 감정에 따라 결정하곤 한다. 두뇌는 멈추어도 살아있을 수 있지만, 심장이 멈추면 죽는다는 사실만 보아도 심뇌의 힘을 가히 짐작할 수 있다.

4브레인의 속성과 각 기능 관계

4브레인	에너지	역할	비유	본성(본질)		충족양식
두뇌 (생각뇌)	정신 에너지	현실 계획	주인	선천	직관 (원신元神)	앎과 지식, 가치관, 통찰, 합일체험
				후천	사고 (식신識神)	
심뇌 (감정뇌)	감정 에너지	현실 운영	마부	선천	감성 (원기元氣)	애정, 소속감, 믿음, 감동, 호흡
				후천	감정 (정기精氣)	
복뇌 (신체뇌)	육체 에너지	현실 실행	말	선천	동작 (자동自動)	음식, 운동, 물리 자극
				후천	행동 (의동意動)	
성뇌 (생명뇌)	성 에너지	창조 에너지	마차	선천	본능 (원정元精)	성적 쾌감, 오르가즘
				후천	충동 (식정識精)	

마지막으로 두뇌(頭腦)가 발달한다. 두뇌는 앎과 지식, 이미지와 정신 작용으로 발달해나간다. 직관은 타고 나는 경향이 있지만, 분별심이나 지력은 주로 7세 이후 교육에 의해 많이 발달한다.

두뇌는 현실을 계획하며 삶의 가치관과 목표를 지향한다. 두뇌는 삶의 방향성을 결정하기 때문에 중요하다. 본래 본성이 원하는 방향으로 두뇌가 현실을 계획하면 삶이 순조롭고 즐겁게 펼쳐지는데 그렇지 못한 경우가 흔히 발생한다. 많은 사람들이 환경과 타인이 주입한 목표를 따라가다가 자신의 길을 잃어버리곤 한다.

이 네 가지의 뇌는 각자의 독립된 기능과 역할이 있지만, 상호 연결되어 있어 직간접적으로 영향을 끼친다.

일단 4브레인의 연결 관계를 두뇌의 3층 구조로 파악해 보자.

두뇌는 발달단계에 따라 3층 구조를 이루고 있다는 사실을 들어보았을 것이다. 1층은 생명뇌로 뇌간, 2층은 감정뇌로 대뇌변연계, 3층은 생각뇌로 대뇌피질이 바로 그것이다. 생명뇌는 파충류의 뇌, 감정뇌는 포유류의 뇌, 생각뇌는 인간의 뇌로 볼 수 있다.

여기서 재미있게도 **4브레인 중 가장 나중에 발달한 두뇌가 4브레인의 속성을 모두 포함하고 있다.** 생명뇌인 뇌간은 성뇌와 복뇌, 감정뇌인 대뇌변연계는 심뇌, 생각뇌인 대뇌피질은 두뇌와 가장 많이 연결되어 있다. 발달과정에서 가장 나중이니 앞의 기능들을 모두 포함하는 건 이상한 일이 아니다.

반대로 성뇌, 복뇌, 심뇌도 자체적으로 두뇌와 같은 지성을 지니고 있다. 그래서 성뇌의 지성을 본능, 복뇌의 지성을 동작, 심뇌의 지성을 감성으로 지칭했으며, 이들 지성은 두뇌의 의식적인 지령이 없어도 기능하기도 한다.

예를 들면 성적인 발기나 흥분은 수면 중에 몸의 양기 발동에 따라 무의식적으로 일어나기도 한다. 또한 장기의 소화, 흡수, 배설 등의 동작은 복뇌의 지성에 따라 저절로 일어나며, 수면 중 모기가 물 때 모기를 쫓아내기 위해 저절로 손이 작동하기도 한다.

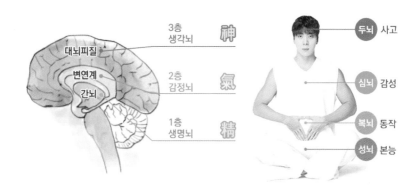

두뇌의 3층 구조와 4브레인의 연결 관계
생명뇌인 간뇌는 성뇌와 복뇌, 감정뇌인 변연계는 심뇌,
생각뇌인 대뇌피질은 두뇌와 상응한다.

이처럼 **네 가지 뇌는 각자 독립적으로 기능하면서도 또 밀접하게 연결되어 있다.** 생각은 감정에 영향을 끼치고, 이 둘은 복뇌와 성뇌에 영향을 끼친다. 반대도 마찬가지이다. 성뇌는 복뇌에 영향을 주고, 이 둘은 심뇌와 두뇌에 영향을 준다.

그리고 네 가지 뇌는 서로 협조하기도 하고 피나게 싸우기도 한다. 본능과 행동, 감정과 생각이 따로 놀 때가 많다. 이뿐만이 아니다. 두뇌면 두뇌, 심뇌면 심뇌, 각 뇌 안에서도 수많은 생각과 감정들이 다투고 있다. 전쟁터는 바로 각 뇌 안이요, 각 뇌와 뇌 사이이다.

각 뇌 안에서의 통일, 그리고 궁극적으로 4브레인의 통합은 전인과 대자유인이 이루어야 할 최종 목표이다.

성뇌, 복뇌, 심뇌, 두뇌가 지닌
선후천 기능의 조화

우리는 흔히 천재를 두고 천부적으로 타고난 재능이냐 후천적 환경이나 노력에 의한 재능이냐 따지곤 한다. 이처럼 **4브레인 모두에는 크게 선천요소와 후천요소가 존재한다.**

이 두 구분은 타고난 기능이냐, 아니면 생후에 교육과 환경의 영향으로 발달하는 기능이냐 하는 것을 기준으로 삼는다. 하지만 이 기준은 엄밀한 잣대는 아니다. 오히려 선천적인 성질이냐 후천적으로 획득하는 성질이냐 하는 기준이 더 정확하다.

선천기능과 후천기능을 왜 구분하여 이해할 필요가 있을까? 두 기능을 잘 이해해야 본래면목(本來面目)의 선천기능은 깨우고 생후 습득하는 후천기능은 선천기능과 부합하도록 발달시킬 수 있기 때문이다. 후천기능이 선천기능의 발현을 차단하거나 파괴하는 방향으로 발전하면, 불균형이 생기고 투쟁과 대립의 고통에서 헤어나오지 못한다.

우선 성뇌의 선천본질은 원정(元精)이고, 선천본성은 자연적 본능이다. (여기서 본질은 물질적 질료를, 본성은 정신적 형상을 나타낸다.) 원정(元精)은 본래의 성에너지로서 부모의 정자와 난자가 만날 때 형성되는 최초의 근원에너지이다.

원정, 즉 순수한 양기가 발동하면 남성은 발기가 되고 여성도 성적 흥분이 일어나는데, 이는 자연적인 본능에 의한 발현이다. 성인들이 자다가 주기적으로 발기한다든가, 어린이들이 양기 발동으로 자연 발기가 되는 것은 모두 본능적으로 이뤄진다.

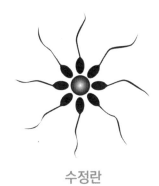

수정란

최초의 근원에너지, 원정은 부모의 정자와 난자가 만날 때 형성된다.

반면에 **성뇌의 후천본질은 식정(識精)이고, 후천본성은 욕망의 충동이다.** 식정은 생후 음식과 호흡으로 보강되는 정력(精力)이다. 식정은 의도적으로 만들어지는 정력이라고 하여 내가 붙인 용어이다. 굳이 어렵게 생각할 필요가 없다.

이 식정이 충동적 욕망을 만들어내도 발기되고 성적 흥분이 일어난다. 예를 들어 야동이나 의도적인 성적 공상에 의해 흥분하거나 발기되면 주로 식정이 작용하는 것이다. 그런데 지나친 욕심이 없는 상태, 호흡과 마음이 고요한 상태에서 흥분하거나 발기된다면 본래의 원정이 깨어난다. 이때 후천의 정(精)인 식정(識精)도 원정의 본능에 따라 작용하게 된다.

이런 식의 성적 작용에 대해 처음 들어 보니 다소 어렵게 느껴지는 것은 당연하다. 다시 쉽게 풀이하면 욕심 없이 일어나는 흥분감이나 발기는 선천 원정(元精)의 작용이고, 지나친 욕망을 일으켜 흥분에 도취되거나 발기하는 것은 후천 식정(識精)의 작용에 가깝다는 것이다. 이렇게 욕망 없이 발기하거나 흥분할 수 있는가? 앞에서 말했듯이 자면서 발기되거나 욕망을 일으키지 않는 어린이들이 발기되는 현상을 보면, 성적 욕망 없이도 성적 흥분이 가능하다는 사실을 쉽게 이해할 수 있다.

성뇌의 각성과 발달은 성적 욕망을 제어하고 선천의 성적 본능이 자연스럽게 발현되도록 허용하는 것이다. 이런 과정이 잘 진행되면 후천적으로 길러지는 식정(識精)도 선천의 원정을 잘 따르게 되어 성적 충만과 건강이 나날이 깊어질 것이다.

두 번째, 복뇌의 선천본질은 자동(自動)이고, 선천본성은 자연적 동작이다. 장기의 움직임으로 일어나는 심장박동, 호흡, 소화와 배설 등은 자율신경에 의해 자동적으로 기능한다. 이는 타고난 기능이며 후천적으로 습득하는 게 아니다. 그래서 이런 움직임을 '동작(動作)'이라 이름붙였다.

반면에 **복뇌의 후천본질은 의동(意動)이고, 후천본성은 행동이다.** 후천의 움직임은 연습과 학습에 의해 의도적으로 이뤄지므로 '행동(行動)'이라 이름 붙였다. 행동은 대뇌의 명령에 따라 걷기, 먹기, 운동, 활동 등의 필요한 동작을 의도적으로 실행한다.

그런데 별다른 의도 없이 습관적으로 일어나는 **자동적 행동**이 있다. 다리떨기, 지나치게 눈 깜빡거리기, 안면근육이나 입 실룩거리기 등은 스스로 알아채지 못하는 사이 습관적으로 행해진다. 이런 사실은 의동도 반복이 되면 자동이 되고, 박동과 소화 같은 장기의 기능인 인체의 자동적 기능도 의도적으로 바뀔 수 있다는 사실을 보여준다.

바로 고혈압, 당뇨, 암과 같은 만성병은 잘못된 습관의 반복에 의해 장기의 자율기능이 망가지는 증상들이다.

그렇다면 복뇌의 각성과 발달은 선천의 자동기능을 북돋아주면서 후천의 의동을 자동기능에 부합하도록 움직이는 것일 것이다. 이는 깨어있는 행동으로 건강을 유지하고 육체를 새롭게 창조해 나가는 삶이다.

세 번째, 심뇌의 선천본질은 원기(元氣)이고, 선천본성은 감성이다. 원기 역시 부모의 정자와 난자가 결합할 때 형성되는 본래의 에너지이다. 이 원기가 충실하면 선천의 감성이 잘 작동하여 느끼고, 교감하고, 감동하는 감성이 훌륭하게 기능한다.

반면에 심뇌의 후천본질은 정기(精氣)이고, 후천본성은 감정이다. 감정은 불유쾌한 경험들이 쌓여 기계적으로 반응하는 불쾌한 느낌이나 단절된 마음이다. 대부분의 사람들은 대상이나 사건에 대해 긍정적인 감정보다는 부정적 감정으로 반응하곤 한다. 선천의 감성이 후천의 감정으로 막혀있고 압도당하기 때문이다.

심뇌의 각성과 발달은 선천의 감성에너지를 북돋아주면서 후천의 부정적 감정을 본래의 감성과 조화하도록 수련하는 것이다. 이는 기공의 에너지수련과도 관계가 깊다. 기감이 발달하면 대상이나 사건에 대한 공감 능력이 향상되어 그것과 조율하는 방향으로 나아가기 쉽다.

네 번째, 두뇌의 선천본질은 원신(元神)이고, 선천본성은 직관이다. 원신은 순수의식이라고 할 수 있는데 생각이 아닌 직관으로 반응한다. 직관적으로 인식하니 사물이나 사건을 전체적으로 통찰하게 된다.

반면에 두뇌의 후천본질은 식신(識神)이고, 후천본성은 사고이다. 사고는 느리고 자신이 보는 면만 옳다고 주장하는 경향이 있다. 사고에 갇히면 편협해져 자기 자신도 고통스럽다. 다른 사람과의 논쟁과 다툼을 유발하여 불협화음도 일으키곤 한다.

생각은 사진기처럼 사신 찍듯이 현실을 고징시키므로, 살이 있고 순간순간 변해가는 현실을 있는 그대로 파악하지 못한다. 사고에서 상상의 나래를 펼치고, 더 나아가 공상까지 작동시킨다면 분쟁과 고통은 더욱 가중되기 쉽다. 사후에 지옥 불에 타는 자신을 공상하고 있다면 현실이 얼마나 공포스럽겠는가? 사실을 직접 확인하지 않고 타인에 대한 막연한 오해로 자신의 마음을 끓이는 경우도 얼마나 많은가?

두뇌의 헛된 공상을 잠재우고 후천의 사고기능이 선천의 직관기능에 따라 작동하도록 두뇌를 깨우고 계발해야 한다. 생각이 직관을 방해하는 것이 아니라 직관이 발현하도록 허용하고 사고기능을 현실에 맞게 써야 한다. 이것이 바로 선천과 후천, 하늘과 땅이 하나로 만나는 신천지의 조화경이다.

지금까지 4브레인의 선천(先天)기능과 후천(後天)기능을 세부적으로 살펴보았다. 4브레인 전체로 보자면 성뇌와 두뇌는 본능적인 선천기능 위주이고, 심뇌와 두뇌는 생후 습득하는 후천기능 위주이다.

더욱 쉽게 선천과 후천을 이해하자면, 직관 대 사고, 감성 대 감정, 자동 대 의동, 본능 대 충동, 자율신경 대 중추신경, 무의식 대 의식, 실상대 현상, 하나의식 대 분리의식, 주인 대 손님, 영혼 대 에고, 파동 대 입자, 창조 대 피조, 전체(양면) 대 부분(단면), 현재 대 과거와 미래, 자연 대 문명, 등으로 볼 수 있다.

물론 이런 선후천(先後天)의 구분은 전체적인 성향에 따른 것일 뿐 엄격하게 정해진 기준은 아니다.

이 두 선후천 요소를 조화시키는 사람이 전인(全人)이라고 할 수 있고, 선후천 요소가 조화로운 세상이 바로 이상향, 유토피아이다.

자연의 파괴 위에 세워진 현대문명이 파국을 향해 달려가고 있는 것 같아 안타깝다. 이런 인류 파국의 시점에서 지구인 모두 선천과 후천의 조화 원리를 깨달아야 한다. 그리하여 문명이 자연과 가까워지는 방향으로 선회하여 새로운 지구촌이 탄생하길 바란다.

4브레인의 선천(先天)기능과 후천(後天)기능

4브레인	선후천 구분	본성 (본질)	선천기능	후천기능
두뇌 (생각뇌)	선천	직관 (원신元神)	성뇌와 복뇌 자율신경 무의식 실상 하나의식 주인 영혼 파동 창조 전체(양면) 자연	심뇌와 두뇌 중추신경 의식 현상 분리의식 손님 에고 입자 피조 부분(단면) 문명
	후천	사고 (식신識神)		
심뇌 (감정뇌)	선천	감성 (원기元氣)		
	후천	감정 (정기精氣)		
복뇌 (신체뇌)	선천	동작 (자동自動)		
	후천	행동 (의동意動)		
성뇌 (생명뇌)	선천	본능 (원정元精)		
	후천	충동 (식정識精)		

> ## 황홀하게! 성뇌수련

성에너지 연금술

앞에서 음양의 성에너지는 창조에너지요 창조의 원동력이라고 강조했다. 음과 양, 물과 불의 전혀 다른 두 에너지가 만나 새로운 에너지, 혹은 새로운 생명체를 창조해 낸다.

성욕은 둘이 하나가 되고자 하는 욕구요, 하나됨을 통해 새로운 존재를 창조해 내고자 하는 욕구이다. 하나됨, 이것이 성욕구가 추구하는 근본적인 목적과 바람이다. 말초적인 짧은 쾌감을 맛보고자 하는 것은 성욕의 표면적인 충동일 뿐이다.

성욕을 통해 남녀 둘이 하나가 되면 새 생명체를 탄생시키며 참다운 합일을 통해 신성한 초월의식이 탄생한다.

합일의식, 하나의식보다 더 숭고하고 신비로운 의식이 있을까? 둘이 어울려 하나의 조화를 이루는 것은 황홀한 리듬의 춤이며, 음양이 무한히 순환하는 태극의 신비로운 경계이다.

성욕이 추하고 수치스러운 저급한 충동, 혹은 죄악이라는 고정관념에서 벗어나야 한다. 성욕이 죄라면 죄를 저지르지 않을 인간이 누가 있겠는가? 죄인을 만들어 이득을 볼 자가 누구인가? 제일 먼저는 종교 지도자들과 정치인들이다. 종교 지도자들은 충실한 고객이 많이 생겨서 좋고, 정치인들은 나약하고 말 잘 듣는 백성들이 많이 생겨서 통제하기에 좋다.

그리고 성적으로 무능한 많은 남성들. 그들은 성이 저질이라 매도하며 자신들의 성적 무능과 불성실을 허겁지겁 덮기에 급급해 한다. 자신들의 무능은 개선하려 하지 않고 '성을 밝히면 헤프고 불결한 여자야!' 하며 여성을 꽁꽁 붙들어 매고자 한다. 그러면서 자신들의 무능하고 폭력적인 물건은 여기저기 질척거리며 휘둘러 댄다.

성억압은 근본적으로 여성 억압이다. 핏대를 세워 성의 순결을 외치지만 여성에게만 해당할 뿐 남성 자신이 순결을 지키고자 노력한 경우가 있었는가?

남성의 계략에 은연중에 말려든 여성들은 남성들의 구미에 부합하고자 애쓴다. 그러면서 남성들보다 더욱 열성적으로 순결한 여성성의 수호에 앞장서는 전사가 된다. 남녀 평등을 외치면서도 여성의 순결을 강조하며 남성이 짜놓은 감옥 안에서 허우적대는 이들이 있다. 그들은 감옥을 탈출할 생각은 하지 않은 채, 은연중 멋지고 근사한 감옥을 원하고 찾을 뿐이다.

성욕은 원초적 생명력인 성에너지에서 발원하는 것으로 아무런 잘못이 없다. 식욕처럼 인간의 자연스런 욕구일 뿐이다. 그런데 자연스런 욕구가 가로막히면 엉뚱한 데로 표출된다. 바로 성욕이 정상적으로 충족되지 않으면 관음증, 가학증이나 피학증, 페티시즘, 마찰도착증 등의 변태적 성 행동으로 표출된다. 술과 도박, 과잉 운동, 종교적 광신 등의 대리만족도 추구하게 된다. 자연스런 성 본능이 성 충동으로 변질되는 것이다.

성 충동에서 성 본능을 구해내려면, 먼저 성욕을 자연스럽게 받아들이고 충족시키는 태도와 노하우가 필요하다. 인간의 원초적 욕구인 성욕이 충족되지 않으면 식욕의 결핍처럼 건강과 행복을 누릴 수 없다.

그렇다고 성욕의 충족은 성욕의 무분별한 해방과는 다르다. 성욕의 해방이라는 명목으로 성욕을 무분별하게 남용하면, 성의 억압만큼이나 건강을 해치고 정신을 피폐하게 만든다.

자기 절제를 통해 충족되는 성욕은 우선 엄청난 행복감을 선사한다. 4 브레인 중 성뇌의 욕구가 가장 근본적인 본능이기 때문에 성욕의 충족 없이는 행복과 건강을 얻을 수 없다. 늘 산해진미를 대하고 명예와 권력의 끝까지 올라가도 성욕이 결핍되면 밑 빠진 독에 물 붓기처럼 공허할 뿐이다. 사실 재력과 권력에 집착하는 것도 성욕을 더욱 쉽게 충족하려는 의도인 경우가 많다.

성욕은 궁극적으로 오르가즘으로 충족된다. 단지 말초적이고 소모적인 오르가즘이 아닌 전체적인 오르가즘은 복뇌의 건강에너지를 충전시켜 준다. 그리고 더 나아가 심뇌의 사랑에너지를 불 붙이고, 궁극적으로는 무아지경의 영적 체험까지 쉽게 불러일으킨다. 이처럼 **원초적 성에너지를 건강과 사랑, 깨달음의 에너지로 승화시키는 것이 바로 '성에너지 연금술'이다.**

성에너지의 연금술은 4브레인 내면 연금술의 기초이자 핵심이다. 다시 강조하지만 성에너지는 삶의 원동력이요, 거기서 생기는 성욕은 인간의 원초적 욕구이다. **인간 삶의 뿌리가 되는 성생활이 바뀌지 않는다면, 그 어떤 변화도 근본적이고 혁명적일 수 없다.**

어디까지나 삶의 혁명, 신인류의 혁명은 성뇌수련인 성에너지 연금술에서 시작되어야 한다. 마지막으로 인도의 탄트라요가 경전인 「쉬바 상히타」에서 말한 성수련 경구를 소개한다.

"적합한 나이에 이 수행을 하면 해탈이 다름 아닌 이 삶의 한가운데로 찾아온다. 확실히 이 요가는 윤회를 멈추게 한다.
이 무드라를 통해 요가행자는 빠르게 모든 초능력과 지고의 환희를 얻는다. 그러므로 규칙적으로 수행하라."
- 「쉬바 상히타」(인도의 탄트라요가 경전)

성뇌수련의 원리와 단계

성에너지 연금술은 어떻게 일어나는가? 연금술을 일으키는 촉매, 즉 도깨비방망이나 알라딘램프는 '자극'이라고 했다.

성뇌를 가장 직접적으로 충족시키고 깨우는 것은 성적 자극, 즉 성감대 자극을 통한 성적 쾌감과 오르가즘이다. 성적 상상이나 심미적 감동, 운동 등으로도 성적 쾌감과 오르가즘을 느낄 수 있지만, 병적으로 변질되기 쉽다. 아니면 고차원의 드문 경험이기 때문에 이에 대한 언급은 잠시 미룬다.

먼저 **성에너지 연금술을 통해 성적 쾌감이나 오르가즘의 상태가 질적, 양적으로 변해가는 과정을 알아보자.**

오르가즘은 어떻게 유발될까? 성감대 자극은 신경 지대의 전기에너지를 만들어내고, 이 신호가 뇌로 전달되어 성적 쾌감을 만들어낸다.

그리고 지속적인 성감대 자극에 의해 흥분에너지가 가중되면서 흥분의 극치감에 이르게 될 때 오르가즘이 유발된다. 여기서 흥분에너지가 얼마나 길게 몸 전체로 퍼져 충전돼 터지느냐에 따라 **'3승9단계(三乘九段階)'로 오르가즘의 수준**이 결정된다.

우선 3승(三乘)의 **하승(下乘)**은 9단계(九段階) 중 하위 3단계까지로 짧고 국소적인 말초신경 오르가즘에 머물러 있는 상태이다. 성기 중심의 국소적인 쾌감을 짧게 느낀 후 흥분에너지를 밖으로 터트리는 '빅뱅오르가즘'이다.

중승(中乘)은 4~6단계로 심뇌 차원의 길게 충전되는 에너지오르가즘을 추구하는 상태이다. 말초신경에서 유발된 흥분에너지가 골반과 전신으로 퍼지며 느끼는 신비롭고 전율적인 에너지쾌감이다. 성에너지를 발산하지 않고 몸 전체로 충전하기 때문에, 피로감이나 허탈감이 없고 심신이 깊이 이완되며 충만해진다.

상승(上乘)은 7~9단계로 성욕과 성감각을 초월하고 두뇌 차원의 황홀경을 체험하는 상태이다. 심신이 완전히 이완되면서 급기야 심오한 무의식 상태로 빠지고 궁극적으로는 무아성시의 황홀경까지 들이긴다.

다시 9단계의 오르가즘 수준을 좀 더 자세히 기술해 보겠다. 오르가즘 반응이나 양상은 사람마다 각양각색이지만, 그 경향과 횟수에 따라 다음과 같이 구분할 수 있다. 이런 오르가즘 유형은 정도의 차이가 있더라도 남녀의 큰 차이는 없다.

1단계는 '여성의 음핵과 남성의 귀두 오르가즘'으로 짧은 빅뱅오르가즘 유형이다. 여성은 말초적 음핵오르가즘으로 빠르고 강렬하게 도달했다가 금방 꺼지는 형태이고, 남성은 빠르게 흥분한 후 사정의 절정에 짧게 도달하고 금방 식어버리는 형태이다.

삽입의 지속시간이 10분 이내로 오르가즘에너지를 온몸에 충전하기도 전에 성기관 내에서 발산한다. 그리고 3~10초간 짧은 1회의 절정감을 맛보고는 이내 성적 흥미가 떨어져 버린다. 남성의 사정 조절력이 거의 전무한 상태이다.

2단계는 '지스팟과 성기 오르가즘'으로 긴 빅뱅오르가즘 유형이다. 여성은 다소 서서히 달아올라 절정에 도달했다가 서서히 식는 유형이다. 음핵 오르가즘보다 좀 더 강렬하며, 어떤 여성의 경우는 지스팟 수축으로 드물게 사정을 경험하기도 한다. 질 중앙인 지스팟 부위가 수축과 팽창을 반복하고, 골반을 요동치며 주로 아랫배 팽창 반응을 동반한다.

남성의 경우는 성적 쾌감이 귀두의 말초적 쾌감에서 깊어져 성기 자루와 뿌리까지 깊어지는 느낌이다. 삽입의 지속시간이 10~20분 정도로 약간의 사정 조절력이 생기고, 사정 쾌감이 다소 격렬하고 강렬하다.

3단계는 '에이스팟과 전립선 오르가즘'으로 멀티오르가즘 유형이다. 여성은 질의 깊은 지점이 수축하며 한층 오르가즘이 깊어지고 강렬해진다. 이때 여성은 물체나 상대를 움켜잡고 힘을 쓰기도 하고, 아랫배는 강력하게 수축 반응을 일으킨다.

남성의 경우는 전립선이 수축과 팽창을 반복하며 골반 쪽으로 오르가즘이 깊어진다. 오르가즘 절정을 가파르게 올라갔다 내려갔다를 여러 번 반복하며 에너지를 발산하기도 하지만, 그 과정에서 온몸으로 오르가즘 에너지를 서서히 충전하기에 탈진감이나 소진감이 거의 느껴지지 않는다. 이 경우 삽입의 지속시간은 20~40분 정도로 사정 조절력을 원만하게 발휘하는 수준이며, 가끔 비사정 섹스도 시도하게 된다.

4단계는 '자궁과 골반 오르가즘'으로 멀티오르가즘 유형이나 오르가즘 곡선이 완만해지며 최고조인 상태가 더욱 지속된다. 여성은 자궁이 수축과 팽창을 반복하고 오르락내리락거리며, 아랫배의 떨림 반응이 더욱 격렬해진다. 이때 질방귀가 나오기도 하고 아랫배는 땀으로 흠뻑 젖는다. 질 안쪽을 포함하여 질 전체가 꽉 조여들어, 남성은 여성의 자궁이 페니스를 밀어내며 빈틈없이 강하게 조이는 것이 느껴진다. 여성은 질과 자궁이 터질 것 같고 골반에서 전신으로 에너지가 퍼져나가며 신체 일부가 감전된 것처럼 찌릿찌릿해지는 느낌을 받는다.

남성의 경우도 골반이 강하게 수축하며 오르가즘이 한층 강렬해지고 신비로워진다. 전립선의 떨림 반응이 한층 강해지고 전신으로 찌릿찌릿하게 퍼지기도 한다. 이 단계는 삽입의 지속시간이 40~60분 정도로 완만한 곡선을 타며 여러 번의 오르가즘 절정을 경험한다.

장시간 오르가즘에너지를 순환시기녀 전신에 충전시키기 때문에, 심신이 탈진되지 않고 성적 욕구와 여운이 오래 지속된다. 이 단계에서는 3~5회 성교 중에 1회 정도만 사정할 정도로, 성근육과 천골 펌프 등의 물리적 사용이 줄어들며 호흡과 정신력으로 성에너지를 원활하게 조절한다.

5단계는 '전신 오르가즘'으로 최고조인 상태가 떨어지지 않고 깊어지며, 오래 지속되는 본격적인 에너지오르가즘 유형이다. 여성은 자궁과 골반의 떨림이 전신의 격한 뒤틀림이나 떨림으로 확장된다. 오르가즘에너지가 온몸으로 충전되어 30초~30분 이상 유쾌한 흥분 상태나 최고조인 상태가 끊임없이 유지되는 중에 절정이 간간이 터지곤 한다. 이러한 지속되는 에너지오르가즘을 체험하려면 그만큼 신체의 에너지가 구비되고, 성교 중 흥분에너지를 밖으로 터트리지 않은 채 몸 전체로 순환시켜 충전시키는 능력이 따라주어야 한다.

이 단계 이후부터는 남성의 경우도 여성의 체험과 비슷하다. 호흡과 순수 정신력으로 성에너지를 조절하는 단계로, 남성은 6~9회 성교중 1회 정도만 사정하는 수준이 된다.

6단계는 '몽환 오르가즘'으로 심신이 깊이 이완되어 몽롱한 무의식 상태를 체험하는 유형이다. 여성은 전신이 격한 뒤틀림이나 떨림 반응을 보인 후 신체 동작을 멈추고, 심신이 깊은 이완 상태로 들어간다. 이때 수면에 깊이 빠진 듯이 몸은 새털처럼 가벼워지고 의식이 몽롱해진다.

드물게는 어떤 여성은 무의식 속으로 깊이 빠져 성교 후 자신이 어떤 행동을 했는지 모르는 경우도 있다. 이 경우 종종 사시눈이 되거나 흰자위만 보이게 눈을 위로 치켜뜨게 되는데, 이때 꿈을 꾸듯이 판타지를 경험하기도 한다. 이는 일종의 명상 경험으로 직관력과 예지력 같은 잠재능력을 깨우고 의식의 변화를 일으킨다. 성적 충족감은 말초적 쾌감을 넘어서 신성한 의식을 불러일으키는 경계에 이른다.

여성의 신음소리는 오르가즘 단계가 올라갈수록 점차 미묘해진다. 초기 1,2,3단계에서 거칠고 가쁜 숨소리를 낸다. 4,5단계에서는 끙끙 대며 소리가 격해지고 깊어지며, 이윽고 6단계 넘어가면 미세하게 '아아!' 감탄소리를 내게 된다.

남성의 경우도 여성의 체험과 비슷하다. 성에너지를 조절하는 단계를 넘어 남녀의 음양에너지를 마음껏 교류하는 단계다. 남성은 10~30회 성교 중 1회 정도만 사정하는 수준이 된다.

7~9단계는 '영적 황홀경'으로 깊은 무의식의 몽환 상태를 넘어서는 무아경지 체험이다. 이 단계에서는 무의식조차 사라져 '나'라는 경계가 허물어지고 상대와 우주와 합일되는 무아지경 상태에 빠진다. 신체는 구름 위를 둥둥 떠다니는 듯, 우주를 유영하는 듯 무중력 상태로 비상하는 느낌을 받는다.

성적 쾌감이 정신적 환희심으로 승화되어 성욕과 성감에 초연해지기 시작하고, 이윽고는 성감각을 초월하게 된다. 오르가즘이 흥분감각의 극치라면 황홀경(엑스터시)은 성감각을 초월한 경지라 할 수 있다.

7단계는 남녀가 접촉하지 않고도 음양에너지를 마음껏 교류하는 단계로, 남성은 100회 성교중 1회 정도만 사정하는 수준이 된다.

8단계는 남녀가 멀리 떨어져서도 음양에너지를 교류하는 단계이다. 남성은 완전 비사정 섹스가 가능해진다.

9단계는 천지 자연과 에너지를 마음껏 교류하는 단계로, 천인합일의 대자유인이 된다. 이 단계에서는 성욕과 성감각을 완전히 뛰어넘는 초월의식을 체험하게 된다.

지금까지 보았듯이 오르가즘의 다양한 발전 과정은 남녀 모두 동일하게 적용된다. 남성들도 짧게 끝나는 사정 오르가즘에서 벗어나기만 하면, 여성들처럼 다양하고 반복적인 절정을 체험할 수 있다. 궁극적으로는 충전되는 에너지오르가즘을 통해 몽환의식과 황홀경에 이르게 된다.

이러한 오르가즘의 숨은 잠재력과 그 발전 과정을 이해하면 자신의 상태가 어디쯤 위치하는지, 또 어떻게 변해가야 더 만족스런 성생활을 운영할 수 있을지 파악하게 된다.

대략 1단계 '음핵과 귀두 오르가즘'은 전체 성인의 80%를 차지하고, 2단계 '지스팟과 성기 오르가즘'은 12%, 3단계 '에이스팟과 전립선 오르가즘'은 5%, 4단계 '자궁과 골반 오르가즘'은 2%, 5단계 '전신 오르가즘'은 1%, 6단계 '몽환 오르가즘'은 0.1%, 7~9단계 '영적 황홀경'은 극소수를 차지한다.

여기서 보듯이 성뇌의 중승 단계(4단계) 이상이 3% 정도 밖에 안될 정도로 4브레인 중 성뇌의 잠재력이 가장 개발되지 않은 상태이다.

오르가즘 잠재력의 개발 기간은 각자의 상태와 노력에 따라 천차만별이다. 하지만 성뇌수련을 열심히 하면 3단계까지는 3~6개월, 4단계는 6개월~1년, 5단계는 1~2년, 6단계는 2~3년, 7단계 이상은 빨라도 3~10년 이상 걸린다.

성적 잠재력은 노력 여하에 따라 무궁무진하게 열린다. 오르가즘을 느끼는 부위가 신체 전체로 확장될수록 더욱 깊이 충전되는 성체험을 하게 된다. 누구라도 수련을 거듭하여 성에너지를 두뇌와 전신으로 순환시킬 수만 있다면, 심신이 충전되는 에너지오르가즘을 얻어 더욱 신비로운 영적 황홀경의 세계로 발 딛게 될 것이다. 성행위를 통해 궁극에는 깨달음의 경지까지 맛볼 수 있다니 이 얼마나 가슴 벅찬 일인가?

동양의 성전(性典)인 「소녀경(素女經)」에는 사정 조절로 성에너지를 단련해 궁극적인 신명의 경지와 통하게 됨을 이렇게 표현하고 있다.

"한번 사정하고 싶어질 때, 이를 억제하면 기력이 왕성해집니다.
두 차례 사정하지 않으면 귀와 눈이 밝아집니다.
…
아홉 차례 사정하지 않으면 수명이 연장됩니다.
열 차례 사정하지 않으면 이윽고 신명의 경지와 통하게 됩니다."
- 「소녀경」

오르가즘 잠재력과 성뇌수련의 단계

3승	9단계	오르가즘 명칭	삽입 시간	오르가즘 경향	성에너지의 조절과 교류 능력	비율	오르가즘 곡선
하승下乘	1단계	음핵과 귀두 오르가즘	15분 이내	짧은 빅뱅오르가즘 순간 오르가즘에 도달후 탈진	조절 불능 여성의 불감증이나 남성의 지루도 1단계에 포함	80%	
	2단계	지스팟과 성기 오르가즘	15~20분	긴 빅뱅오르가즘 다소 강렬한 오르가즘 후 탈진	성근육과 천골 펌프를 활용하여 다소의 사정 조절력을 발휘하는 단계	12%	
	3단계	에이스팟과 전립선 오르가즘	20~40분	멀티오르가즘 더욱 강렬하고 깊게 여러 번 오르가즘 도달 탈진감 적음	성근육과 전골 펌프를 활용하여 원만한 사정 조절력을 발휘하는 단계 가끔 비사정 시도	5%	
중승中乘	4단계	자궁과 골반 오르가즘	40~60분	오르가즘 곡선이 완만해지며 여러 번의 최고조인 상태가 더욱 지속됨 탈진감 없고 여운 오래 지속	물리적 사용이 줄고 호흡과 정신력으로 성에너지를 조절하는 단계 3~5회 성교중 1회 사정	2%	
	5단계	전신 오르가즘	1~2시간	최고조인 상태가 떨어지지 않고 깊어지고 오래 지속됨	호흡과 순수 정신력으로 성에너지를 조절하는 단계 6~9회 성교중 1회 사정	1%	
	6단계	몽환 오르가즘	2시간~	심신이 깊이 이완되어 몽롱한 무의식 상태로 의식의 변화 체험	남녀의 음양에너지를 마음껏 교류하는 단계 10~30회 성교중 1회 사정	0.1%	
상승上乘	7단계	영적 황홀경 초입 (엑스터시)	자유 자재	간헐적 무중력 체험과 무아경지로 초월의식의 초입단계	남녀가 접촉하지 않고 음양에너지를 마음껏 교류하는 단계 100회 성교중 1회 사정 성욕과 성감각 초월 시작	0.05%	
	8단계	영적 황홀경 연장 (엑스터시)	자유 자재	무중력 체험과 무아경지로 초월의식의 연장	남녀가 멀리 떨어져서 음양에너지를 교류하는 단계 자연과 에너지를 교류하는 단계 완전 비사정	극소수	
	9단계	영적 황홀경 완성 (엑스터시)	자유 자재	무중력 체험과 무아경지로 초월의식의 완성	천지 자연과 에너지를 마음껏 교류하는 단계 천인합일, 성욕과 성감각 완전 초월	극소수	

성뇌수련 따라하기

이제부터 성뇌수련을 통해 성에너지를 무한히 깨워서 건강, 사랑, 정신에너지로 승화시키는 방법을 배워보도록 하자.

성뇌수련은 모두 6단계 훈련법과 실전 수련테크닉으로 이뤄져 있다. 홀로 수련하는 6단계 성훈련법을 그대로 응용하여 남녀가 함께 침실에서 실전 테크닉으로 구사하면서 수련할 수 있다. 6단계 훈련법과 실전 수련 테크닉 전체는 「충전되는 에너지오르가즘 비법」의 2장에 소개된 EO(에너지오르가즘)훈련법을 참고하기 바란다.

여기서는 **성에너지 깨우기 - 성에너지 충전하기 - 성에너지 순환하기** 라는 **성에너지 연금술의 3단계 원리**에 따라 핵심 훈련법 몇 가지만 소개하겠다. 성에너지를 변화시키려면, 먼저 잠자는 성에너지를 깨우고 충전한 후 성에너지를 두뇌와 전신으로 순환시켜 더욱 지고한 정신에너지에 이르기까지 승화시켜야 한다.

이제부터 성에너지 연금술을 위한 성뇌수련을 단계별로 실천해보자.

성뇌수련 단계	성뇌수련법	성뇌 수련도구
1단계: 성에너지 깨우기	섹서사이즈 골반춤	**남성수련도구:** 기역도, 미니기역도, 맥뚜리
	성에너지근육 펌핑	
	성에너지마사지	**여성수련도구:** 은방울, 트윈 은방울, 옥알, 여옥, 각궁
2단계: 성에너지 충전하기	성에너지 충전호흡: 고환/질호흡	
3단계: 성에너지 순환하기	성에너지 순환호흡: 빅드로	

| 성뇌수련 1단계: 성에너지 깨우기

섹서사이즈 골반춤

누구나 성뇌, 즉 골반에는 생명에너지의 원천인 성에너지가 무한하게 잠자고 있다. 심지어 정력감퇴와 발기부전을 겪는 노인들도 여전히 무한한 성에너지를 지니고 있다. **춤추듯이 유연하게 움직이는 골반운동은 골반 내 잠자는 성에너지와 성감각을 잘 깨워준다.**

오르가즘은 떨림 반응이요, 파동의 리듬을 타는 우주적 춤의 가장 원초적 체험이다. 이슬람권의 벨리댄스, 하와이 원주민들의 훌라댄스, 혹은 아이돌들의 역동적인 골반춤을 보면 원초적 생명력이 자아내는 창조적 유희가 느껴진다. 관능적인 골반의 리듬에서 깨어나는 성에너지의 파동은 배와 가슴을 지나 전신으로 물결치듯 요염하게 퍼져나간다.

이처럼 리드미컬한 파동을 타면 생명과 자연의 리듬과 공명하고, 지극한 희열을 맛보며 조화로운 건강 상태를 되찾을 수 있다.

운동은 춤을 추듯이 신나고 즐겁게 해야 한다. 섹서사이즈인 골반춤은 간단한 방법만 배우면 누구나 쉽게 따라할 수 있다. 여기에 소개하는 골반춤을 하나만이라도 매일 20분 이상 실천한다면, 얼마 후 골반의 근원적인 성에너지가 깨어나 존재감과 활력을 실감하게 된다.

여성은 골반 내 진동을 더해주는 자율진동 케겔운동기구 '은방울'을 착용하여 운동하면 더욱 효과가 좋다. 골반 내에서 유발되는 은방울 진동이 골반춤의 리듬에 더해져 성에너지가 더욱 야릇하게 깨어난다. 남성은 남성단련기구인 '미니기역도'나 '기역도'를 착용하고 운동하면, 골반 내 성에너지가 더욱 강력하게 자극될 것이다.

섹서사이즈1 | 말타기 – 천골 두개골 펌핑

말타기는 골반을 앞뒤로 흔드는 동작으로 말을 타는 모습과 비슷하다. 골반을 앞뒤로 움직이며 두개골을 동시에 앞뒤로 움직인다고 생각하면 된다. 골반만 앞뒤로 리드미컬하게 움직여도 좋지만, 머리와 함께 움직이는 것이 골반과 두뇌를 함께 소통시켜 주어 더욱 효과적이다.

골반과 머리를 앞뒤로 흔들어 주면 장을 포함한 오장육부 전체와 척추까지도 섬세하게 운동이 되어 이완된다. 말타기는 서서 혹은 의자나 바닥에 앉아서 쉽게 할 수 있는 동작이다. 골반과 머리를 동시에 앞뒤로 움직여주며 펌핑 동작을 하므로 '천골 두개골 펌핑'이라고도 한다.

❶ 발을 어깨 너비로 벌리고 편안하게 서거나, 의자나 바닥에 편안하게 앉는다.

❷ 숨을 내쉬며 꼬리뼈와 골반을 앞으로 당기고 동시에 고개를 가슴 쪽으로 당긴다. 시선은 배꼽을 바라본다. 그러면 척추 전체가 활처럼 둥그렇게 뒤로 기울어진다.

❸ 숨을 들이마시며 앞으로 당긴 골반과 고개를 제자리로 위치시키며 척추를 곧게 편다.

❹ 말을 타듯이 2번과 3번 동작을 5분 정도 반복한다. 신나는 음악에 맞추어 움직이면 춤추듯이 몸이 자동적으로 리듬을 탄다.

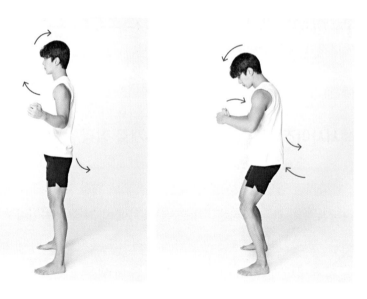

- 골반통이나 요통, 디스크 등의 증상이 심한 사람들은 몸에 무리가 가지 않을 정도로만 부드럽게 동작한다.
- 머리를 흔들 때 몹시 어지러운 사람은 어지럽지 않을 정도로만 부드럽게 실시한다. 어지럼증이 심하다면, 증상이 사라질 때까지 머리는 흔들지 말고 골반만 앞뒤로 움직인다.

섹서사이즈2 | 누워서 전후 골반락킹 – 발목펌핑과 천골펌핑, 성근육 운동 동시에 하기

발목펌핑과 함께 천골펌핑, 성근육 운동을 동시에 하는 운동이다.

이 운동은 펌핑 동작으로 전신의 기혈 및 림프 순환을 원활하게 만들어

주는 데 아주 효과적이다. 특히 성근육 운동과 함께 골반을 섬세하게 펌 프질해 주어 골반의 성에너지를 깨우고 순환시켜 주는 데 탁월하다.

이 동작을 성관계 중에 행하면, 골반의 흥분에너지를 빠르게 깨우는 동시에 몸 전체로 퍼트려 국소적 오르가즘을 몸 전체의 에너지오르가즘으로 확장시킬 수 있다.

❶ 편안하게 누워 양손을 몸 옆에 자연스럽게 둔다.
❷ 발목을 몸 쪽으로 당길 때 골반을 들어올리며 골반바닥근육인 성근육을 동시에 조여올린다. 골반을 들어올릴 때는 천골만 들고 허리는 바닥에 닿아야 한다.

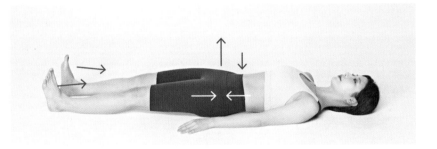

❸ 다음 발목을 쭉 펼 때 골반을 다시 내려주고 성근육은 아래로 밀어 준다.
❹ 발끝을 밀고 당기는 발목펌핑 동작과 함께 골반펌핑을 5분 정도 반복한다. 발목의 움직임과 함께 몸 전체를 동시에 상하로 리듬을 탄다.

── 주의사항 ──
• 발목을 너무 강하게 꺾으면 종아리나 발에 쥐가 날 수도 있으므로 주의한다. 또한 발목을 성기관 쪽으로 당기며 발과 다리보다는 골반바닥근육인 성근육에 힘이 들어가도록 한다.

성에너지근육 펌핑

인체에는 기혈 순환을 촉진하는 수많은 근육 펌프들이 있다. 근육 펌프는 주로 관절의 움직임과 함께 작용하는데, 발목 펌프, 손목 펌프, 천골 펌프, 두개골 펌프 등이 대표적인 것들이다. **펌핑은 에너지를 깨우고 돌려주는 기능을 수행한다.**

항문조임근과 질조임근, 성근육인 PC근육(치미골근) 등은 골반바닥근육으로 성기관을 감싸고 떠받들고 있다. 더욱 위쪽에 있는 내부 장기들도 떠받들고 있다. 골반바닥근육은 발기나 사정 조절, 성흥분이나 오르가즘을 조절하기 때문에 남녀의 성기능 향상에 필수적이다. 신체 전반의 건강에도 큰 역할을 한다. 우선 PC근육을 강화하면 여성의 경우는 요실금, 남성의 경우는 전립샘 질병을 예방하고 치유하는 데 큰 도움이 된다.

필자는 골반바닥근육인 성근육을 특별히 '성에너지근육'이라고 부른다. 골반의 잠재된 성에너지를 깨우고 조절하며 전신으로 순환시키는 펌프 역할도 하기 때문이다. 성에너지근육은 펌핑 작용을 통해 잠자는 숲속의 미녀, 즉 성에너지를 깨워 전신으로 순환시켜 준다. 성에너지근육은 성에너지를 깨워 성기능과 성감을 키워주고, 그 성에너지를 전신으로 돌려주니 전신에 건강과 활력을 불어 넣어준다.

골반바닥근육인 성에너지근육은 크게 항문조임근(여성은 질조임근 포함)과 PC근육(치미골근)으로 생각해볼 수 있다. 조임근은 골반의 맨 밑바닥을 받치고 있고 PC근육은 치골에서 미골까지 걸쳐 있는 근육으로 골반 약간 안쪽(약 1인치)을 지나며 요도, 질 중앙과 항문 약간 윗부분을 지나고 있다.

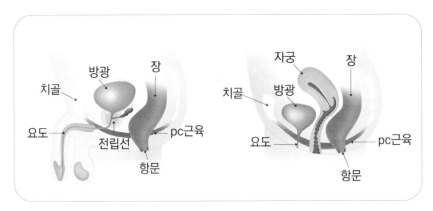

항문조임근과 PC근육

먼저 조임근과 PC근육을 구분하고 각각의 근육을 따로 수축시킬 수 있어야 한다. 두 근육을 따로 조이는 훈련을 함으로써 골반의 움직임과 성에너지의 흐름을 좀 더 섬세하게 느끼며 자유자재로 조절할 수 있다.

조임근과 PC근육을 구분하는 방법은 간단하다. 소변을 참을 때 힘을 가하는 부분이 바로 PC근육이고, 대변을 끊을 때 주로 쓰는 근육이 항문조임근이다.

다행스럽게도 성에너지근육 훈련은 앉거나 서서, 혹은 누워서, 심지어 걸어가면서도 할 수 있다. 특정한 수련 시간에서뿐만 아니라 일상 생활 중에도 성에너지근육 펌핑을 실천하여 골반의 무한한 성에너지를 수시로 깨우기 바란다.

성에너지근육 펌핑 | 성에너지근육 밀당운동

❶ 편안한 자세에서 먼저 조임근과 PC근육에 의식을 집중한다.

❷ 숨을 5초 동안 천천히 들이쉬면서, 먼저 항문(질)조임근을 조인 후 바로 이어서 PC근육을 조인다. 이는 성근육을 위쪽으로 당겨올리는 운동이다.

❸ 다음은 숨을 5초 동안 천천히 내쉬면서, 아랫배를 방광 쪽으로 밀어내며 PC근육에 이어서 조임근을 지그시 조이며 밑으로 밀어낸다. 이때 소변을 밀어내는 동작을 생각하면 이해하기 쉬울 것이다.

❹ 위의 ❷와 ❸단계를 18~36회 반복한다.

남성의 밀당운동

여성의 밀당운동

조임근에서 PC근육 쪽으로 차례로 조여올린 후 아래 쪽으로 강하게 밀어낸다.

- 성에너지근육은 수축운동만 하면 과도하게 긴장되기 쉽다. 밀당운동은 성에너지근육을 위쪽으로 수축한 후 밑으로 밀어내는 스트레칭을 해줌으로써 성에너지근육을 더욱 탄력적으로 만들어 준다.
- 남성은 기역도를 메달고 무게를 느끼면서 밀당운동을 하면 성에너지근육을 더욱 강하게 단련할 수 있다. 여성은 은방울을 질에 넣고 은방울이 오르락내리락하는 것을 느끼면서 밀당운동을 하면 성에너지근육을 더욱 강하고 섬세하게 단련할 수 있다.

성에너지마사지

성적 터치는 삽입과 더불어 성에너지를 깨우는 가장 직접적인 방법이다. 특히 민감한 성감대 자극은 흥분과 쾌감을 고조시키며 성에너지를 다량 만들어 낸다. 그러므로 성적 터치는 단순히 말초 쾌감을 얻기 위한 자위행위로만 그치지 말고 성에너지를 깨우고 활성화하는 내면 연금술 수련으로 승화시켜야 한다.

성감대는 주로 피부점막의 연접 부위 등, 신경말단이 집중적으로 분포된 곳이다. **성감대를 접촉하면 간지러움, 전기감, 열감 등의 마찰 전기 혹은 신경 전류와 비슷한 에너지가 만들어지고 심리적으로는 쾌감이 느껴진다.** 실제 신경전달 과정을 살펴보면 신경 자극은 활동전위를 생성하고, 이 활동전위는 축삭말단으로 충격을 전달하여 신경전달물질을 분비시켜 감각신호를 뇌로 전달한다.

그런데 여기서 어떤 자극을 어떻게 주느냐에 따라 쾌감의 질이 달라지고, 생성된 에너지가 짧게 발산되고 마느냐 전신에 깊게 충전되느냐가 결정된다. 성감대를 터치했을 때 짧게 발산되는 감각을 '말초신경감각'이라고 한다. 반면 이 짧은 감각이 몸 안으로 깊어지고 확장되는 감각을 '성에너지감각'이라 할 수 있겠다. 바로 **성에너지마사지는 길게 충전되어 여운이 오래 지속되는 '성에너지감각'을 깨우는 성적 터치법이다.**

성에너지감각은 에너지가 밖으로 터지면서 짧게 짜릿하게 느껴지는 말초신경감각에 비해 깊고도 은근하며 몸 전체로 충전되는 신비로운 느낌이다. 말초신경감각은 몸 밖으로 짧게 터지면서 심신을 소진시킨다. 성에너지감각은 몸 내적으로 확장되면서 감정적으로 충만감을 주고 신체적으로 깊이 충전시켜 준다. 이런 성에너지감각을 활짝 꽃피워야 남성의 조루와 여성의 불감증 극복은 물론, 우리가 궁극적으로 추구하는 '에너지오르가즘'이나 '영적 황홀경'에 도달할 수 있다.

충만감을 주는 자위나 성행위는 결코 불쾌감이나 죄책감이 생기지 않는다. 만족할 만큼 충분한 쾌감을 느끼지 못하거나 오르가즘에 도달하더라도 성에너지를 과도하게 발산하면 허탈해지곤 한다.

놀랍게도 성에너지감각은 잠재력이 무궁하여 나이와 상관없이 끊임없이 개발할 수 있다. 성에너지감각은 세포의 잠재력이 꽃 피듯이 깨어나면 깨어날수록 무한하게 샘솟는다. 기존의 성감대는 더욱 예민해지고 별다른 성적 감각이 없었던 부위도 민감하게 살아난다. 성에너지감각이 깨어나면 터치만 해도 모두 성감대인 몸으로 변모되고, 심지어는 터치 없이 손만 피부 가까이 가져가도 찌릿찌릿한 쾌감이 느껴진다.

좋은 명품 악기를 지니고 있어도 아름답고도 유쾌하게 연주하는 법을 모른다면 아무 소용이 없다. 자, 이제 명품 악기를 연주하는 기법과 함께 명품으로 다듬어 가꿀 수 있는 성의 연금술을 배워보자.

지금 배우는 것은 자기 몸을 연주하는 독신 수련이지만, 상대에게 적용하면 상대의 몸을 아름답게 연주하게 된다.

성에너지감각을 깨우는 성에너지마사지 기법 3가지

악기의 연주법이 다양하듯이 몸을 다루는 연주법은 무수히 많다. 더구나 몸은 한 가지 악기가 아니라 현악기, 타악기, 관악기 모두에 해당하니 그 연주법이 얼마나 다양하겠는가?

하지만 성에너지감각을 깨우는 성에너지마사지 기법은 다음 세 가지를 주로 활용한다. 이 3가지 기법을 적절하게 활용하면 성에너지감각을 빠르게 일깨울 수 있다.

첫째, 느리고(slow) 부드러운(soft) 터치.

느리고 부드러울수록 기, 즉 에너지를 많이 느끼고 크게 배양할 수 있다.

섬세하고 깊은 에너지감각은 물리적 자극강도와 반비례한다. 즉 물리적 자극강도가 작을수록 에너지감각이 크게 느껴지고 효율적으로 개발된다는 뜻이다.

감각세포에 흥분을 일으킬 수 있는 최소의 자극량을 '역치(閾値, threshold)'라고 한다. 흥분도는 일반적으로 역치값의 역수이니 역치가 작을수록 흥분도가 높다. 역치는 세포의 종류에 따라, 같은 세포일지라도 그 세포가 자극을 받는 상태에 따라서 달라진다. 민감한 성감대일수록 역치가 작고, 같은 성감대라도 심신의 상태에 따라 역치가 달라진다.

성에너지마사지는 일종의 기공 수련이다. 고요히 잠자고 있는 성에너지를 깨우고 개발하는 것이기 때문이다. 단순히 피부 접촉에 의한 말초쾌감을 넘어 에너지가 깊이 충전되는, 깊고 신비로운 감각을 일깨울 필요가 있다.

기공은 느리고 부드럽게 움직이며 기를 배양하고 운기하듯이, 성적 터치도 느리고 부드러울수록 좋다. 빠르고 강하게 힘을 쓰는 방식의 자극은 에너지를 일시적으로 증진시키기는 하나, 에너지감각을 향상시키거나 에너지를 근본적으로 기를 수는 없다. 오히려 과도한 자극은 에너지를 소진시키면서 자극의 역치값을 계속 높여 감각을 둔감하게 만들 뿐이다.

특히 피부의 특수신경말단기 중 점막말단기가 집중적으로 분포한 귀두와 음핵, 소음순, 입술 같은 성감대는 지극히 섬세하게 터치해야 한다. 점막 성감대는 섬세한 촉각에 예민하게 반응하고, 세게 자극하면 오히려 통증과 불쾌감만 유발할 뿐이다.

두 번째, 은근한 압박 터치.

지그시 압박하며 원을 그리거나 상하 좌우로 천천히 움직이는 기법이다. 지그시 압박하며 천천히 움직일 때 세포 깊숙이 숨어있는 에너지가 깨어나 순환하게 된다. 빠른 마찰은 에너지를 만들어내지만 이내 밖으로 발산시키기가 쉽다.

은근한 압박 터치는 일종의 부드러운 지압 방식이다. 혈점을 지압하면 신체의 기 흐름을 촉진하듯이 성감대의 압박 터치는 성에너지를 깨워준다. 피부의 특수신경말단기 중 파치니소체(Pacini)는 손, 발바닥 등의 피하지방층에 많이 분포되어 있는데 압각에 잘 반응한다.

세 번째, 진동 터치.

**부드럽게 압박한 채 상하나 좌우로 빠르면서도 미세하게 진동시키는
방법이다.** 만물의 실상은 진동체이며, 피부 역시 8~12Hz로 진동하고 있
다고 한다. 앞에서 오르가즘의 본질 역시 떨림이요 진동이라는 사실을 원
리적으로 강조한 바 있다. 그러므로 미세한 진동을 유발할 때 피부세포와
공명이 일어나 감각과 에너지가 증폭되며, 궁극적으로 성에너지감각이
빠르게 개발되는 것이다.

그리고 마지막으로 **느리고 부드러운 터치나 압박 터치 기법은 주로 원
형을 그리며 실행하기 바란다.** 원형을 그리는 이유는 원형 운동이 에너지
를 더욱 증폭시키기 때문이다. 만물은 원자에서부터 은하까지 나선식 운
동을 하고 있으며, 원형 운동을 할 때 태풍이 더욱 위력을 더해나가는 것
처럼 에너지가 더욱 증폭되는 경향이 있다.

느리고 부드러운 터치, 은근한 압박 터치, 진동 터치는 성에너지 마사
지 기법의 3대 원칙이다. 몸의 부위와 상태에 따라 그때그때 다양한 기법
을 구사할 줄 알아야 성에너지의 연금술을 일으킬 수 있다. 성적 자극이
성에너지를 유발하는 불이라면, 자극의 강도와 기법은 내면 연금술을 위
한 불조절이라고 할 수 있다.

성에너지마사지 따라하기

자, 이제 유쾌한 성에너지감각을 즐기며 성에너지를 배양할 수 있는 '성에너지마사지'를 따라해 보자. 일단 '성감대' 위주로 연습해 보자. 그러다 보면 온몸 전체가 성감대로 깨어날 것이다.

아래의 수련들은 눕거나 바닥에 앉은 자세 등도 좋지만, 의자나 소파에 편안하게 앉아서 하는 게 가장 좋다. 되도록 의자나 소파 끝에 앉아 성기관이 공중에 노출되도록 하는 게 성에너지의 순환에 좋다.

성감대 찾기

보통 성감대는 남성의 경우 생식기 쪽에 집중되어 있고, 여성의 경우 생식기뿐 아니라 신체 여러 부분에 펼쳐져 있다. 하지만 이는 말 그대로 일반적인 사항일 뿐이다. 사실 성감대는 사람에 따라, 그리고 같은 사람이라 하더라도 장소, 분위기, 상황, 상대에 따라 다양하게 변화한다.

나와 상대의 성감대를 잘 파악하는 것은 육체의 문을 빠르게 열 수 있는 초인종의 위치를 아는 것과 같다. 또한 신체의 모든 부위가 성감대로 활용될 수 있음을 이해하고, 그 잠재력을 나날이 개발해 나가는 것이 가장 중요하다.

성감대를 찾을 때는 여러 방법의 터치를 통해 자신의 몸 감각을 관찰한다. 손으로 주로 터치하지만 때로는 깃털이나 비단천을 활용하기도 하고, 욕실에서는 비누를, 침실에서는 마사지 오일이나 크림을 바르고 터치해 보기도 한다.

몸의 느낌에 온 정신을 집중하면 어떤 부위에서 흥분에너지가 생기는지 정확히 알게 될 것이다.

성에너지마사지의 실전 요령

1) 성에너지를 신체 끝에서 성기관으로 모으기

성에너지마사지를 실시할 때 1차 성감대부터 바로 돌진하기보다는 손과 팔, 발과 다리 등의 신체 말단에서 중심부로 서서히 접근해야 한다. 그리하여 성에너지를 신체 끝에서 성기로 천천히 충전시켜 간다. 성기는 반드시 몸통과 성기 주변을 모두 다 만진 후에 만져야 한다.

이는 무엇보다도 전신의 성에너지감각을 골고루 깨우기 위한 전략이다. 둘째는 서서히 진행하는 불조절은 남녀의 성감각을 심화시키며 남성의 조루와 여성의 불감증을 개선시켜 준다.

2) 성에너지의 연금술을 일으키는 불조절

성적 불조절은 일명 '애태우기 테크닉'이다. 성감이 예민한 곳을 일부러 피해 다녀서 성적 욕구와 흥분을 최고조로 증폭시키는 영리한 터치 기법이다. 또한 예민한 성감대를 터치하더라도 그 강도를 조절하여 흥분에너지를 쉽게 몸 밖으로 발산하지 않는 기법이다.

흥분한 성에너지가 몸을 서서히 채워가야 이윽고 내적인 에너지오르가즘 폭발이 일어난다. 성급하게 절정에 도달시키려고 하면 성 에너지가 채워지기도 전에 밖으로 짧게 발산하고 만다. 그러면 깊고 신비로운 성감각은 전혀 깨어나지 않는다.

성적 불조절은 성에너지의 연금술을 위한 최고의 테크닉이다. 굉장한 인내심과 자제력이 필요하다. 자신의 성적 흥분과 반응을 정확히 파악하면서 적당한 터치의 강약, 리듬, 속도를 세련되게 구사해야 한다.

만약 불조절 기법을 제대로 구사한다면, 짧은 말초쾌감이 에너지쾌감으로 충전되고 이윽고 신성한 황홀경으로 변형될 것이다.

3) 깨운 성에너지를 온몸으로 충전하는 기법

앞에서 성적 불조절을 통해 흥분에너지를 몸 밖으로 발산하지 말라고 권고했다. 흥분한 성에너지를 전신으로 채워야 내적인 에너지오르가즘 폭발이 일어나고, 심신이 깨어나는 성에너지 연금술을 체험하게 된다.

그렇다면 어떻게 흥분에너지를 효과적으로 전신에 채울 수 있을까?

흥분한 성에너지를 전신으로 퍼트리는 요령은 성뇌수련 3단계인 '성에너지 순환호흡: 빅드로'에서 자세히 배운다.

한 마디로 앞에서 설명한 성적 불조절, 골반 펌핑과 성에너지근육 펌핑, 그리고 호흡과 의념을 모두 동원할수록 성에너지 순환이 더욱 용이해진다. 여기서는 가슴 성에너지마사지 하는 요령을 예로 제시하겠다. 다른 성기 성감대를 자극할 때도 같은 방식으로 흥분에너지를 순환하면 된다.

• 가슴 성에너지마사지 요령

❶ 양손의 손가락 끝과 손톱 끝으로 양쪽 유두를 동시에 원형을 그리며 천천히 부드럽게 터치한다. 이내 짜릿짜릿한 감각이 가슴을 중심으로 온몸으로 동심원을 그리듯이 퍼져나갈 것이다.

❷ 이제 유두를 가볍게 터치하며 성기의 성에너지를 자극하는 것을 느낀다. 그리고 이 성기의 흥분에너지가 온몸으로 퍼져 신경, 그리고 내분비샘인 난소와 정소, 췌장샘, 부신, 흉샘, 갑상샘, 뇌하수체, 송과샘을 차례로 깨우는 상상을 하라. 깨우는 상상을 할 때는 동시에 성기관에서 숨을 들이쉬며 내분비샘, 즉 난소와 정소, 췌장샘, 부신, 흉샘, 갑상샘, 뇌하수체, 송과샘으로 차례로 보낸다.

❸ 이제 손바닥의 중앙을 유두에 대고 가슴 전체를 압박하며 천천히 원을 그리며 마사지한다.

가슴의 따뜻한 에너지가 더욱 깊게 성기관의 성에너지를 깨우는 것을 느끼라. 성기관의 흥분에너지가 온몸의 장기로 퍼지는 것을 느낀다. 깨우는 상상을 할 때는 동시에 성기관에서 숨을 들이쉬며 심장 - 비장 - 폐 - 신장 - 간으로 차례로 보낸다. 각 장기로 따뜻한 흥분에너지를 보낼 때 그 장기의 에너지와 속성도 내적으로 느껴보라.

❹ 이제 손바닥으로 가슴 전체를 가볍게 압박한 채 미세하게 진동을 준다.

상하로 미세하게 떨어주며 유쾌한 파동이 온몸으로 퍼져나가는 것을 느껴보라.

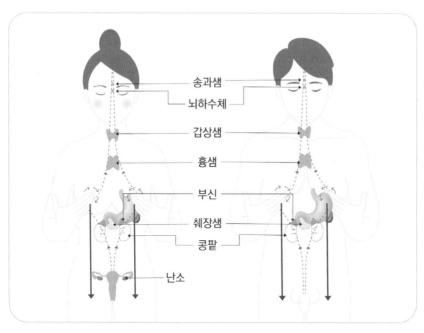

유두 마사지를 통해 생성된 흥분에너지로 난소와 정소,
췌장샘, 부신, 흉샘, 갑상샘, 뇌하수체, 송과샘의 각 내분비샘 깨우기

• 앞에서 손으로 하는 성에너지 각성법을 자세하게 소개했다. 수련도구를 활용하면 성에너지를 더욱 강하게 깨울 수도 있다. 인간은 도구를 만들고 활용하여, 엄청난 문명을 건설하고 만물의 영장이 되지 않았던가?

• 남성은 **기역도 수련**이 강력하다. 기역도는 중량추를 페니스와 고환에 함께 매달아 성기관과 성에너지를 더욱 강하게 단련하는 훈련이다. 단순히 성기관 단련에 그치는 것이 아니라 골반의 잠자는 성에너지를 강하게 깨워주고, 몸 안의 장기까지 자극해준다.

필자는 국내 최초로 기역도를 수련하고 지도해왔다. 어느덧 20여 년이 넘어간다. 기역도 수련을 병행하면 그냥 성훈련을 하는 것보다 3배 이상의 강력하고 빠른 효과를 체험하곤 한다.

최근에는 누구나 언제 어디서나 쉽게 착용할 수 있는 **미니기역도**를 개발했다. 미니기역도는 수련 시간이 부족하거나 수련 장소가 불편한 사람들을 위한 휴대용 수련기구이다. 기역도처럼 고환과 페니스 뿌리에 착용하고 일상생활을 하면 단련되니 일반인들도 따라하기 쉽다.

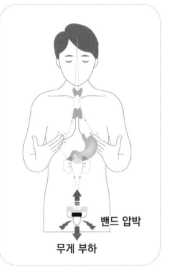

처음에는 성기관 운동이 다소 생소하게 느껴질 수도 있다. 하지만 단 며칠이라도 따라 해 보면 성기관 운동이 다른 어떤 운동보다 효과적으로 당신의 성에너지를 깨우고 성기능을 개선시켜 준다는 사실을 반드시 체험하게 된다.

밴드 압박

무게 부하

• 여성은 **(트윈)은방울 수련**이 편리하고 효과적이다. 은방울은 재질을 항균 효과가 큰 은으로 하고 그 내부에 스프링을 장착하여 자연스러운 미세한 진동이 유발되도록 고안한 **자율진동 케겔운동기구**이다. 은방울을 질내에 삽입하고 걷거나 골반운동을 하는 것만으로도 여성 성기관과 골반에 유익한 수많은 반응들이 유발된다. 바로 은방울의 진동이 여성의 질과 골반을 따뜻하게 데워주고 생명의 근원에너지인 성에너지를 미묘하게 깨워준다.

이와 같이 몸 내부에서 일어나는 자극은 몸 외부에서 가하는 자극, 이를테면 마사지나 애무, 운동, 기타 물리적 자극보다 여성에게 더욱 깊고 빠른 변화를 가져온다.

은방울을 활용하여 성에너지와 성감각이 빠르게 깨어나고 온몸이 활기로 넘쳐 나는 것을 체험해보기 바란다.

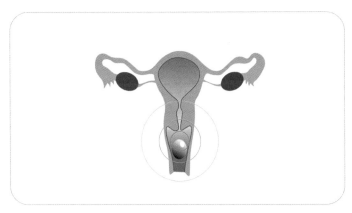

은방울의 진동이 잠자고 있는 성에너지를 깨워준다.

| 성뇌수련 2단계: 성에너지 충전하기

우리는 1단계 섹서사이즈, 성에너지근육 펌핑, 성에너지마사지로 골반의 잠자는 성에너지를 깨우는 법을 배웠다.

이제 다른 방식으로 성에너지와 성에너지감각을 각성시키고, 동시에 그 각성된 성에너지를 신체, 특히 단전에 충전하는 방법을 배워보자.

이 성뇌수련 2단계에서는 호흡을 많이 활용한다. 인체의 호흡은 자연계의 바람에 해당한다. 바람을 이용하면 불을 잘 타게 하고, 그 불기운을 다른 곳으로 쉽게 옮길 수 있다. 그러므로 **호흡을 이용하면 성에너지를 효과적으로 활성화할 수 있을 뿐 아니라 그 각성된 성에너지를 몸 전체로 고르게 순환하여 충전시킬 수 있다.**

근본적으로 호흡은 정신과 육체를 이어주는 통로이다. 특히 호흡은 심장박동수와 관계가 깊어 자신의 흥분 정도나 오르가즘을 효과적으로 조절할 수 있다. 흔히 흥분하거나 오르가즘의 절정에 도달하려 할 때 호흡은 빠르고 얕아지며 심장박동수는 증가한다. 이때 깊고 느린 호흡만 하더라도 자신의 흥분 정도를 조절하여 사정을 막고 오르가즘을 좀 더 깊고 넓게 확장할 수 있다.

호흡 훈련의 기초는 평소 의도적으로 숨을 깊고 느리게 들이쉬고 내쉬는 복식호흡부터 시작한다.

앉든 서든, 혹은 걸어가면서 하든 상관 없지만 초보자는 누워서 호흡 훈련을 하는 게 가장 편하다. 숨을 들이쉴 때 아랫배가 서서히 팽창하고, 내쉴 때 배꼽을 척추 쪽으로 당기듯이 아랫배를 당긴다. 이때 회음과 성기관이 살짝 조여 위로 당기는 느낌이 들어야 한다.

이 복식호흡을 거듭 연습하다 보면 호흡이 점차 깊어지며 느려진다. 호흡이 깊어지면 체내의 가스교환이 충분히 이뤄져 체질이 변화하고 마음도 느긋하게 변화될 것이다.

성에너지 충전호흡: 남성의 고환호흡

고환호흡이란, 말 그대로 고환을 통해 공기(에너지)를 빨아들이듯이 호흡하는 훈련이다. 이 고환호흡은, 고환으로 숨을 빨아들인다고 상상함으로써 성기관과 골반 부위의 성에너지를 활성화시켜 단전에 충전시켜 준다. 그렇다면 그 훈련의 결과는 어떠할까?

고환호흡을 오래 반복하면, 우선 성기관이 활력으로 넘치게 되어 정력이 강해지고 피로감이 없어진다. 고환호흡의 가장 강력한 효과는, 성기에 쌓인 성에너지를 단전이나 척추로 순환시켜 준다는 것이다. 골반의 성에너지를 깨워 단전에 건강에너지로 충전시키니 전신이 생기로 넘치게 된다.

성에너지가 단전에 충전되면 남성의 사정 조절력이 극적으로 향상된다. 사실 사정 욕구를 조절하는 가장 뛰어나고 효과적인 방식은, 바로 흥분한 성에너지를 성기관에서 끌어내어 몸으로 되돌리는 것이다. 사정을 충동질하는 결정적인 요소가 바로 성기관 내에서 흥분한 채로 있는 성에너지이기 때문이다. 평소 성적 압박감에 시달리는 싱글들이 이 고환호흡 수련을 한다면, 정체되어 있는 골반의 성에너지를 단전과 두뇌로 끌어올려 더욱 활력 있는 삶으로 승화시킬 수 있다.

모두 알다시피 남성의 고환은 성호르몬과 성에너지의 공장이다. 대부분의 남성들은 이곳의 성에너지를 아무 생각 없이 분출하는 데 급급하고 있다. 하지만 **이 귀중한 생명력의 보고를 단전과 두뇌로 끌어올리는 훈련을 한다면, 생식기에 과도하게 정체된 성에너지를 생기 넘치는 에너지로 전환시킬 수 있다.** 누구나 성적으로 흥분하지 않고도 언제나 이 유쾌한 오르가즘 파동을 느낄 수 있고, 그것을 통해 하루하루 더 즐거운 삶을 누릴 수 있다.

먼저 고환호흡을 할 때 고환이 호흡에 따라 오르락내리락하는 느낌에 집중한다. 이윽고 고환 혹은 꼬리뼈나 아랫배의 어떤 특정한 지점에서 따뜻하거나 혹은 찌릿찌릿하거나 꿈틀거리는 에너지를 느낄 수 있다면, 일단 성공의 첫발을 내디딘 것이다.

훈련을 거듭함에 따라 당신은 성적 압박감을 성난 호랑이 길들이듯 잠재우고, 성에너지를 즉시 몸 안으로 움직일 수도 있다는 사실을 깨닫고는 놀라게 될 것이다.

자, 이제 본격적으로 고환호흡을 따라해 보자.

1. 의자에 앉기

책상다리 자세로 바닥에 앉거나 선 자세도 괜찮지만, 초보자에게는 의자에 앉는 자세가 가장 좋다. 의자에 앉을 때에는 의자 끝에 앉아 고환과 성기가 의자 밑으로 떨어지도록 한다.

2. 준비 운동과 마사지

❶ 고환호흡을 하기 전에 먼저 골반 부위와 등뼈, 그리고 목을 풀어주는 것이

중요하다. 1단계 섹서사이즈에서 배운 천골과 두개골 펌핑인 말타기 운동과 같이, 자신이 질주하는 말 위에 앉아 있다는 상상을 하고 턱을 아래위로 까닥까닥 움직이며 골반을 앞뒤로 흔든다. 척추가 파도처럼 흔들리도록 하면서 천골, 척추, 두개골 펌프를 가동시킨다.

❷ 그다음 양손 끝으로 천골, 회음, 고환을 마사지한다. 특히 고환을 지그시 누르고 잡아당기며 약간의 고동과 성에너지의 발동이 느껴질 때까지 그것을 따뜻하게 해보자.

3. 고환호흡으로 단전에 성에너지(氣) 충전하기

❶ 이제 고환으로 호흡하기 시작한다. 고환으로 숨을 들이쉬며 고환의 성에너지를 끌어내 회음과 항문, 그리고 미골, 명문(배꼽 반대편)으로 이동시킨다는 상상을 한다. 숨을 들이마시면서 고환, 회음, 항문 주위의 근육을 가볍게 팽창한다. 이때 고환을 통해 성에너지를 명문까지 홀짝홀짝 마시고 있는 모습을 상상해 본다.

❷ 다시 숨을 내쉴 때 성근육과 복부를 가볍게 수축하며 배꼽 안쪽으로 원을 그리며 성에너지를 단전에 감아 저장한다고 상상한다. 숨을 내쉴 때는 배꼽과 고환, 회음, 항문 주위의 근육을 가볍게 수축하며, 당신의 의식은 성에너지로 충전되는 배꼽 안쪽의 단전에 집중한다.

❸ 회음이나 꼬리뼈, 단전 부위가 따뜻해지고 꿈틀거리는 감각이 생길 때까지 약 10분 간 이 호흡을 반복한다.
단전에 성에너지가 쌓이며 따뜻하거나 혹은 찌릿찌릿하거나 꿈틀거리는 에너지 감각이 생길 것이다. 동시에 성에너지를 몸 위쪽으로 끌어 올리는 강력한 관성이 당신도 모르는 사이에 몸에 배게 될 것이다.

4. 배꼽에 에너지를 모으고 끝내기

이제 양 손바닥을 겹쳐 배꼽 위에 올려놓고 배꼽 안쪽에 편안하게 집중한다. 배꼽 안쪽이 따뜻해지며 단전으로 에너지가 모이는 것을 상상한다.

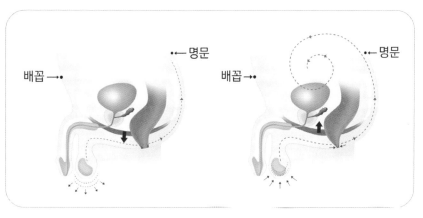

고환의 성에너지를 끌어내어 항문, 그리고 미골, 명문(배꼽 반대편)으로 이동시킨 후,
내쉴 때 배꼽과 항문을 수축하며 에너지를 단전에 감아 압축시킨다.

성에너지 충전호흡: 여성의 질호흡

**질호흡이란, 남성과 마찬가지로 질을 포함한 성기관을 통해 공기(에너
지)를 빨아들이듯이 호흡하는 훈련이다.** 이 질호흡은 여성의 성기관과 골
반 부위를 에너지로 충만하게 만들고 잠자고 있던 성신경들을 깨워준다.
그 결과 질과 자궁을 포함한 성기관이 따뜻해지고 부드러워지며 또 더욱
민감해진다.

이뿐 아니라 질호흡은 생리통과 생리불순 등 여성 생식기 문제를 해소
하는 데에도 큰 도움이 된다. 생식기 주변에 정체된 에너지와 혈액을 몸
전체로 순환시켜 주기 때문에, 심한 생리통의 경우도 1주일만 실행하면
많이 감소하는 효과를 볼 수 있다.

하지만 뭐니 뭐니 해도 질호흡의 가장 큰 장점은, 질과 자궁의 충만된
성에너지로 말미암아 섹스 중 빠르게 달아올라 오르가즘에 쉽게 도달하

고, 한층 더 강렬해진 오르가즘을 누릴 수 있게 된다는 것이다.

　다음의 간단한 훈련을 통해, 성적으로 흥분하지 않더라도 언제나 이 유쾌한 파동을 골반과 온몸으로 체험하기 바란다.

1. 의자에 앉기

　책상다리 자세로 바닥에 앉거나 선 자세도 괜찮지만, 초보자는 의자에 앉는 자세가 가장 좋다. 의자에 앉을 때에는 의자 끝에 걸터앉아 성기가 개방되도록 한다.

2. 준비 운동과 마사지

❶ 우선 골반 부위와 등뼈, 그리고 목을 풀어주는 준비 운동이 중요하다. 1단계 섹서사이즈에서 배운 천골과 두개골 펌핑인 말타기 운동과 같이 자신이 질주하는 말 위에 앉아 있다는 상상을 하고 턱을 아래위로 까닥까닥 움직이며 골반을 앞뒤로 흔든다. 척추가 파도처럼 흔들리도록 하면서 천골, 척추, 두개골 펌프를 가동시킨다.

❷ 그다음 양손 끝으로 천골, 회음, 난소를 마사지한다.

3. 질호흡으로 단전에 성에너지(氣) 충전하기

❶ 이제 질로 호흡하기 시작한다. 숨을 들이쉴 때 질과 난소에서 성에너지를 끌어내어 회음과 항문 그리고 미골, 명문(배꼽 반대편)으로 끌어 올린다. 숨을 들이마시면서 복부와 질, 골반을 천천히 팽창한다. 이때 질을 통해 성에너지를 명문까지 홀짝홀짝 마시고 있는 모습을 상상해 본다.

❷ 다시 숨을 내쉴 때 성근육과 복부를 가볍게 수축하며 배꼽 안쪽으로 원을 그리며 성에너지를 단전에 감아 저장한다고 상상한다. 숨을 내쉴 때 배꼽과 질, 항문 주위의 근육을 가볍게 수축하되 당신의 의식은 성에너지로 충전되는 배꼽 안쪽 단전에 집중한다.

❸ 단전 부위가 따뜻해지고 꿈틀거리는 감각이 생길 때까지 약 10분간 이 호흡을 반복한다.

호흡에 따라 배꼽과 성기관을 가볍게 팽창했다가 수축하기를 계속해야 한다. 단전에 성에너지가 쌓이며 따뜻하거나 혹은 찌릿찌릿하거나 꿈틀거리는 에너지 감각이 생길 것이다. 또한 자신도 모르는 사이에 성에너지를 몸 안과 위쪽으로 끌어올리는 강력한 관성이 몸에 배게 된다.

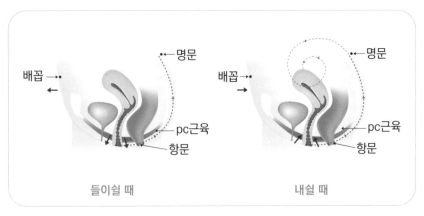

숨을 들이쉴 때 질과 난소에서 성에너지를 끌어내어 회음과 항문 그리고
미골, 명문(배꼽 반대편)으로 끌어 올린 후, 다시 숨을 내쉴 때 성근육과 복부를
가볍게 수축하며 배꼽 안쪽으로 원을 그리며 성에너지를 단전에 감아 저장한다.

4. 배꼽에 에너지를 모으고 끝내기

이제 양 손바닥을 겹쳐 배꼽 위에 올려놓고 배꼽 안쪽에 의식을 놓고 편안하게 집중한다. 배꼽 안쪽이 따뜻해지며 단전으로 에너지가 모이는 것을 상상한다.

• 성에너지를 척추를 통해 두뇌까지 올리고 다시 몸 앞쪽으로 내리는 수련은, 〈성에너지 순환호흡〉에서 더욱 자세히 소개할 것이다. 하지만 여기에 소개한 성에너지 충전호흡만이라도 꾸준히 수행하면, 결국 척추 전체와 두뇌까지 성에너지가 상승하는 것을 느끼게 될 것이다.

| 성뇌수련 3단계: 성에너지 순환하기

앞의 성에너지 충전호흡이 성기관과 단전을 충전시키는 호흡이라면, 성에너지 순환호흡은 흥분된 성에너지를 성기관에서부터 온몸으로 순환하는 호흡이다.

성에너지 순환호흡은 모든 단계의 요소들을 활용하기 때문에 이제까지 실시한 모든 단계의 훈련을 숙지해야 한다. 만약 낭신이 전 단계의 훈련에 익숙하지 않다면, 먼저 2주 정도 그 훈련들을 다시 실행한 다음 이 장의 훈련을 시작하길 바란다.

과연 성기에 국한된 국소적인 짧은 오르가즘을, 어떻게 몸 전체로 퍼지는 영적 황홀경의 상태로 바꿀 수 있을까? **이 훈련의 열쇠는 성기에서 발생한 오르가즘에너지를 밖으로 분출하지 않고 몸의 안쪽 그리고 위쪽으로 끌어올리는 데 있다.** 쉽게 말하면 성기관의 흥분감각을 밖으로 발산하지 않고 몸 전체로 순환시켜야 한다. 성에너지를 몸 전체로 순환시키면 시킬수록, 에너지의 연금술이 일어나 고차원의 에너지로 변성된다.

물론 이 에너지는 결코 마구잡이로 끌어올리거나 순환시키는 것이 아니다. 먼저 몸의 에너지 순환회로를 잘 이해하고 성에너지를 순환시키는 방법을 정확히 터득해야 한다.

인체에는 에너지가 흐르는 회로가 무수히 존재한다. 이들 중 가장 중요한 에너지 순환 회로가 소주천 회로(독맥과 임맥)이다. 대우주의 순환구조를 닮았다고 하여 소주천(小周天) 회로라고 한다. 이 소주천 회로는 성

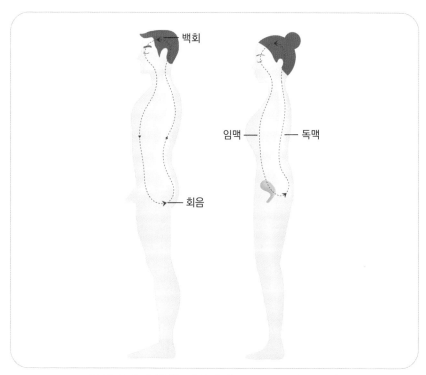

성에너지 순환회로(임맥과 독맥: 소주천 회로)

기관과 회음에서 올라와 척추를 통해 머리로 올라간 다음, 혀와 몸의 앞부분을 통해 배꼽으로 내려가고, 다시 성기관으로 돌아가는 일종의 순환 서클을 이루고 있다. 바로 이 소주천 통로가 성에너지를 순환시키는 가장 기본적인 회로이다.

성에너지를 에너지 회로로 순환시킬 수만 있다면, 오르가즘을 자유자재로 조절할 수 있음은 물론 그 오르가즘을 몸 전체로 확장시켜 몽환의식과 황홀경까지 도달하게 된다. 그야말로 성에너지 순환은 에너지의 연금술을 일으키는 핵심 비법인 셈이다.

성에너지 순환호흡은 성에너지근육 펌핑, 천골과 두개골 펌핑, 호흡 등의 말고삐를 활용하여 오르가즘에너지를 효율적으로 다스리고 순환시킨다. 약간의 훈련만 하면 달리는 말을 말고삐로 조련하듯이 쉽게 성적 욕망을 다스려, 원하는 방향으로 성에너지의 연금술을 달성하게 될 것이다.

성에너지 순환호흡: 빅드로

성에너지 순환호흡은 성에너지를 소주천 회로를 통해 순환시키는 수련이다.

소주천 회로는 신체 뒷면으로 척추를 지나고 앞면으로는 주요한 내분비샘들을 지난다. 무엇보다도 '성에너지 순환호흡'은 소주천 회로를 순환하여 척추신경들과 내분비샘들의 기능을 건강하게 만들어주는 효과가 크다.

하지만 성에너지 순환호흡의 가장 강력한 효과는, 성기에 쌓인 성에너지를 전신으로 순환시켜 주어 성욕을 자유자재로 조절하며 몸 전체의 에너지오르가즘 파동을 누릴 수 있게 해준다는 것이다. 성에너지를 소주천 회로로 순환시킬 수만 있다면, 오르가즘을 자유자재로 조절할 수 있음은 물론 그 오르가즘을 몸 전체로 확장시켜 그야말로 반복적이고 오래 지속되는 환상적인 체험을 하게 된다.

자, 이제 본격적으로 성에너지 순환호흡, 빅드로를 따라해 보자.

1. 앉거나 누운 자세 취하기

책상다리 자세로 바닥에 앉거나 선 자세도 괜찮지만, 초보자에게는 의자에 앉는 자세가 가장 좋다. 의자에 앉을 때에는 의자 끝에 앉아 고환과 성기가 의자 밑으로 떨어지도록 한다.

초보자라면 편안하게 누운 자세가 집중하기 용이할 것이다.

2. 준비운동과 마사지로 흥분에너지 깨우기

❶ 빅드로를 실시하기 전에 먼저 골반 부위와 등뼈, 그리고 목을 풀어 주는 것이 중요하다.

1단계 섹서사이즈에서 배운 천골과 두개골 펌핑인 말타기 운동과 같이, 자신이 질주하는 말 위에 앉아 있다는 상상을 하고 턱을 아래위로 까닥까닥 움직이며 골반을 앞뒤로 흔든다. 척추가 파도처럼 흔들리도록 하면서 천골, 척추, 두개골 펌프를 가동시킨다.

❷ 남성은 회음과 고환을 가볍게 마사지하고, 여성은 양쪽 유방을 원형으로 마사지하며 성에너지를 깨우기 시작한다.

그다음 남성은 페니스를 마사지하고, 여성은 아랫배 양쪽의 난소와 치골, 대소음순, 음핵 등을 마사지하며 성적 흥분에너지를 일깨운다.

3. 항문과 질을 꼬리뼈 쪽으로 당겨 올리며 빅드로 실시하기

❶ 성에너지 백회로 끌어올리기

회음의 성에너지를 끌어올릴 때는 실제로 다음의 네 동작을 동시에 행한다. 자동차를 운전할 때 팔과 다리, 두뇌를 동시에 쓰는 이치와 같다고 생각하면 쉬울 것이다.

ㄱ. 성근육 펌프와 회음 펌프 가동하기

숨을 천천히 들이쉬면서 꼬리뼈를 앞으로 기울이며 성근육(남성은 항문, 여성은 질 위주)을 꼬리뼈와 척추로 강하게 당겨 올린다.

ㄴ. 두개골 펌프 가동하기

동시에 혀끝으로 입천장을 압박하고 어금니를 다물며 턱은 목 쪽으로 당긴다.

ㄷ. 팔목 펌프 가동하기

그리고 주먹을 쥐고 팔목을 힘차게 꺾어 팔목 펌프를 가동시킨다.

ㄹ. 독맥을 따라 숨 들이쉬며 눈 굴려주기

이 펌프 동작과 함께 에너지통로를 따라 천천히 숨을 들이쉬며, 눈도 굴려주어 성기관의 흥분에너지가 상승하도록 도와준다. 꼬리뼈와 천골, 척추를 띠리 정수리까지 호흡하미 집중한다.

❷ 숨 내쉬며 성에너지를 임맥으로 내리기

그다음, 이어서 숨을 천천히 내쉬며 혀끝을 구개부에 밀착하고 에너지가 임맥을 통해 미간에서 코, 혀, 목, 가슴, 배꼽, 성기, 그리고 회음까지 내려가도록 한다. 요령은 끌어올릴 때와 마찬가지로 호흡을 따라 눈의 시선을 굴리며 마음으로 에너지를 인도한다.

❸ 성에너지를 뒷면으로 끌어올리고 앞면으로 내리는 ❶과 ❷ 과정을 3~9회 반복한다. 제대로 성에너지가 순환했다면 발기력과 성적 흥분이 현저히 줄어들 것이다.

빅드로를 반복하면 회음에 따뜻한 감각이나 고동이 느껴질 것이다. 성에너지가 소주천 회로를 따라 순환함에 따라 독맥과 임맥이 뻥 뚫리는 느낌이나 온열감, 혹은 전기감 같은 감각도 생긴다. 처음에는 느낌이 약하겠지만 빅드로를 꾸준히 수행하면, 결국 소주천 회로를 따라 성에너지가 순환하는 것을 느끼게 될 것이다.

4. 배꼽에 에너지를 모으고 끝내기

이제 양 손바닥을 겹쳐 배꼽 위에 올려놓고 배꼽 안쪽에 편안하게 집중한다. 배꼽 안쪽이 따뜻해지며 단전으로 에너지가 모이는 것을 상상한다.

혀로 구개부를 압박하면
두정골이 각성된다.

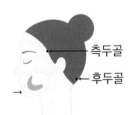

어금니를 꽉 다물면 측두골이,
아래턱을 당기면 후두골이
각성된다.

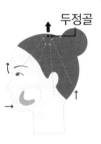

눈은 백회를
집중한다.

두개골 펌프 가동하기

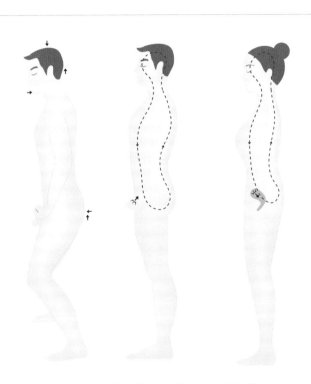

항문(남성)과 질(여성)을 당겨 올리며 성에너지를
독맥으로 끌어올린 후 임맥으로 내린다.
(의자에 앉거나 누운 자세에서도 똑같이 수련이 가능하다)

- 빅드로는 성에너지가 흥분되지 않은 상태에서 수련해도 좋다. 하지만 흥분된 상태에서는 더욱 강하게 에너지가 느껴질 것이며, 빅드로를 3회 정도 실시하면 성에너지가 순환되어 발기력과 골반의 흥분감이 극적으로 떨어질 것이다. 발기력과 골반의 흥분감이 떨어지면, 다시 성적 자극을 행한 후 빅드로를 9회 정도 반복한다. 이렇게 흥분시키고 흥분을 떨어뜨리는 전 과정을 9회 실시하니 빅드로는 총 27회 정도 하게 된다.

- 빅드로 과정에는 성에너지근육 펌핑, 천골과 두개골 펌핑, 호흡 등 지금까지 배운 수련법이 거의 모두 포함되었다. 그러므로 빅드로를 꾸준히 수련할 정도가 되면 앞의 수련법들은 줄여도 좋다.
  빅드로 수련을 거듭하면 정신력과 성에너지근육의 미세한 조임만으로도 성에너지를 머리로 끌어올릴 수 있게 될 것이다. 궁극적으로 성에너지가 흥분되면 저절로 돌아가는 경지까지 체험하게 된다.

- 수련을 끝낼 때는 항상 배꼽 안쪽에 편안하게 집중함으로써 에너지를 배꼽 안쪽으로 저장하는 것이 중요하다. 성에너지를 위로 끌어올리기만 하고 밑으로 내리지 않으면, 에너지가 가슴이나 두뇌에 정체되는 현상인 상기증(쿤달리니 신드롬: 두통, 두중감, 정신착란, 가슴 답답증 유발) 등의 부작용을 일으킬 수 있기 때문이다.
  또 빅드로 과정에서 성에너지근육과 골반, 복부에만 힘을 넣고 상체는 늘 편안하게 이완한다. 상체를 긴장하면 역시 에너지가 상기되기 쉽다.

- 훈련 중 상기증 처방
  두뇌에 과도한 에너지가 정체되어 불면증, 귀울림, 가슴 두근거림, 두통이 느껴지면 두뇌 속에서 눈 운동을 실시한다. 눈과 의념으로 두뇌의 에너지를 좌우 방향으로 10회씩 돌리는 눈 운동은 두뇌의 정체를 빠르게 해소해 준다.

팔팔하게! 복뇌수련

신체에너지 연금술

이제 복뇌수련을 공부해보자. **복뇌란 인간의 두 번째 방인 복강의 장기를 중심으로 한 물리적 신체 전체를 말한다.** 성뇌가 인간의 첫 번째 방인 골반의 성기관을 중심으로 하여 신체 전반의 성기능을 의미했듯이.

복뇌는 힘과 활력의 신체에너지를 만들어낸다. 성에너지가 생명과 물질을 만들어내는 근원적인 창조에너지라면, 신체에너지는 몸과 물질세계를 움직이고 표현하는 토대이다.

신체에너지가 왕성하면 몸이 건강하고 선천 성질인 '동작(자동自動)'과 후천 성질인 '행동(의동意動)'이 건전하게 작동되고 표현된다. 반면 신체에너지가 약해지면 행동이나 자세가 흐트러지고 신체 곳곳에 통증이나 염증, 긴장 등의 불편한 급성 증세가 생기기 시작한다. 이런 급성 증세가 오래 반복되면 선천 요소인 자율신경 기능까지 균형이 깨져 장기의 기능이 망가지고 만성병으로 깊어진다.

만성병은 보통 급성 증세가 10~20년 이상 반복되어 나타난다. 그러므로 급성 증세가 나타났을 때 신체에너지를 관리하여 건강을 빠르게 회복하는 노력이 필요하다. 만성병으로 이전된 후 건강을 회복하려면 10배 이상의 노력과 시간을 투자해야 한다.

그래서 동양의학에서도 "상의(上醫)는 아직 생기지 않은 병을 다스리고, 중의(中醫)는 바야흐로 생기려고 하는 병을 미연에 다스리고, 하의(下醫)는 이미 생긴 병을 다스린다."라고 예방의학을 강조했다.

건강은 건강할 때 지켜야 한다. 인간의 가장 귀중하고 큰 재산은 바로 건강이다. 건강의 가치는 대통령의 벼슬자리나 온 세상의 재보를 합친 것보다 낫다. 이런 말이 있지 않은가. "돈을 잃은 것은 조금 잃은 것이고, 명예를 잃은 것은 많이 잃은 것이다. 그리고 건강을 잃은 것은 모두를 다 잃은 것이다."

그런데 왜 이처럼 귀중한 건강은 소홀히 여기고 오히려 이 건강을 희생하여 돈을 모으고 명예를 얻는 일에만 열중하는가? 진정 어떤 이익을 얻기 위해 건강을 해치는 것보다 더욱 어리석은 행위는 없다. 자신의 건강에 대한 투자만큼 고수익을 내는 것은 없다. 중국의 사서삼경 중 하나인 「대학(大學)」에는 이런 말이 있다.

"어진 사람은 재물로써 내 몸을 일으키지만, 어질지 못한 사람은 몸으로써 재물을 일으킨다."

[仁者 以財發身 不仁者 以身發財]
－「대학(大學)」

건강한 신체에 건전한 정신이 머문다고 했다. 「신약성서」(고린도전서 3:16~17)에서도 "인간의 몸은 하나님의 성령이 거하는 하나님의 성전이라 하며 거룩하게 가꾸어야 한다"고 했다. 정신이 아무리 고매하다고 하더라도 신체가 망가지면 제대로 기능할 수 없다. 사실 몸과 영혼은 표현하는 양식만 다를 뿐 따로 존재하지 않는다. 몸은 보이는 영혼이요, 영혼은 보이지 않는 몸이다.

신체에너지 연금술은 신체를 황금처럼 단련하여 건강과 장수를 누리고, 궁극적으로는 유토피아의 몸신을 만들어준다. 유토피아의 몸신은 건강체질을 넘어 영성체질이나 신선체질로 거듭나는 것이다. 영성체질은 그야말로 '젖(호르몬)과 꿀(감로)이 흐르는 몸'으로 황홀한 유토피아를 체험하는 몸이다.

'젖과 꿀이 흐르는 땅'은 그 어디에도 없다. 당신 자신이 '젖과 꿀이 흐르는 몸'이 되지 않는 한! 영국의 철학자·수필가인 F.베이컨은 "건강한 몸은 정신의 사랑방이며 병든 몸은 감옥이다."라고 간파했다. 병든 몸을 가지고 유토피아에 들어간들 그곳이 감옥으로 변하고 말 것이다.

자, 이제부터 신체에너지 연금술을 통해 유토피아의 몸신에 도전해보자!

복뇌수련의 원리와 단계

신체에너지 연금술은 어떻게 일어나는가?

복뇌를 가장 직접적으로 충족시키고 깨우는 도깨비방망이 자극은 섭생과 물리적 움직임이다. 더욱 구체적으로는 음식, 운동, 물리적 자극 등이 복뇌의 충족 양식이다. 우리는 복뇌에 대한 적절한 자극을 통해 복뇌 수준을 무한이 발전시킬 수 있다.

먼저 **복뇌수련의 단계 역시 성뇌와 마찬가지로 '3승9단계(三乘九段階)'로 구분할 수 있다.**

우선 3승(三乘)의 **하승(下乘)**은 9단계(九段階) 중 하위 3단계까지로 비교적 건강하지 못한 음체질 상태이다. 90% 이상의 사람이 여기에 속한다.

중승(中乘)은 4~6단계로 경쾌하고 건강한 에너지체질 상태이다. 약 8%의 사람에 여기에 속하는데 병이 없고 아주 가볍고 유쾌한 건강 상태를 지녔다.

상승(上乘)은 7~9단계로 '보이는 영체'라 할 정도로 맑고 신성한 몸을 지녔고, 직관과 예지, 통찰 등의 영적 체험 속에서 살아간다.

다시 9단계로 건강 수준을 좀 더 자세히 기술해보겠다. 이 기준을 참고하여 자신의 건강 수준을 판단하여 더 높은 수준의 목표를 잡기 바란다.

1단계는 의존적 신체를 지닌 '의존체질' 유형이다. 1단계 건강 수준은 홀로 의식주를 해결하지 못하는 거동이 불편한 중환자들이다. 이들은 이동하기, 식사하기, 화장실 가기, 목욕하기, 옷 입기 등의 일상생활을 타인의 도움에 의존한다. 사망하기 전에 평균 7~8년을 이런 의존적 상태로 살아간다고 한다. 현재 평균 수명이 83세 정도이니 약 75세부터는 의존적 신체로 여생을 보낸다는 것이다. 추정컨대 의존체질은 전체 인구의 약 5% 정도를 차지하는 것으로 보인다.

복뇌수련의 최소 목표는 의존체질로 살아가는 기간을 최대로 줄이는 것이다. 복뇌수련의 중간 목표는 우스갯소리로 '구구팔팔복상사'라고 할 정도로 건강상태를 최대한 누리며 고통 없이 생을 마감하는 것이다.

복뇌수련의 최대 목표는 역시 영성체질로 거듭나 깨달음의 궁극적 체험을 통해 생사를 초탈하는 것이다.

2단계는 몇 가지 질병 상태를 지닌 '병체질' 유형이다. 2단계 건강 수준은 한두 가지 이상의 만성병을 앓고 있는 쇠약한 신체를 지닌 사람들이다. 2단계 병체질은 전체 인구의 약 65% 정도를 차지하는 것으로 보인다.

65세 이상의 노인이 될수록 암, 심장병, 폐렴, 뇌졸중, 당뇨병, 고혈압 등의 만성병을 앓는 비율이 높아진다. 만성병이 하나도 없는 노인은 불과 10%도 되지 않으며, 3개 이상의 만성질환을 함께 앓고 있는 경우도 50%나 된다.

수명이 늘어날수록 만성질환자들은 더욱 증가하고 있다. 이로 인한 엄청난 의료비 지출이 환자와 가족들을 괴롭힐 뿐만 아니라, 늘어만 가는 국가적 의료비가 재난으로 예고되고 있다.

사실 만성병은 의료비 지출의 고통 이전에 질병 그 자체가 삶의 질을 크게 떨어뜨린다. 그리고 만성병으로 인한 사망률이 전체 사망자의 반 이상을 차지할 정도로 치명적이다. 우리나라만 보더라도 암으로 하루 약 217명 정도가 죽는다. 그야말로 암은 공포 그 자체이다.

만성병 시대를 맞아 국가에서 만성병 관리에 박차를 가하는 움직임이 일고 있다. 하지만 병과 병의 고통은 관리만으로 줄어들지 않는다. 현대의학의 눈부신 발전과 최첨단 치료법의 개발과 보급에도 불구하고 각종 난치병, 만성병 환자들의 수가 날로 증가하고 있지 않은가? 앞에서도 강조했듯이 현대의학의 응급처방 이전에 예방 차원의 건강관리를 하는 지혜와 노력이 절실하다.

3단계는 병은 없으나 그다지 건강하지 않는 '미병의 음체질' 유형이다. 3단계 건강 수준은 아직 겉으로 병이 심각하게 드러나지는 않았지만 속으로 잠복하고 있어 건강한 상태는 아니다. 이 미병의 음체질은 소소하게 아프거나 불편한 부위는 있으나 심각한 정도는 아니므로 살아가는 데 문제는 없다.

3단계 건강 수준은 전체 인구의 약 20% 정도를 차지하는 것으로 보인다.

4단계는 '건강한 양체질' 유형이다. 4단계 건강 수준은 건강에 아주 자신할 수 있는 상태로서, 전체 인구의 약 6% 정도를 차지한다.

이 건강한 양체질에서는 가끔은 다소 불편한 부위가 느껴지나 평소 활력과 생기가 넘치는 삶을 살아간다. 바쁜 생활과 스트레스 상황으로 피곤과 에너지 소진이 느껴지더라도 수면이나 휴식을 통해 이내 활력을 회복한다. 이런 4단계 건강 수준에만 도달해도 삶 자체가 가볍고 즐거워짐을 느끼게 된다.

5단계는 '건강한 에너지체질' 유형이다. 5단계 건강 수준은 몸이 에너지체질로 변화되기 시작하여 아주 경쾌하고 유쾌해진다. 전체 인구의 약 3% 정도를 차지하는 것으로 보인다. 이 정도 건강 수준에 이르면 1%의 부자들이나 권력자들 부럽지 않을 정도로 삶이 행복하다.

6단계는 '완전건강 에너지체질' 유형이다. 6단계 건강 수준은 에너지체질로 화하여 무한 재생의 완전건강 체질에 도달한다. 건강에 특별한 노력을 기울이는 이나 극기의 수련자들이 극소수 성취하는 단계이다. 전체 인구의 약 0.5% 정도를 차지하는 것으로 보인다.

7~9단계는 극소수만이 도달하는 '무중력의 영성체질' 유형이다. 이 단계에서는 몸의 무게가 느껴지지 않을 정도로 몸 자체가 무아지경 상태에 빠진다. 걸을 때 발과 다리가 사라진 것처럼 구름 위를 둥둥 떠다니는 듯, 무중력 상태로 비상하는 느낌을 받는다.

몸이 경쾌한 에너지체를 넘어 황홀경이나 신성을 체험하기 쉬운 영성체질, 즉 신선체질로 변모되는 것이다. 신체가 '보이는 영체'가 되어 직관과 예지, 통찰 등의 영적 체험 속에서 살아간다. 입에는 늘 단침(감로)이 고이고, 전신은 엔돌핀이나 멜라토닌, 도파민 같은 마약성 호르몬과 피놀린, DMT 같은 영성 호르몬으로 가득 찬다. 그야말로 '젖(호르몬)과 꿀(감로)이 흐르는 몸'으로, 황홀한 유토피아를 체험하는 몸신이다.

7단계는 무중력의 영성체질이 시작되는 단계, **8단계**는 영성체질이 더욱 성숙되는 단계, **9단계**는 영성체질의 완성 단계이다.

지금까지 보듯이 당신은 신체에너지 연금술로 건강과 장수를 넘어, 궁극에는 유토피아의 몸신에 이를 수 있다. 이렇듯 깨달음의 길은 신체 단련을 통해서도 갈 수 있다. 정상으로 가는 길은 수없이 많다.

자, 이제부터 복뇌수련을 몸소 실천해볼 차례이다!

건강 잠재력과 복뇌수련의 단계

3승	9단계		건강 수준	건강과 체질 상태	비율
하승下乘	1단계	음체질	의손체질	홀로 의식주를 해결하지 못하는 거동이 불편한 상태 사망 전 평균 7~8년 동안 의존석 상태로 살아간다	5%
	2단계		병체질	한두 가지 이상의 만성병을 앓고 있는 쇠약한 신체를 지님	65%
	3단계		미병의 음체질	아직 겉으로 병이 심각하게 드러나지는 않았지만 속으로 잠복하고 있어 건강한 상태는 아님	20%
중승中乘	4단계	에너지체질	건강한 양체질	건강에 아주 자신할 수 있는 상태로서, 가끔은 다소 불편한 부위가 느껴지나 평소 활력과 생기가 넘치는 삶을 살아감	6%
	5단계		건강한 에너지체질	몸이 에너지체질로 변화되기 시작하여 아주 경쾌하고 유쾌해진 상태	3%
	6단계		완전건강 에너지체질	에너지체질로 화하여 무한 재생의 완전건강 체질에 도달	0.5%
상승上乘	7단계	영성체질	무중력 영성체질	몸의 무게가 느껴지지 않을 정도로 몸 자체가 무아지경 상태에 빠짐 몸이 경쾌한 에너지체를 넘어 영적 황홀경이나 신성을 체험하기 쉬운 영성체질로 변모되기 시작	0.05%
	8단계		영성체질 양태	영성체질이 더욱 성숙되는 단계	극소수
	9단계		영성체질 완성	영성체질의 완성 단계	극소수

복뇌수련 따라하기

복뇌 수련은 **복뇌이완 - 복뇌강화 - 복뇌각성**이라는 **신체에너지 연금술의 3단계 원리**에 따라 실천한다. 신체에너지를 변용하려면, 먼저 긴장되고 경직된 신체를 이완하고 강화한 후, 궁극적으로 신체의 감각을 살리고 신체의 지성을 깨워야 한다.

복뇌수련의 기초이자 핵심은 복강과 5장6부를 다스리는 장운동과 마사지법이다. 이에 대한 셀프 건강법은 「기적의 복뇌건강법」, 뱃살다이어트와 피부미용 활용법은 「뱃속다이어트 장기마사지」, 서로 해주는 요법은 「배마사지 30분」 등, 필자의 다른 저서에 이미 자세히 소개했다.

여기서는 앞의 저서에서 소개한 내용의 핵심과 함께 몸신으로 거듭나는 수련을 더욱 자세히 소개하겠다.

복뇌수련은 4브레인 수련 중 가장 기본적인 과정에 속한다. **신체가 건강하면 이를 토대로 성뇌수련, 그리고 심뇌수련과 두뇌수련이 한결 수월해진다.**

복뇌수련을 생활건강법으로 삼고 평생 동안 꾸준히 실천하기 바란다. 처음 시작하는 사람이라면, 먼저 복뇌수련을 몸에 익히고 습관으로 만들기 위해 특별히 목표와 기간을 정해놓고 시작하기 바란다.

예를 들어, 우선 자신의 경미한 증상을 개선하는 목표를 잡아 1개월 동안 실천해본다. 그 다음 좀 더 심각한 증상을 개선하는 데는 3개월 정도의 목표를 잡는다. 이런 식으로 복뇌수련이 습관화되고 몸의 불편한 증상들이 개선되면 복뇌수련의 상위 단계를 목표로 삼아 계속 체득해 나간다.

이제부터 신체에너지 연금술을 위한 복뇌수련을 단계별로 실천해 보자.

복뇌수련 단계	복뇌수련법	복뇌 수련도구
1단계: 복뇌이완	셀프 장기마사지	배푸리, 목푸리, 맥뚜리, 철삼봉
	배푸리와 목푸리, 맥뚜리	
	이완 타오기공체조	
2단계: 복뇌강화	강화 타오기공체조	
	철삼봉 두드리기	
3단계: 복뇌각성	철삼기공	
	에너지체질 자연섭생법	

| 복뇌수련 1단계: 복뇌이완

복뇌수련의 첫 번째 과정은 주로 신체를 푸는 데 중점을 둔다. 특히 몸의 중심이자 뿌리인 배와 장을 많이 풀어야 한다. 장은 소화와 흡수, 배설 과정에서 독소가 쉽게 쌓이는 부위다. 복뇌는 스트레스에 민감하게 반응하여 다른 부위보다 쉽게 긴장되고 굳어지는 곳이기도 하다. 그러므로 배를 먼저 풀어야 긴장되고 막힌 신체가 원활하게 소통되기 시작한다.

신체를 효과적으로 이완시키는 방법은 크게 세 가지 방법으로 나누어진다. 첫 번째는 기가 듬뿍 담긴 약손으로 복뇌를 직접 마사지하여 푸는 '셀프 장기마사지'다. 두 번째는 배푸리와 목푸리, 맥뚜리라는 간편한 도구로 신체를 이완시킨다. 세 번째는 신체를 효과적으로 푸는 타오기공체조이다.

셀프 장기마사지

셀프 장기마사지는 자신의 손으로 배와 장기를 빠르게 푸는 요법이다. 문지르고 주무르고 누르는 방법은 동서양을 막론하고 인류가 시작된 이래 가장 많이 애용해온 건강법이며, 본능에 가까운 치유술이다.

장기마사지는 오장육부를 직접 자극하여 독소를 말끔히 몰아내고, 복뇌의 자율신경과 호르몬 기능, 면역력을 강력하게 증진시켜 주어 신체의 회복력과 자연치유력을 살려준다.

또한 장기마사지는 복뇌와 단전을 빠르게 깨워주고, 이렇게 각성된 복뇌를 통해 두뇌의 간뇌와 시상하부가 작동하면 직관력, 심지어 영적인 능력까지 개발된다. 그리고 장의 신경은 성신경과도 밀접한 관계가 있기 때문에 복뇌를 마사지하면, 확실히 정력이 강해지고 성뇌도 깨어난다.

배가 더부룩하고 속이 불편한 이유는 일차적으로 장내 가스압 때문이다. 장내 가스가 많이 생기고 이것이 정체되면 속이 답답해지고 더불어 두뇌도 무겁고 아프다.「동의보감」의 저자 허준 선생도 말했듯이 그야말로 '장청뇌청(腸淸腦淸)', 장이 맑아져야 뇌가 맑아진다.

기가 듬뿍 담긴 손으로 신체의 뿌리인 복뇌를 통하게 하여, 전신의 기혈순환을 촉진시키고 인체의 자연치유력을 활짝 깨워보자.

셀프 장기마사지 요령

1. 배 흔들기

❶ 편안하게 누워서 손바닥이 배에 닿도록 양손을 포개어 배꼽 위에 놓고 위아래로 가볍게 흔들어 준다.

❷ 팔에 힘을 빼고 겹쳐진 손바닥의 위치를 옮겨가며 배 전체를 흔들면서 풀어준다.

❸ 손바닥으로 만져보았을 때, 유난히 긴장되어 있거나 단단하게 뭉친 곳이 있다면 그곳을 집중적으로 흔들어 준다. 힘주어 세게 흔들지 말고, 손바닥의 기로 배를 살살 달래듯이 부드럽게 풀어준다. 배의 느낌에 따라 1~5분 정도 흔들어 주면 충분하다.

2. 복부피부 기통

복부피부 기통은 인체의 중심부인 복부피부의 긴장, 경직, 응어리들을 섬세하게 풀어내는 기법이다. 복부피부를 이완시켜 그 속에 담긴 오장육부를 편하게 만들어주며, 이 기법 자체가 위와 소장, 대장 등에도 크게 영향을 미쳐 막힌 부위를 효과적으로 뚫어 준다.

❶ 누워서 해도 좋고 앉아서 해도 좋은 동작이다. 양쪽 엄지손가락을 제외한 여덟 손가락 끝을 모아 배꼽 근처에서부터 시작하여 배 전체를 원형으로 마사지해 나간다.

❷ 누르다 보면 특별히 아프거나 뭉친 곳이 있을 것이다. 그런 부위는 잠시 멈춰서 위아래로 혹은 좌우로, 세심하게 흔들며 풀어준다.

❸ 힘으로 풀어서는 절대 안 된다. 손끝에 힘을 빼고, 힘이 아니라 손에서 나오는 좋은 에너지로 세포를 달랜다고 생각한다. 그런 마음으로 가볍게 마사지하면 굳은 부위가 더욱 쉽게 풀릴 것이다.

3. 배꼽소용돌이 마복공

문지르는 방식의 배마사지는 마복공(摩腹功)이라고 하는데 비교적 쉽다. 문지르는 방식은 손바닥의 열기를 장기에 더해주고 배를 따뜻하게 만드는 효과가 탁월하다. 마복공은 뜸이나 온열팩보다 훨씬 쉽고 빠르게 배를 따뜻하게 만들어준다.

❶ 양 손바닥을 마주 대고 1분 정도 비벼서 따뜻하게 만든다.

❷ 손바닥이 따뜻해지면, 양손을 포개거나 한 손을 배꼽 위에 얹고 시계 방향으로 원을 그리며 2~3분 정도 문지른다. 반시계 방향으로도 2~3분 정도 열이 날 정도로 문지른다.

❸ 따뜻한 손바닥과 배가 마찰해서 나오는 열기가 배꼽을 통해 장으로 들어가는 것을 느낀다. 따뜻한 기운이 배꼽의 기운을 조화롭게 안정시키고, 몸의 중심인 배꼽이 안정되면 결과적으로 몸 전체의 기운 또한 균형이 잡힌다.

주의사항

여기서 언급한 주의사항은 '복뇌수련 1단계' 전체에 해당한다. 특히 배푸리 등의 기구로 강한 자극을 할 때 유념해야 할 사항들이다.

- 심각한 심장병이 있거나 혈압이 높다면 마사지를 조심스럽게 진행한다. 복부의 큰 혈관들을 너무 강하게 누르면 혈압이나 복압이 높아져 두뇌나 심장에 무리를 줄 수 있다.
- 복부대동맥 경화증이나 복부대동맥류, 급성염증, 궤양, 종양, 전염성질환, 피부질환 부위 역시 강한 자극을 피한다. 병소는 부드럽게 문질러주거나 가볍게 두드려주는 정도가 좋으며, 그 주변을 많이 마사지해주어 간접적으로 순환을 도와주는 식으로 마사지하면 좋다.
- 임신부는, 특히 임신 초기라면 강한 자극을 금한다. 하지만 부드럽게 문질러주는 정도는 태교마사지가 되어 태아와 임신부 모두에게 아주 유익하다. 임신 개월 수에 따른 장기마사지 요령은 나의 다른 저서 「뱃속다이어트 장기마사지」를 참고하기 바란다.
- 피임기구, 맥박조정기, 인공기구(인조 복부대동맥, 인공관절 등)를 착용한 부위는 강한 자극을 금한다.
- 복뇌수련을 실천하다 보면, 특히 오랫동안 만성질환을 앓았다거나 몸이 지나치게 허약한 사람, 노약자의 경우는 심한 명현반응이 나타날 수도 있다.
  피곤함과 무기력, 어지럼증이나 메스꺼움, 구토, 설사, 가려움증, 피부발진, 몸살, 통증 등이 흔히 겪는 명현반응이다. 명현반응들이 심하면, 자극의 강도를 줄이거나 약간 휴식하여 안정을 되찾은 후에, 다시 부드럽게 마사지나 운동을 실시한다.

배푸리와 목푸리, 맥뚜리를 이용한 셀프 마사지

초보자들이나 중환자들, 노약자들은 자기 손으로 장기마사지를 하기가 힘든 경우가 많다. **이런 사람들이 장기마사지를 좀 더 쉽게 할 수 있도록 고안한 마사지 보조기구가 바로 배푸리와 목푸리, 맥뚜리이다.**

배푸리와 목푸리, 맥뚜리는 몸의 무게로 신체의 혈점들을 눌러주기 때문에 배와 신체 깊숙한 곳까지 자극이 전달된다. 특히 배푸리와 맥뚜리에는 지압막대가 달려 있어 그 막대로 각 장기를 깊숙이 정확하게 지압할 수 있다.

각 도구의 특징을 들자면, **목푸리**는 베개로 활용하며 목을 풀고 교정하는 데 탁월한 효과가 있다. 배와 신체를 부드럽게 지압하여 초심자들이 편안하게 자극하는 데 좋다. **배푸리**는 지압봉 5구를 탈부착하여 신체 곳곳을 효과적으로 지압하는 데 편리하다. **맥뚜리**는 원적외선을 다량 방출하는 맥반석 재질로, 데워서 신체 혈점 중심으로 온열 지압하는 데 탁월하다.

5구 분리형 배푸리   도리도리 목푸리   온열지압 맥뚜리

특히 잘못된 베개 때문에 목 주위의 근육이 아픈 경우가 많다. 목푸리 베개는 숙면을 돕고, 잠자는 동안 목을 이완하고 교정하려는 목적으로 개발했다. 목의 만곡을 살려주고 적당한 자극으로 굳은 목을 풀어준다.

잠은 휴식과 재생을 위한 핵심요소로, 인생의 1/3을 차지할 정도로 중요하다. 불면증, 코골이나 수면무호흡증 등의 수면장애는 삶의 질을 떨어뜨리고 심부전, 뇌졸중, 고혈압, 당뇨병, 암, 만성피로, 우울증 등의 원인이 되는 것으로 밝혀졌다.

'미인은 잠꾸러기'라는 말도 있듯이 수면의 질은 피부미용뿐만 아니라 건강과 장수의 필수조건이다. 이는 수면 중에 다량 분비되는 기적의 호르몬, 멜라토닌과도 깊은 관계가 있다. 멜라토닌은 면역계를 활성화시키고, 심장을 보호하고, 인체 고유의 항암제 역할을 하며, 최고의 항산화제이자 노화방지제 역할을 한다. 멜라토닌은 수면을 유도하기 때문에 무의식과 초능력의 세계, 영적 체험과도 관계가 깊은 물질이다. 이토록 중요한 수면의 질이 베개에 달려 있다는 사실을 간과하는 사람들이 많다.

목푸리는 원래는 숙면을 돕기 위해 고안한 것인데, 잠잘 때 외에도 사용하면 좋다는 것을 발견했다. 목푸리를 이용해 잠자리에서 배를 포함한 전신의 지압운동을 손쉽게 할 수 있다. 잠들기 전에 복뇌인 배를 풀고, 몸의 여러 부위를 지압으로 풀어주면 더욱 쾌적하게 숙면할 수 있다.

1. 목푸리로 척추 풀고 교정하기

　현대인들은 잦은 컴퓨터와 스마트폰 사용으로 몸의 균형이 깨지고 자세가 불량한 경우가 많다. 목의 C자형 만곡이 일자목이 된다든가 목이 앞으로 굽어 거북목이 되며, 이와 함께 등과 척추가 앞으로 굽어 거북등이나 라운드숄더가 되는 유형이 대표적이다.

　몸의 불균형은 신체의 아름다움을 손상시킬 뿐만 아니라 몸의 쓸데없는 과부하를 초래하고 기혈의 흐름을 방해한다. 평소 앉는 자세나 걷는 자세, 수면 자세 등을 바르게 하여 자세의 불균형을 예방하는 게 무엇보다도 중요하다.

　특히 아래의 목푸리를 이용한 등푸리는 거북목과 거북등을 교정하고 몸 전체를 스트레칭하는 데 쉬우면서도 아주 효과적인 방법이다. 하루 5분씩 잠자기 전이나 잠을 깬 후 바로 실천하여 건강하고 균형잡힌 자세를 유지하고 회복하기 바란다.

❶ 목푸리를 등 중앙, 견갑골 있는 부위에 대고 바르게 눕는다.
❷ 그 상태에서 두 팔을 머리 위로 쭉 뻗으면, 척추가 늘어나며 전신이 스트레칭되는 효과를 배가시킬 수 있다.
❸ 이 상태에서 5~10분 정도 가만히 유지하거나 발목 펌핑(p.215 참조)이나 도리도리 목 풀기 운동(p.209 참조)을 병행한다.

2. 엎드려 앞배 풀기

❶ 목푸리나 배푸리, 맥뚜리를 풀고자 하는 부위에 대고 힘을 완전히 뺀 채 2~3분간 엎드린다. 몸을 좌우나 상하로 살살 흔들면 더욱 잘 풀린다.

❷ 가만히 멈추어 길고 깊게 호흡하며 배를 깊숙이 자극한다.

❸ 배의 여러 곳을 자극할 수 있도록 목푸리나 배푸리, 맥뚜리의 위치를 바꿔가며 약 10~15분 정도 지압하면 충분하다. 보통은 배의 중앙, 아랫배, 윗배 나누어 배의 세 군데를 5분씩 지압하면 좋다.

── 주의사항 ──

배가 너무 긴장되어 통증이 심한 분들은 먼저 목푸리를 이용하여 충분히 배를 푼 후 배푸리를 활용한다. 그래도 배푸리가 너무 아프면 배푸리 위에 수건이나 얇은 이불을 덮고 엎드려도 좋고, 양손을 포개어 이마 아래에 받쳐도 된다.

한두 달 실천하여 배가 충분히 풀렸다고 생각되면, 맥뚜리로 배의 국소적인 혈점 지압에 도전해보라.

3. 누워 목 풀기

❶ 목푸리 베고 자기

목푸리를 베고 자는 것만으로도 목과 어깨가 풀린다. 그리고 경추의 C자형 만곡이 회복되고 기도가 적절하게 확보되어, 코골이와 수면무호흡증도 개선된다.

❷ 도리도리 목 풀기

베개를 베고 목을 천천히 좌우로 도리도리를 해준다. 점차 목의 움직임을 빠르게 해보거나 돌리는 각도를 크게 해본다. 잠들기 전에 누워서 도리도리로 목을 5~10분 정도 풀면 숙면을 취할 수 있다.

❸ 4구형 배푸리로 목 풀기

배푸리는 사각형의 4구형으로 준비한다. 두개골 아래쪽에 풍지혈이라는 곳이 있는데, 이곳을 자극할 수 있도록 위치를 조정해 배푸리를 베고 눕는다. 처음에는

조금 아플 수도 있다. 통증이 없어질 때까지 2~5분 정도 배푸리를 베고 있으면 된다. 목을 좌우로 혹은 상하로 살랑살랑 흔들면 더욱 잘 풀린다.

❹ 맥뚜리로 옥침 풀기

맥뚜리로 목과 머리가 만나는 쏙 들어간 지점, 옥침에 댄다. 이곳은 자율신경이 나오는 연수와 운동 영역인 소뇌가 자리하고 있다. 옥침을 2~5분 정도 자극하면

머리가 시원하게 뚫리고 자율신경도 안정될 것이다.

4. 지압막대로 배 풀기

❶ 배푸리의 양쪽에 지압막대가 달려 있는데, 한쪽은 둥글고, 한쪽은 납작한 모양이다. 맥뚜리에도 지압막대가 있다. 이 지압막대를 이용하면 배꼽, 명치, 단전 같은 주요 혈점이나 간, 위, 신장, 방광 등의 장기를 정확하고도 쉽게 지압할 수 있다. 주로 인체의 중심인 배꼽을 많이 풀어주는 게 좋다.

❷ 지압막대로 주요 혈점을 10회 이상 여러 차례 누르고 떼기를 반복하거나, 지압한 채 빠르게 누르고 떼기를 반복하며 진동을 준다.

❸ 누를 때는 상체를 앞으로 약간 숙여 좀 더 강하고 깊숙하게 자극이 되도록 한다.

배푸리로 배풀기   맥뚜리로 배풀기

5. 맥뚜리로 회음과 전립샘 풀기

회음은 성기와 항문 사이를 말한다. 몸통의 가장 하부, 성기관의 뿌리에 해당한다. 회음은 땅의 기운을 받는 부위이기도 하다.

특히 남성의 경우 항문 바로 앞쪽을 '백만불점'이라고 한다. 바로 이 백만불점에서 몸 위쪽으로 2~3센티미터 올라가면 성근육(PC근육)과 전립샘이 위치하고 있다. 전립샘은 남성 건강의 상징이자 성기능에 큰 역할을 하는 성기관의 하나이다.

회음과 백만불점이 뚫리면 골반이 따뜻해지고 성기능이 살아나며, 신체가 매우 안정되는 느낌을 받는다. 맥반석의 온열 자극은 전립샘과 회음혈을 손쉽게 활짝 열어준다.

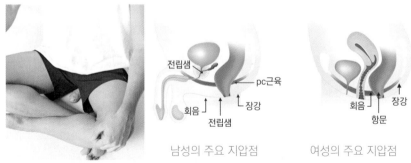

남성의 주요 지압점　　　여성의 주요 지압점

❶ 맥뚜리를 전자레인지에 1분 정도 따뜻하게 데워 책상다리로 깔고 앉는다. 항문 바로 앞 백만불점을 통해 전립샘과 성기와 항문 사이의 회음혈을 5분 정도씩 자극한다. 항문 뒤의 장강혈을 지압해도 좋다.
❷ 여성은 회음혈과 항문 자체를 5분 정도씩 지압해주면 좋다. 항문 뒤의 장강혈을 지압해도 좋다.

복뇌이완 타오기공체조

성뇌수련에서 골반의 성에너지를 깨우는 섹서사이즈 두 가지를 배운 적이 있다. 신체에너지를 깨우는 장운동이나 타오기공체조도 섹서사이즈와 비슷한 원리를 바탕으로 공통된 동작이 많다. 대부분 골반과 배를 같이 움직이기 때문이다.

타오기공체조 역시 춤추듯이 배와 골반 위주로 유연하게 움직여준다. 이런 리드미컬한 움직임은 장기와 신체를 진동시켜 신체에너시를 효율적으로 깨워준다. 섹서사이즈처럼 춤을 추듯이 신나고 즐겁게 타오기공체조를 따라해 보자.

타오기공체조 1 | 골반 앞뒤로 흔들기

〈섹서사이즈 1〉 말타기 – 천골 두개골 펌핑과 동일하다. 159페이지를 참조하여 따라해 보자.

타오기공체조 2 | 수평으로 허리 돌리기

골반을 수평으로 회전하는 동작을 해보자. 골반과 허리를 운전대라고 생각하고, 운전대를 돌리듯 좌우로 번갈아가며 돌린다.

이 동작 역시 골반에 담긴 장이 효과적으로 이완되고, 척추 전체가 비틀리며 회전하기 때문에 척추도 잘 이완된다. 회전운동에 의해 골반과 장의 잠재된 에너지들이 활성화되어 힘이 솟아나는 체험을 할 수 있다. 특히 비틀면서 옆구리의 복사근을 쥐어짜주면 허리가 날씬해지는 효과를 톡톡히 볼 수가 있다.

❶ 발을 어깨너비로 벌리고 편안하게 선다.
❷ 골반을 운전대라고 생각하고 시계 방향과 반시계 방향으로 번갈아가며 돌린다. 이때 팔도 걸을 때의 동작처럼 앞뒤로 힘차게 흔들어 준다.
❸ 리듬을 타며 활력 있게 골반을 돌린다. 몸의 움직임을 느끼며 점점 더 빠르게 돌려보고, 다시 천천히 돌리기를 반복한다.

타오기공체조 3 | 쪼그려 앉기

 쪼그려 앉기는 하체 단련에 아주 효과적인 운동이다. 또한 앉을 때 아랫배가 허벅지에 눌려 장도 강하게 운동시켜 준다.

 머리를 많이 쓰는 현대인들은 열이 상체로 떠있는 경향이 있다. 하체와 장을 많이 움직여 신체의 균형을 안정되게 잡기 바란다.

❶ 두 발을 붙이고 편안하게 선다.

❷ 무릎을 되도록 떼지 말고 천천히 쪼그려 앉는다.

 앉을 때 얼굴이 발끝 밖으로 벗어나지 않을 정도로 몸을 앞으로 숙이지 말고 똑바로 앉는 것이 중요하다.

 그리고 완전히 쪼그려 앉을 때까지 발뒤꿈치가 들리면 안 된다. 발뒤꿈치가 들리면 안 들리는 데까지만 앉기 바란다.

❸ 앉은 후 숨을 들이쉬며 항문괄약근을 조이며 천천히 일어선다.

❹ 이 동작을 20~30회 반복한다.

타오기공체조 4 | 발목 펌핑

발목 펌핑은 발끝을 당기고 미는 동작을 반복하여 발바닥과 발등의 근육, 근막, 종아리근육의 수축과 이완을 유도한다.

발목 펌핑을 열심히 하면 다리의 경락이 활성화되고 하체를 포함한 전신의 기혈순환과 림프순환이 원활해진다. 발과 발목, 종아리 라인이 아름다워지는 효과도 있다.

❶ 편안하게 누워 양손을 몸 옆에 자연스럽게 둔다.

❷ 발목을 꺾는 느낌으로 발끝을 몸 쪽으로 당긴 후 즉시 원래 위치로 돌아간다. 발목을 당길 때 발과 다리보다는 골반저근육인 성근육에 힘이 들어가도록 한다.

❸ 발목을 쭉 편다는 느낌으로 발끝을 바깥쪽으로 뻗는다. 발끝이 바닥을 향하도록 강하게 뻗어 스트레칭을 한 후 원래 위치로 돌아간다.

❹ 이와 같이 발끝을 당기고 밀며, 2번과 3번 동작을 5분 정도 반복한다.

타오기공체조 5 | 천골치기

천골치기는 편안하게 누운 상태에서 골반과 골반강 내의 비뇨생식기를 포함한 장에 미세하면서도 강력한 진동을 전달할 수 있다. 이런 진동은 결국 몸 전체로 퍼져나가 몸속 곳곳의 세포를 깨워준다.

특히 천골치기는 여성의 골반통이나 생리통, 남성의 발기부전이나 정력 감퇴, 전립샘 문제 등 비뇨생식기 문제에 탁월한 효과를 발휘한다.

❶ 편안하게 누워 양손을 몸 옆에 자연스럽게 둔다. 무릎을 적당한 각도로 접어 세운다.

❷ 엉덩이를 천천히 들어올렸다가 몸에 힘을 빼는 느낌으로 바닥에 털썩 내려놓듯이 엉덩방아를 찧는다. 의식적으로 힘을 주지 말고 중력의 힘으로 자연스럽게 바닥에 닿아야만 진동이 골반 깊숙이 전달된다.

❸ 처음에는 5cm 정도의 높이에서 시작하고, 서서히 엉덩이 올리는 높이를 높여 자극의 강도를 증가시킨다.

❹ 약 5분 정도 반복하고, 중간에 힘이 들면 깊은 배꼽호흡을 하며 휴식을 취한다.

| 복뇌수련 2단계: 복뇌강화

복뇌를 이완하는 데 그치면 무언가 부족하다. **복뇌를 푼 다음에는 근육을 강화하며 에너지를 충전하는 강화 과정이 이어져야 한다.** 그래야 뱃심이 생겨 배짱이 두둑해지고 심신이 더욱 강해진다. 특히 나이가 들어 노화가 많이 진행되었거나 만성질환이 오래 지속되어 심신이 몹시 허약해진 경우라면, 복뇌강화에 시간을 많이 할애해야 한다.

복뇌를 강화시키는 단계는 '타오기공체조'와 두드려서 신체와 골격을 강화하는 '철삼봉 두드리기' 등으로 이뤄져 있다.

복뇌강화 타오기공체조

성뇌수련 1단계에서 복뇌이완 타오기공체조를 따라해 보았다. 이번에는 복뇌를 강화시키는 타오기공체조 세 가지를 따라해 보자.

강화하는 부위는 주로 배와 회음 부위이다. **배의 단전력과 골반바닥의 회음력은 신체의 뿌리이자 건강의 토대이다.** 복뇌강화 타오기공체조는 단전력과 회음력을 중점으로 신체 전체를 강하게 단련해준다.

여기서 제시하는 세 가지 운동을 따라하다 보면, 배와 회음부가 단단히 단련되어 신체의 활력이 샘솟는 것을 체험하게 된다.

타오기공체조1 | 단전강화 배두드리기

❶ 편안하게 누워 양손을 몸 옆에 자연스럽게 둔다. 무릎을 적당한 각도로 접어 세운다.

❷ 배가 불룩 나올 정도로 숨을 깊이 들이쉰 후 숨을 멈추고 상체를 최대한 들어올린다. 이때 배와 항문조임근에 힘을 주고 상체는 힘을 완전히 뺀다.

❸ 상체를 들어올린 상태에서 숨을 참을 수 있을 때까지 주먹을 쥐고 아랫배를 두드린다. 최소 30초 정도 숨을 멈추고 배를 강하게 두드린다.

❹ 다시 원래 자리로 돌아와 휴식을 충분히 취한 후, 6번 이상 반복한다. 휴식을 취할 때는 깊은 복식호흡을 하는 게 좋다.

타오기공체조2 | 활 당기기

❶ 발을 뻗고 편안하게 누워 양손을 몸 옆에 자연스럽게 둔다.

❷ 배가 불룩 나올 정도로 숨을 깊이 들이쉰 후 숨을 멈추고 다리와 상체를 들어올릴 수 있을 정도로 들어올린다. 다리는 어깨넓이로 적당히 벌려 양 발목을 회음쪽으로 꺾어 당겨준다.

이때 배와 항문조임근에 힘을 주고 상체는 힘을 완전히 뺀다. 양 발목을 회음쪽으로 꺾어 당겨주는 이유도 회음과 단전 쪽으로 힘을 모아주기 위해서이다.

❸ 활 당기기 자세에서 숨을 참을 수 있을 때까지 최소 30초 정도 버틴다. 1분 이상 버틸 수 있을 때까지 단전력과 회음력을 단련해보기 바란다.

❹ 버티는 자세가 익숙해지면, 버틸 때 엉덩이를 축으로 시소처럼 앞뒤로 반복해서 움직여본다. 즐겁게 움직이면서 단전과 회음에 번갈아가면서 힘이 들어가는 것을 느껴본다.

❺ 다시 원래 자리로 돌아와 휴식을 충분히 취한 후 3번 이상 반복한다. 휴식을 취할 때는 깊은 배꼽호흡을 하는 게 좋다.

타오기공체조3 | 천골 두개골 펌핑 플랭크

플랭크 동작은 복근, 요근, 둔근, 척추기립근 등의 코어근육을 탄탄하게 잡아준다. 평소 잘 사용하지 않는 전신의 작은 근육들도 단련시켜 준다. 움직임은 거의 없지만, 전신이 강화되고 몸의 균형이 잡히며 전신의 지방 연소 촉진에도 효과적이다.

이 플랭크 동작에서 미세한 천골과 두개골 펌핑 동작을 가미해 보자. 그러면 천골 펌핑에 의해 단전력과 회음력이 더욱 길러지고, 두개골 펌핑에 의해 전신의 에너지 흐름이 더욱 촉신된다.

❶ 엎드린 자세에서 어깨와 수직으로 팔꿈치를 놓고 머리에서 엉덩이까지 일직선이 되도록 자세를 취한다. 허리가 아래로 처지거나 엉덩이가 위로 들어올려지지 않도록 주의한다.

❷ 또한 어깨와 팔에 힘이 들어가지 않게 하며 배와 항문조임근에 힘을 집중시킨다. 이렇게 자세를 유지하면 단전에 힘이 붙어 버티기가 쉬워진다.

❸ 이 자세에서 최소 30초 정도 버틴다. 1분 이상 버틸 수 있을 때까지 단전력과 회음력을 중심으로 전신을 단련해보기 바란다.

❹ 버티는 자세가 익숙해지면 버틸 때 항문조임근을 조이며 천골을 앞으로 약

간 기울이고, 동시에 이빨을 다물며 턱을 목쪽으로 약간 당겨주고 펴주기를 반복한다. 성뇌수련 3단계에서 배운 천골과 두개골 펌핑 동작을 가미하라는 뜻이다.

❺ 다시 엎드린 자리로 돌아와 휴식을 충분히 취한 후 3번 이상 반복한다. 휴식을 취할 때는 깊은 복식호흡을 하는 게 좋다. 이때 배가 바닥에 닿아 있으므로 호흡이 배의 어느 지점까지 내려오는지 느낄 수도 있다.

철삼봉 두드리기

두드리기는 장기와 사지의 경락을 따라 두드려 장기와 뼈까지 진동을 일으킴으로써 독소를 제거하고 만병을 몰아내는 건강법이다.

두드리기 도구는 막대기, 대나무, 콩자루 등 무수히 많지만 스테인레스 재질의 철사다발을 묶은 철삼봉이 시원하면서도 가장 강력하다. 여러 가닥에서 발생하는 파장이 분산되어 전달되기 때문에, 아프지 않으면서도 뼈 깊숙이까지 강하게 자극이 전달된다.

도가에서는 예로부터 타복공(打腹功)이라 하여 인체의 중심이자 단전이 있는 배를 많이 두드리는 수련을 했다. 특히 달마대사가 정립하여 내려온 역근세수공(易筋洗髓功)이 유명하다. '세수(洗髓)'란 골수를 씻는 공법으로 뼈를 강화시키는 방법이다. 세수공 공법에는 여러 가지가 있는데 가장 큰 핵심이 바로 두드리기와 성뇌수련에서 소개한 기역도 수련이다.

두드리기 건강법의 원리는 간단하다. 신체를 적절하게 두드리면 유쾌한 진동이 발생한다. 진동은 근육과 장기는 물론 뼈까지 들어가 인체 표피에서부터 심층부까지 변화를 일으킨다. **두드리기 진동 자극의 특징은**

이완(제독) - 강화 - 재생을 동시에 촉진한다는 것이다.

　첫째, 이완과 제독 효과. 빨래를 할 때 방망이로 옷감을 두드려 때를 빼내듯, 신체도 두드릴 때 생기는 파장이 막힌 것을 뚫고 침착된 독소와 노폐물을 몰아낸다.

　근육이 결리거나 불편한 증세, 혹은 근육통 등은 며칠 두드리면 금세 해결된다. 세포 조직과 장기 내에 가스들이 진동을 통해서 빠져나가기 때문이다. 특히 운동으로도 빠지지 않는 셀룰라이트나 우둘투둘한 튼살 등의 지방 조직도 두드리는 자극을 통해 빼내고 탄력을 줄 수 있다.

　둘째, 강화 효과. 두드리면 강해진다! 요리 반죽이 쫄깃해지기 위해서 계속 두드리는 것처럼, 신체 조직도 두드릴수록 더욱 치밀해진다. 제련소에서 철을 달굴 때도 두드리는 과정을 빼놓을 수 없다. 부러지지 않는 강한 칼은 두드리고 식히고 다시 두드리기를 반복하여 담금질을 거친다.

　셋째, 재생 효과. 진동은 세포의 재생을 돕는다. 특히 각 조직의 세포를 분화시키는 모세포인 줄기세포는 진동 자극을 좋아한다.

　인체의 각 조직에는 그 조직 세포를 분화시키는 줄기세포들이 포함되어 있다. 예를 들면, 신경줄기세포는 뉴런, 교세포, 성상세포 등으로 분화하고, 골수줄기세포는 조혈모세포로 적혈구, 백혈구, 혈소판 등을 만들어낸다.

　두드리기 진동 자극은 피부, 근육, 장기, 뼈 등에 존재하는 줄기세포들을 깨워준다. 타오월드 회원 중 한 분은 두드리기로 탈모를 치료한 경우도 있었다. 철삼봉으로 1년간 머리를 두드렸는데 어느 순간 대머리 부분이 자라나 있어 자신의 머리를 본 미용사가 깜짝 놀랐다고 한다. 모근줄기세포가 자극받아 모근세포가 튼튼해진 것이 아닌가 생각된다.

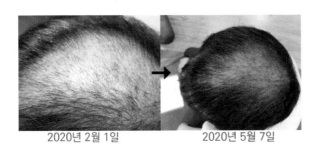

2020년 2월 1일   2020년 5월 7일

성긴 머리카락(좌측)이 다소 촘촘해진 모습(우측)

두드리기 진동이 뼈까지 전달되어 골수줄기세포를 재생시키는 것은 가장 극적인 효과다. 뼈에는 붉은 피가 만들어지는 적골수 조직이 많아야 하는데, 나이가 드신 분들은 뼛속에도 누런 지방이나 요산, 요소 등이 쌓이기 쉽다. 바로 두드리기는 뼛속의 누런 지방이나 노폐물을 태워 없애는 동시에 적골수의 재생을 촉진한다.

골수조직이 건강해지면 맑고 깨끗한 피가 만들어지는 건 자명한 일이다. 맑은 피는 신체 각 조직에 산소와 영양분을 풍부하게 공급하고 제독을 도움으로써 건강과 회춘을 가져다준다. 젊은 피 수혈이 아닌, 늙은 피의 제거만으로도 강력한 회춘효과가 나타난다.

최근 미국의 버클리 캘리포니아대 연구진은 늙은 생쥐에게 젊은 피를 수혈하지 않고, 혈장 내 노화 단백질을 새 것으로 바꿔주기만 했음에도 조직이 회춘되는 것(젊어지고 튼튼한 근섬유가 만들어지는 등)을 확인했다. [UC 버클리 연구진, 노인학 저널 〈에이징〉의 논문 참조](출처: https://www.yna.co.kr/view/AKR20200616086600009?input=1195m)

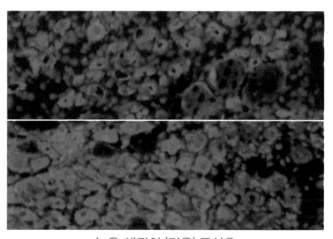

늙은 생쥐의 '젊은' 근섬유

혈장의 단백질을 교체한 늙은 생쥐에게 나이보다 훨씬 젊은
근육 섬유(아래 사진의 분홍색 도넛 모양)가 새로 생겼다.

이와 같이 **두드리기의 뼈 강화와 골수 재생 효과는 신체를 갱생시키는 기적까지 일으킨다.** 두드리면 시원하고 심각한 부작용도 없다. 게다가 방법도 간편하고 돈도 많이 들지 않는다.

철삼봉 두드리기로 신체를 철옷(철삼)을 입은 듯이 강하게 단련해보기 바란다.

철삼봉 두드리기 요령

철삼봉 두드리기는 혼자 할 수도 있고, 서로 두드려줄 수도 있다. 부부 사이나 가족끼리 서로 번갈아 두드려주면 최고의 가정건강요법이 된다.

두드리기 요령은 간단하다. 우선 통증이나 긴장되고 굳은 부위, 퇴행성 요통이나 관절통 등의 불편한 부위 위주로 많이 두드리면 된다. 오래 되지 않는 증상은 즉시, 혹은 몇 주 내로 사라질 것이다. 하지만 퇴행성 불편은 증상에 따라 재생 회복이 필요하니 6개월에서 1년 이상 걸리기도 한다. 나는 척추관협착증에 의한 어머니의 보행불편을 6개월 정도 두드려서 회복시킨 예가 있다. 그밖에도 수많은 급만성통증과 만성병 회복 사례를 목격한 바 있으니 믿고 꾸준히 실천해보기 바란다.

1. 기본 두드리기: 배꼽, 명문, 양 팔꿈치 안쪽, 양 무릎 뒤쪽

　배꼽과 그 반대편인 명문을 기본적으로 많이 두드려준다. 그리고 양 팔꿈치 안쪽과 양 무릎 뒤쪽을 많이 두드려준다. 관절 부위는 정체되고 마모되기 쉬우니 많이 두드려주어 소통시켜 준다.

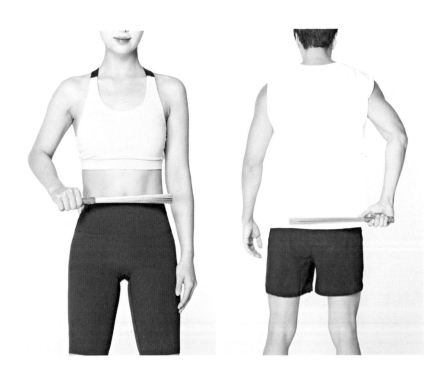

2. 배와 골반 두드리기

❶ 윗배(비위, 간담)와 아랫배(자궁, 방광):

배의 좌측 윗부분에 있는 비장과 위장, 배의 우측 윗부분에 있는 간담을 두
드려준다.

❷ 치골, 서혜부, 장골:

골반뼈는 피를 가장 많이 만들어내는 부위이다. 치골과 치골 옆 서혜부, 장
골을 골고루 두드려준다.

❸ 허리(신장)와 천골, 미골:

허리와 허리 안쪽에 있는 신장을 두드려주고, 엉덩이 가운데의 뼈인 천골과
미골을 두드려준다.

❹ 좌골, 전립선:

골반 밑의 좌골과 항문 바로 앞 부위 안쪽의 전립샘을 많이 두드려준다. 전
립샘은 남성 건강의 핵심으로 늘 뻥~ 뚫어 주는 게 좋다.

3. 흉골(심장)과 늑골(폐)

가슴 중앙의 흉골과 가슴 양쪽의 늑골을 두드려준다. 심장과 폐에도 진동이
전달된다.

4. 어깨와 등(폐, 심장)

어깨와 등을 두드려준다. 이곳에서도 심장과 폐에 진동이 전달된다.

5. 얼굴과 목, 머리

얼굴과 목, 머리를 부드럽게 두드려준다. 머리나 목 주변, 얼굴을 두드릴 때는 이를 다물고 최대한 가볍게 두드린다.

얼굴과 목 피부에 탄력이 붙고, 머리카락도 굵어지고 머리숱도 많아질 것이다. 머리를 두드릴 때는 약한 머리카락이 부서져 떨어지기도 하니 걱정하지 말고 계속 두드리기 바란다. 약한 머리카락이 빠지고 나면 새 머리카락이 튼튼하게 자랄 것이다.

6. 팔과 다리, 발

그 밖에 팔과 다리도 골고루 두드려라. 관절과 통증 부위를 중심으로 많이 두드리는 게 좋다.

주의사항

- 염증 확산 방지: 멍이 들었거나 최근 상처(급성염증) 부위, 전염병은 직접 두드리지 않는다.
- 몸살 주의: 몸이 약하거나 건강이 좋지 않은 사람(고혈압, 심장병, 피멍울이 있는 사람)은 처음부터 강하게 두드리지 않는다.
- 골다공증 주의: 뼈를 두드릴 때는 가볍게 두드린다.
- 수련하는 동안 몸은 항상 이완시키도록 한다.
- 만복 상태에서는 강하게 두드리지 말고, 두드린 직후에는 먹지 않는다.
- 두드린 후에는 반드시 충분한 휴식을 취한다. 깨끗한 물을 많이 마셔서 청소과정을 도와준다.
- 수련하는 동안 마음껏 트림을 한다. 당신의 몸은 안에서 방출된 가스와 갇혀 있던 독을 제거할 필요를 느낄 것이다.

| 복뇌수련 3단계: 복뇌각성

건강을 위해서는 복뇌강화 과정까지만 실천해도 충분하다. 하지만 마음의 평화와 안정 같은 정신적 변화까지 맛보려면, 복뇌수련 3단계인 복뇌각성까지 나아가야 한다.

복뇌각성이란 신체의 에너지감각이 깨어나 신체의 지성을 회복하는 것을 말한다. 신체는 원래 자율신경계에 의해 자율적으로 조절되고, 제성신경계에 의한 의식적인 움직임도 신체의 지성에 따라 일어나야 완벽하게 건강하다. 하지만 생후 잘못된 생활습관으로 말미암아 신체의 지성이 무뎌지고 자율적인 조절 기능이 상실되는 게 현실이다.

복뇌각성을 통해 우리는 원래 신체가 지닌 지성을 회복하고 자연의 소리에 따르는 건강한 삶을 살아가야 한다. 그리고 에너지체질로 화하여 무한 재생의 완전건강 체질에 도달해야 한다.

철삼기공

무예를 비롯해 스포츠와 기공에서는 모두 기마 자세를 기본 자세로 삼고 있다. 다리를 약간 벌린 채 말 위에 올라탄 자세이다. 태권도를 비롯한 여러 무예와 승마, 스키 등의 스포츠, 기공 등에서 강조하는 기본 자세를 떠올려보면 금방 이해될 것이다.

철삼기공은 내공과 체력 단련을 위해 기마 자세를 기본으로 하고 있다. 이 자세를 10분 이상 제대로 유지하면 무엇보다도 먼저 하체부터 강해진다.

현대인들은 대부분 지나친 정신활동과 스트레스 때문에 열이 상체로 몰려 있는 반면, 운동 부족으로 하체가 부실한 에너지 불균형 상태이다. 따라서 현대인들에게 하체 단련이 꼭 필요하다. 기마 자세를 오래 취하면 그 자체가 바로 하체를 단련시켜 주는 뛰어난 건강 기공이 된다.

철삼기공의 기마 자세는 정적인 나무와 같은 자세로, 인간이 취할 수 있는 최상의 자세이다. 마치 다리는 땅에 깊이 뿌리를 내리고 머리는 하늘로 향한 나무와 비슷하다. 이 자세에서 몸의 기는 원활하게 유통되고 외부의 기는 몸과 잘 연결되어 충전된다.

누구나 이 자세를 제대로 취하기만 하면 단전까지 깊은 호흡이 이뤄진다. 몸의 기혈 순환도 활발해져 손발이 따뜻해지는 것을 바로 느낀다. 생기가 금방 충전되면서 정신 또한 맑아짐을 느낀다.

철삼기공을 수개월 꾸준히 수련해 보라. 온몸의 경락이 관통되고 기가 충만해지면서 신체의 에너지 감각이 활짝 깨어나기 시작한다. 그러면 몸의 지성이 일러주는 자연 건강생활을 저절로 실천하게 되고, 주변 자연과 우주의 기운과도 원활하게 교감하는 삶이 펼쳐진다. 장기와 세포의 기압을 높이고 심신의 에너지 균형을 맞춰주기 때문에 웬만한 질병들은 점차 치유된다.

철삼기공 수련

❶ 발을 어깨 너비로 벌려 평행으로 하고, 몸의 무게를 발에 골고루 분산시킨다.

❷ 무릎 관절과 서혜부관절을 약간 구부리며 자세를 적당히 낮춘다. 자세를 많이 낮출수록 운동량이 많아지나 처음에는 무리하지 않는다. 무릎에서보다 서혜부에서부터 구부러지는 느낌을 갖는다.

❸ 먼저 용천을 이완하고 엄지발가락을 안쪽으로 약간 돌려 땅에 뿌리박는 느낌을 갖는다. 무릎은 밖으로 약간 틀어 무릎 사이와 사타구니는 약간 둥글게 한다. 발목과 무릎을 정렬하여 땅과 발목, 무릎, 엉덩이가 하나의 힘으로 연결되는 느낌을 갖는다.

❹ 꼬리뼈를 다리 사이로 약간 당기듯 앉으면 발, 다리, 서혜부, 천골, 척추까지 하나의 힘으로 연결된다.

❺ 이제 가슴은 약간 오므리고 배는 뒤로 집어넣는다. 그러면 등허리가 펴져 꼬리뼈에서 뒤통수까지 일직선으로 정렬된다. 이때 천골은 아래로 당기고, 백회는 위로 들린다는 생각을 갖는다.

❻ 팔은 어깨와 평평한 높이로 들어올려 나무를 껴안는 듯한 자세를 취한다. 견갑골을 둥글게 하고, 어깨는 완전히 이완시켜 내린다.

❼ 팔꿈치를 가라앉힌다. 이때 가슴을 더욱 둥글게 가라앉힌다.

❽ 턱을 적당히 당겨 경추가 바로 서게 하고, 혀는 입천장에 살짝 갖다 댄다.

❾ 얼굴에 은은한 미소를 띠고, 단전을 집중하며 자연스럽게 호흡한다.

── 주의사항 ──

• 무릎이나 고관절, 허리 등 어떤 부위가 아프거나 불편하다면, 자세가 제대로 잡히지 않은 것이다. 하체가 땅에 뿌리내리고 전신이 하나로 정렬될 때까지 교정하며 편안한 자세를 찾기 바란다.

에너지체질 자연섭생법

섭생법은 신체의 에너지감각을 깨우고 몸의 지성을 살리는 데 매우 중요하다. 과식, 건강하지 못한 음식, 맛에 대한 중독은 몸을 둔탁하게 만들어 몸의 지성을 파괴한다.

에너지체질이나 영성체질을 위한 자세한 섭생법은 다른 지면을 통해 밝히기로 하고, 여기서는 건강한 에너지체질 섭생의 원리만 몇 가지 강조하고자 한다.

1. 쾌식 - 꼭꼭 씹어먹기 음식명상

즐겁게 맛있게 먹는 것이 섭생의 가장 중요한 원칙이다. 음식을 먹을 때는 맛을 최대한 음미하며 천천히 씹어 먹는다. 천천히 씹어 먹으면 침이 음식과 섞여 달아지며 웬만한 음식은 모두 맛있게 느껴진다.

천천히 먹으면 20분 정도 후 포만감 호르몬이 위에서 분비되어 소식하게 된다. 그리고 입에서 이미 소화액이 섞이고 잘게 저작이 되기 때문에, 식후 소화가 쉽고 배가 편해진다.

2. 밥물 따로 먹기

밥을 먹을 때는 국이나 물을 되도록 많이 먹지 않는다. 물을 많이 먹으면 위에서 소화액이 희석되어 소화가 어렵고 가스가 많이 생겨 불편해진다. 불이 탈 때 물을 부으면 어떻게 되는지 상상해보면 안다. 한국인이 위장병이 많은 건 짜게 먹는 습관보다도 국물 문화 때문이라고 생각된다.

물은 30분 식전이나 1,2시간 식후에 충분히 마시도록 한다. 국은 되도록 건더기 위주로 건져 먹고 국물은 음식이 촉촉이 넘어갈 정도로만 먹는다.

3. 야생 자연음식 위주로 먹기

 인공적으로 재배한 곡물과 채소보다는 유기농 먹거리, 사육한 고기나 생선보다는 자연산이 좋다. 자연에서 자라난 먹거리는 생명력이 풍부하기 때문이다. 이런 맥락에서 **가공식이나 화식보다는 자연식이나 생식을 많이 먹으면 좋다.** 가공식품에는 유화제, 색소, 화학조미료, 방부제, 향미료, 발색제 등의 화학첨가제들이 다량 들어가고 그것을 담는 플라스틱 용기 등은 환경호르몬에도 노출되어 있다. 먹기 좋게 만든 가공식품은 탄수화물 위주의 영양 불균형을 초래하기도 한다.

4. 흔한 것 많이 먹기

 자연에 흔한 것은 그만큼 생명력이 강하고 몸에 더 많이 필요하다는 의미이다. 곡식과 채식 순으로 많이 먹고, 그 다음 생선과 육식 순으로 먹는다. 곡채식을 주로 먹고 가끔 육식을 하는 게 좋다.
 인간이 지닌 장 길이를 보면 초식동물과 육식 동물의 중간이다. 치아의 비율도 곡식에 적합한 어금니 20개, 야채와 과일에 적합한 앞니 8개, 육식에 적합한 송곳니 4개로, 그 비율대로 먹으면 자연의 이치에 부합한다.

5. 소식

 소식은 건강 장생을 위해 가장 중요한 원칙이다. 세계 장수인들의 공통점이 바로 소식이다. 공복시 장수유전자인 서투인(Sirt-1)이 발동된다는 사실은 과학적으로 명백히 밝혀졌다. 음식이 부족하면 자가포식으로 체내 불필요한 지방이나 노폐물이 쌓이지 않고, 줄기세포의 재생력도 높아지는 것으로 나타났다.
 음식 섭취를 점차 줄여나가는 것은 고효율의 에너지체질을 만드는 데 필수적이다. 고효율의 에너지체질은 적은 음식으로 최대한의 에너지를 활용하며, 자연과 우주에너지를 직접 피부를 통해 흡수하게 된다. 예전 선인(仙人)들은 벽곡이라 하여 솔잎과 대추, 밤 등을 소량 섭취하기도 하고 단식을 실행하기도 했다.

하지만 현대문명 속에서 살아가는 우리들은 예전 선인들처럼 살기는 쉽지 않다. 다음에 제시하는 소식법을 통해 서서히 음식 섭취를 줄여가며, 건강체질에 이어 에너지체질로 적응해나갈 것을 권한다.

❶ 하루 세 끼 소식
하루 세 끼를 먹되 천천히 씹어 먹으며 70~80%만 배를 채운다. 식간에 간식은 삼간다.

❷ 하루 1끼 소량, 2끼 소식
생활 습관에 따라 아침이나 저녁은 야채나 과일만 소량 섭취한다. 나머지 2끼는 소식한다. 식간에 간식은 삼간다.

❸ 하루 2끼 소식 – 간헐적 단식
하루 1끼는 물 외에는 아무것도 먹지 않고 2끼만 배 부르게 먹다가 익숙해진 후부터 소식한다. 식간에 간식은 삼간다. 배가 고프면 공복을 즐기고 차나 물만 마신다.

❹ 하루 1끼 소량, 1끼 소식
생활습관에 따라 1끼는 야채나 과일만 소량 섭취한다. 나머지 1끼는 충분히 먹다가 익숙해진 후부터 소식한다. 식간에 간식은 삼간다. 배가 고프면 공복을 즐기고 차나 물만 마신다.

❺ 하루 1끼
소식에 익숙해지면 하루 1끼 먹고 나머지는 차나 물만 마신다. 대신 1끼는 영양이 풍부한 식단으로 챙긴다.

"세끼 음식을 먹는 것은 짐승의 식사법이고 두끼 음식은 사람의 식사법, 그리고 한끼 음식은 신선의 식사법이다."
– 다석(多夕) 류영모(함석헌의 스승)

뜨겁게! 심뇌수련

감정에너지 연금술

이제 심뇌수련을 공부할 차례이다. **심뇌란 인간의 세 번째 방인 흉강의 장기를 중심으로 하여 감정적 기능 혹은 에너지체 전체를 말한다.**

감정과 에너지(氣)는 어떤 관계가 있는가? 감정과 에너지는 동일한 실체이며, 표현만 다를 뿐이다. 정서적으로 표현하면 감정이고, 물리적으로 표현하면 에너지인 것이다. 우리는 어떤 감정 상태를 기분(氣分)이라고 한다. 기의 분포, 즉 에너지의 상태가 감정으로 나타나는 것이다.

재미있게도 흉강에는 심장과 폐장이 있다. 심장은 특히 감정과 연관이 깊은 장기이다. 폐는 호흡 기능을 통해 인체의 에너지를 공급하는 장기이다. 심뇌인 흉강에 심장과 폐장이 나란히 자리하는 건 크나큰 의미가 있다.

바로 심뇌를 움직이는 기능 양식은 감정과 에너지이다. 그리고 심뇌를 자극하고 충족시키는 대표적인 양식은 애정, 감동, 소속감, 믿음, 호흡 등이다. 이런 요소들이 모두 심장을 자극하는 심쿵과 관련있고, 동시에 에너지 감응이나 교감과 관련이 있다. 이는 누구나 세심하게 관찰해보면 알 수 있다.

심뇌는 정서를 표현하는 감정에너지를 만들어낸다. **성뇌가 현실을 만들어내는 '창조에너지'이고, 복뇌는 현실을 움직이는 '실행에너지'라면, 심뇌는 현실을 관리하는 '운영에너지'라고 할 수 있다. 그리고 두뇌는 현실의 방향을 설정하는 '계획에너지'이다.**

하지만 현실은 계획하는 대로만 되지 않고 기분과 감정에 따라 전개되기도 하니 심뇌의 힘은 실로 막강하다. 심뇌의 힘이 약하면 결정을 내리는 데 우유부단하여 두뇌가 계획하더라도 실행에 옮기기까지 많은 시간이 걸린다. 물론 심뇌가 결정을 빠르게 내리더라도 복뇌의 힘이 약하다면 실행하기가 힘들어질 것이다.

심뇌는 선천에너지인 원기(元氣)에서 발하는 '감성'과 후천에너지인 정기(精氣)에서 발하는 '감정'으로 그 성질을 나눌 수 있다. 우리가 선천 성질인 감성에 따라 행동한다면 조화로운 삶을 살아갈 수 있지만, 시시때때로 변덕을 부리는 후천 성질인 감정에 따라 행동한다면 삶의 관계들은 복잡하게 꼬이기 쉽다.

감정에너지를 조화롭게 관리함으로써 선천적 감성을 잘 기르고 에너지를 잘 운영하는 것이 심뇌수련의 목적이다.

심뇌수련의 원리와 단계

감정에너지 연금술은 어떻게 일어나는가?

심뇌를 움직이는 기능 양식은 감정과 에너지이고, 심뇌를 자극하고 충족시키는 대표적인 양식은 애정, 감동, 소속감, 믿음, 호흡 등이라고 했다.

우리는 심뇌에 대한 적절한 자극을 통해 심뇌 수준을 무한히 발전시킬 수 있다. 심뇌 수준은 감정과 에너지 차원에서 판단해볼 수 있으나, 주로 에너지 개발 차원에서 논의해보겠다.

먼저 **심뇌수련의 단계 역시 '3승9단계(三乘九段階)'로 구분할 수 있다.**

우선 3승(三乘)의 **하승(下乘)**은 9단계(九段階) 중 하위 3단계까지로 감정에 끌려다니는 감정의 노예 상태, 말초감각으로 반응하는 단계이다. 93% 정도의 사람이 여기에 속한다.

중승(中乘)은 4~6단계로 자신의 감정을 컨트롤할 수 있는 감정의 주인 상태이다. 에너지감각이 깨어나 효율적으로 에너지를 충전하고 순환시키는 단계이다. 약 7%의 사람에 여기에 속하는데 감정의 기복을 잘 타지 않고 늘 활기가 넘친다.

상승(上乘)은 7~9단계로 감정에서 초연해진 상태이고, 자연과 우주에너지와 교감하며 하나되는 경지를 체험하는 단계이다.

다시 9단계로 감정과 에너지 수준을 좀 더 자세히 기술해보겠다. 이 기준을 참고하여 자신의 감정과 에너지 수준을 판단하여 더 높은 수준의 목표를 잡기 바란다.

1단계는 감정과 감각 모두 무딘 상태이다. 1단계 감정과 에너지 수준은 감정이 무뎌져 공감능력이 없고 때로는 충동적 감정에 사로잡히곤 한다. 감각도 매우 무디고 불안정하다. 일명 사이코패스 기질을 지닌 사람으로 자기 감정에 미숙하고 감정을 억제하지 못해 순간적으로 극도의 감정반응을 보이곤 한다.

전체 인구의 약 5% 정도가 1단계 감정과 에너지 수준이다.

2단계는 감정이 혼란하고 말초감각으로 반응하는 상태이다. 2단계 감정과 에너지 수준은 매사에 감정이 혼란스러워 기분의 변덕이 심하다. 어떤 사건이나 자극에 대해 깊은 사려 없이 말초감각으로 반응하여 즉물적으로 대응하는 기질을 지녔다.

비근한 예로 누군가 싫은 소리를 한마디 하면 순간 감정이 격해져 욱! 하고 반응하게 된다. 그 싫은 소리에 대한 전후 관계나 전체적 맥락에 대한 사려 없이 자신의 감정이 올라오는 대로 즉물적으로 바로 반응하는 것이다.

자신의 감정을 차분히 살펴보거나 다스리지 못하고 그 순간 거기에 사로잡히니 감정의 노예 상태라고 하는 것이다. 에너지 차원도 보이는 대로만 보고 그냥 느껴지는 대로만 느끼니 오감의 범위를 넘지 못한다.

전체 인구의 65%가 이런 오감의 세계가 전부인 양 눈 뜬 장님처럼 살아간다.

3단계는 잡다한 감정 상태이고, 에너지감각이 다소 깨어나는 단계이다. 3단계 감정과 에너지 수준은 부정적 감정이 여전히 혼재해 있어 감정의 기복에 다소 시달린다. 감각은 다소 깊어지기 시작해 에너지감각(氣感)에 대한 이해가 생겨나는 단계이다.

3단계 감정과 에너지 수준은 전체 인구의 약 23% 정도를 차지하는 것으로 보인다.

4단계는 정돈된 감정 상태이고, 에너지충전이 원활한 상태이다. 4단계 감정과 에너지 수준은 에너지감각에 예민해지는 상태로서, 전체 인구의 약 5% 정도를 차지하는 것으로 보인다.

에너지감각에 예민해지면 감응력을 통해 감정의 처리가 원만해지고, 에너지 소진이 느껴지더라도 수면이나 휴식을 통해 이내 활력을 회복한다. 이런 4단계 감정과 에너지 수준에만 도달해도 삶 자체가 조화로워지고 가벼워진다.

5단계는 통일된 감정 상태이고, 에너지순환이 원활한 상태이다. 5단계 감정과 에너지 수준은 감정이 하나로 통일되어 컨트롤이 용이하고, 에너지 충전에서 더 나아가 에너지 순환이 원만해진 상태이다. 복뇌수련 5단계와 마찬가지로 몸이 에너지체질로 변화되기 시작하여 아주 경쾌하고 유쾌해진 상태이다.

전체 인구의 약 1% 정도를 차지하는 것으로 보인다.

6단계는 직관적 감정 상태이고, 에너지재생이 즉각 이뤄질 정도로 에너지 순환이 원만한 상태이다. 6단계 감정과 에너지 수준은 왜곡된 감정에 치우치지 않으며 직관적으로 통찰하는 감정 상태이고, 에너지체질로 화하여 무한 재생의 완전 건강체질에 도달한다. 에너지 순환이 임독맥의 소주천 순환에서 팔과 다리까지 원활해지는 대주천까지 이뤄진다.

이 단계는 전체 인구의 약 0.5% 정도를 차지하는 것으로 보인다.

7~9단계는 극소수만이 도달하는 감정의 초월 상태이고, 에너지 승화가 일어나 영성체질로 거듭나는 단계이다. 이 단계에서는 복뇌수련에서처럼 몸의 무게가 느껴지지 않을 정도로 몸 자체가 무아지경 상태에 빠진다. 개인적 감정에서 자유로워지고 천지 자연과 깊게 교감하고 하나되는 경지를 노닐게 된다.

7단계는 무중력의 영성체질이 시작되는 단계이다. **8단계**는 내면의 음양에너지가 하나되는 천지합일 단계이며, **9단계**는 에너지 교감이 완전하여 하늘과 인간이 하나되는 천인합일 단계이다.

지금까지 보듯이 당신은 감정에너지 연금술로 개인적 감정에 초연해지고, 에너지 세계에 눈을 떠 천인합일의 경지까지 도달할 수 있다. 이렇듯 깨달음의 길은 감정과 에너지 단련을 통해서도 갈 수 있다.

일상에서 감정을 잘 관찰하고 다스려도 이미 수행의 길을 걷게 된다. 심뇌는 두뇌와 복뇌 사이에 있다. **감정의 뇌인 심뇌가 활짝 열리면 신체에너지도 밝아지고, 천지 기운도 백회와 회음을 통해 왕창 쏟아져 들어온다.** 가슴이 열려 삼라만상을 사랑하고 포용한다면, 천지의 기운이 폭발적으로 연결되어 짧은 시간 안에도 크나큰 변화를 체험할 수 있다.

자, 이제부터 심뇌수련을 몸소 실천해볼 차례이다!

감정에너지 잠재력과 심뇌수련의 단계

3승	9단계	심뇌수준 (감정차원)		심뇌수준 (에너지차원)	감정과 에너지 상태	비율
하 승 下 乘	1단계	감정 (에너지) 의 노예	무감정	무감각	감정이 무뎌져 공감능력을 상실한 상태로 감각도 무딘 상태	5%
	2단계		혼란된 감정	말초감각	매사에 감정이 혼란스러우며 즉물적으로 반응하는 감각을 지님	65%
	3단계		잡다한 감정	에너지감각	감정의 기복이 있는 상태로 감각은 다소 깊어지는 단계	23%
중 승 中 乘	4단계	감정 (에너지) 의 주인	정돈된 감정	에너지충전 축기	감정은 어느 정도 정돈되는 상태이고 에너지감각이 예민해져 에너지충전이 원활한 상태	5%
	5단계		통일된 감정	에너지순환 소주천	감정이 통일되어 컨트롤이 용이하고 에너지 순환이 원만해진 상태	1%
	6단계		직관적 감정	에너지재생 대주천	직관적으로 통찰하는 감정 상태이고 에너지재생이 즉각 이뤄질 정도로 에너지 순환이 원만한 상태	0.5%
상 승 上 乘	7단계	감정 (에너지) 의 초월	감정 해방	에너지승화 전신주천	에너지 순환이 전신에 걸쳐 원만해져 영성체질로 승화되는 단계 이 단계부터는 감정에서 벗어난다	0.05%
	8단계		감정 초연	천지합일	에너지 교감이 원만해져 음양의 하늘과 땅이 하나되는 상태	극소수
	9단계		감정 초월	천인합일	에너지 교감이 완전하여 하늘과 인간이 하나되는 상태	극소수

심뇌수련 따라하기

심뇌수련은 **기감수련 - 축기수련 - 운기수련**이라는 **감정에너지 연금술의 3단계 원리**에 따라 실천한다. 감정에너지를 승화시키려면, 먼저 에너지감각을 깨운 후 에너지를 단전에 쌓고, 그 에너지를 임독맥의 소주천 회로를 통해 순환시켜야 한다. 전통적인 내단(內丹)수련 내지는 기공수련이 심뇌수련에 속한다.

에너지 축기와 운기가 거듭되고 원활해질수록 에너지가 질적으로 승화되고 신체도 변화한다. 기통혈(氣統血)이라 하여 에너지는 혈액을 통제하기 때문이다.

에너지의 변화에 따른 신체의 변화과정은 복뇌수련의 단계에서 기술한 건강 수준의 변화와 비슷하다. 에너지의 순환과 승화가 원만해지면 입에 단침이 돌고 몸의 호르몬이 원활해져 120세 젊음을 얻고, 궁극적으로는 신선체질로 거듭나게 된다.

심뇌수련은 보이지 않는 에너지를 느끼는 것부터 시작하여 에너지를 단전에 모은 후 전신으로 순환시키는 훈련이다. 기감 능력이 없는 사람은 다소 모호하게 느껴지고 수련의 진전이 더딜 수도 있다.

선천적으로 기감 능력을 타고나는 20% 정도는 기를 빠르게 터득하는 경향이 있다. 하지만 나머지 사람들도 꾸준히 반복하다가 보면 어느덧 기, 즉 에너지의 세계에 눈뜨게 된다. 노력하는 사람이 결국 타고나는 사람보다 탁월해지는 건 어느 분야나 다 마찬가지이다.

연금술의 핵심 비법은 '반복'이라는 것을 다시 한번 상기하기 바란다. 그래도 심뇌수련이 어렵게 느껴지는 분들은 복뇌수련부터 시작하여 몸이 어느 정도 준비된 후 심뇌수련으로 입문하기 바란다.

이제부터 감정에너지 연금술을 위한 심뇌수련을 단계별로 실천해보자. 여기서는 심뇌수련의 핵심만 제시하고, 차후에 다른 지면을 통해 더욱 자세히 안내할 계획이다.

심뇌수련 단계	심뇌수련법	심뇌 수련도구
1단계: 통기(通氣)수련과 기감(氣感)수련	통기수련	
	심박 느끼기	
	손 기감 느끼기	
2단계: 축기(畜氣)수련	단전기공	배푸리, 목푸리, 맥뚜리, 철삼봉
	배꼽호흡	
3단계: 운기(運氣)수련	심뇌 열고 임맥으로 성뇌와 연결하기	
	두뇌(상단전) 열고 임맥으로 4브레인 연결하기	
	단약으로 독맥 열고 소주천 완성	

심뇌수련 1단계:
통기(通氣)수련과 기감(氣感)수련

기감(氣感)은 기에 대한 감각, 즉 에너지감각을 말한다. 사실 기감은 터득하기 어려운 것은 아니다. 누구나 일상 중에서도 접하고 느끼는 감각이다.

대표적인 기감은 열감, 즉 따뜻한 느낌이다. 그리고 찌릿찌릿한 전기감이다. 우리가 손을 비빌 때 따뜻한 느낌과 찌릿한 전기감을 느꼈다면 이미 기감을 느낀 것이다. 떨리는 진동감, 퍼지는 확장감이나 모이는 수축감, 아픈 통감도 기감의 일종이다.

에너지는 파동의 성질로서 움직일 때 진동을 유발한다. 에너지는 확장이나 수렴의 성질도 갖는다. 그리고 에너지가 통하면서 아프고 손상된 신체가 재생되기 때문에 막힌 부위가 통할 때 통증도 유발된다. 신경의 작용으로 재생전류가 손상된 부위에 작용하는 과정에서 통증이 생긴다.

열감, 전기감, 진동감 등은 성감대 자극시 쉽게 느껴지는 감각이다. 기감수련은 성에너지감각을 느끼고 깨우는 성뇌수련 1단계와 거의 동일하다. **에너지감각 수련은 주로 신체를 접촉하지 않고 행한다는 점에서 다르지, 신체를 직접 터치하는 성에너지감각 수련 역시 기감수련에 속한다.**

그러므로 기감수련이 어렵게 느껴지면 신체를 직접 터치하는 성에너지감각 수련부터 몰두해보기 바란다. 성감대 터치는 에너지감각을 빨리 깨워주고 무엇보다도 감각을 즐기며 수련할 수 있는 게 큰 장점이다.

통기(通氣)수련은 몸의 기를 통하게 하여 몸을 이완시키는 수련이다. 몸이 이완되고 기가 잘 통할수록 에너지감각이 발달하게 되리란 건 누구나 쉽게 이해할 수 있다.

통기수련은 복뇌수련 1단계, 즉 셀프 장기마사지, 그리고 배푸리와 목푸리, 맥뚜리 운동, 이완 타오기공체조와 동일하다. 철삼봉 두드리기도 신체 강화와 함께 몸을 기통시키는 데 탁월한 수련이다.

그밖에도 통기수련 동작들이 많지만 지면 관계로 심뇌 전문 저서에서 자세히 소개하겠다. 일단 복뇌수련 1단계부터 열심히 실천하기만 해도 몸을 이완하고 기통시키는 데 손색이 없다.

여기서는 우선 기감을 쉽게 키우는 세 가지 방법을 수련해보자. 보이지 않는 에너지의 세계로 발 딛는 순간이다.

통기수련

통기수련은 복뇌수련 1단계와 동일하다. 복뇌수련 1단계를 참조하여 셀프 장기마사지, 그리고 배푸리와 목푸리, 맥뚜리 운동, 이완 타오기공체조 등을 열심히 실천하여 몸을 이완시키고 기통시키기 바란다. 몸이 이완되고 기통되면 기감, 즉 에너지감각이 예민해질 것이다.

심박 느끼기

에너지는 입자와 달리 파동의 특성을 지니고 있다. 입자는 어느 한 곳으로 향하지만 에너지는 소리나 물결처럼 다양한 방면으로 퍼져나간다.

사실 입자와 입자의 모임인 물질도 깊이 들여다보면 모두 진동하고 있다. 물질의 최소단위인 원자는 원자핵 주변으로 전자가 돌고 있지 않은가? 물질의 궁극도 결국 떨고 있는 에너지라는 이야기이다. 에너지의 진동방식에 따라 밀도가 높아지면 물질의 형태로 보인다.

우리는 진동과 진동들의 연속인 파동을 느낌으로써 에너지를 가장 쉽게 감지할 수 있다. 인간 역시 수많은 진동으로 이뤄져 있고, 진동으로 소통하고 인식한다. 심장박동, 뇌파, 호흡, 신경의 전기신호, 오르가즘의 떨림 등이 모두 진동이다.

심장박동은 심장의 수축과 팽창이 만들어내는 우리 몸의 대표적인 진동 리듬이며, 이 진동이 물결처럼 파동을 그리며 전신으로 퍼져나간다.

이제 심장박동이 만들어내는 진동과 전신으로 퍼지는 파동을 느껴보자. 그러면 우리는 쉽게 에너지의 속성을 감지할 수 있다. 에너지에 대한 인식 자체만으로 에너지를 더 크게 증폭시킬 수 있음도 이해할 수 있다.

1.앉거나 눕기

의자나 바닥에 편안하게 앉거나 더욱 편안하게 누워도 좋다. 심호흡을 몇 차례 하며 몸과 마음을 깊게 이완한다.

2.심장에 손 얹기

양 손바닥을 포개어 왼쪽 가슴 약간 아래 심장박동이 잘 느껴지는 부위에 얹는다.

3.심장박동 느끼기

심장이 수축과 팽창을 하며 쿵쿵 뛰는 것을 느낀다. 그리고 심장의 리드미컬한 진동이 온몸으로 퍼져나가는 것을 느낀다. 그 진동이 황금빛처럼 손끝과 발끝까지 가닿는다고 상상해본다.

4.온몸의 맥동 느끼기

이제 심박을 따라 온몸이 맥동하는 것을 느껴본다. 특히 손가락과 발가락 끝까지 맥동하는 것을 집중해본다.

이 심박 느끼기를 5분만 실시해도, 이윽고 온몸의 세포 하나하나가 에너지의 진동으로 춤추고, 에너지로 충만해지는 것이 느껴진다.

손 기감 느끼기

손바닥은 감각신경이 가장 밀집해있는 부위 중의 하나이다. 손은 곤충의 촉수처럼 민감한 부위이며, 손 기감 훈련에 의해 더욱 민감해질 수 있다. 전신의 에너지통로인 경락이 손가락 끝에서 시작하고 끝나니, 손을 자극하거나 손의 기감을 키우면 전신의 에너지도 활성화할 수 있다.

1.자세 바로 하기

의자나 바닥에 편안하게 앉거나 선 자세도 좋다.

2.약손운동: 손털기, 주먹 쥐었다 펴기, 손바닥 비비기

먼저 약손운동으로 손의 모세혈관과 경락을 열어 기혈이 잘 통하도록 준비운동을 한다.

양손을 가슴 앞에 놓은 상태에서 1분 정도 손목에 힘을 빼고 빠르게 털어준다. 이때 손이 찌릿찌릿하고 뜨거워지는 것을 느껴야 한다.

엄지부터 시작해서 새끼손가락까지 차례로 주먹을 꽉 쥐고, 풀 때는 위 동작과 반대로 새끼손가락부터 차례로 쫙 편다.

양 손바닥을 마주 대고 열이 날 정도로 빠르게 비빈다. 따뜻한 손으로 기가 훨씬 잘 감지된다.

3.양 손바닥 마주대고 기감 느끼기 [사진1]

양 손바닥을 천천히 가슴 앞에서 마주대고 손바닥에 의식을 집중한다.

따뜻한 온기와 찌릿찌릿한 전기감을 느껴본다. 심장이 수축과 팽창을 할 때와 같은 리드미컬한 맥동도 느껴본다. 그 맥동이 황금빛처럼 온몸으로 퍼져간다고 상상해본다.

4.양 손바닥 벌리고 기감 느끼기 [사진2]

이제 양손을 벌려 1~2cm 간격을 두고 마주 댄다. 양 손바닥에 정신을 집중하며 기를 손바닥으로 모은다. 양손 사이에 따뜻한 기운이 감돌면서 약한 전류가 통하는 느낌, 또는 손이 부풀어오르는 느낌이 들면 기가 모인 것이다.

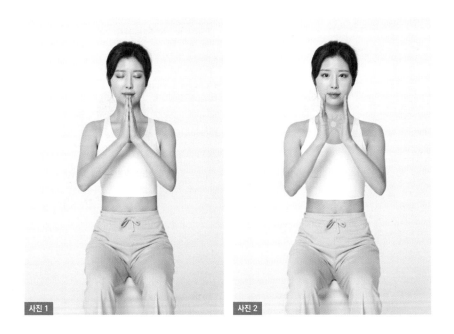

사진 1　　사진 2

5.양 손바닥 벌리고 합치며 기감 느끼기 [사진3]

숨을 들이쉬며 천천히 양손을 벌린다. 이때 양손을 감돌고 있는 기의 영향으로 양손이 서로 자석처럼 당기는 힘이 느껴진다. 이 느낌이 없어지는 지점까지 양손을 벌린다. 숨을 내쉬며 천천히 양손 사이가 1~2cm가 될 때까지 합친다. 이때 양손이 서로 밀어내는 힘이 느껴진다. 수련을 계속하면 이 동작에서 양손이 자석처럼 서로 당기고 밀어내는 힘이 점점 강력해진다.

9~18회 정도 실시한다.

6.양 손바닥 마주 돌리며 기감 느끼기 [사진4]

양손 사이를 5~10cm 가량 유지한 채 서로 마주 돌린다. 이때 전기가 통하는 것처럼 찌릿찌릿하면서 서로 밀고 당기는 느낌이 반복된다. 이 느낌이 강해지면 양손을 점점 더 벌려 실시한다.

사진 3   사진 4

이 손 기감 훈련을 5분 정도 하면, 온몸이 에너지로 충만해지는 것이 느껴질 것이다. 그리고 이 동작을 꾸준히 수련하면 기감에 민감한 손과 몸으로 변해가는 것을 체험하게 된다.

| 심뇌수련 2단계: 축기(畜氣)수련

통기와 기감 수련을 통해 기감을 터득했다면, 이제 에너지를 단전에 쌓는 수련으로 들어가야 한다. **단전은 인체 에너지의 발전소이자 창고이다.**

단전을 단련하고 단전에 에너지를 쌓음으로써 단전은 더욱 개발되고 열린다. 단전이 개발될수록 잠재된 에너지가 깨어나 단전과 전신은 에너지의 활력으로 더욱 충전되게 된다.

먼저 단전기공으로 단전을 단련시킨 후, 배꼽호흡과 배꼽소용돌이 명상으로 단전에 에너지를 쌓는 축기수련으로 들어가 보자.

단전강화 단전기공

복뇌수련에서 배의 단전력과 골반바닥의 회음력이 신체의 뿌리이자 건강의 토대라고 배웠다. 그곳을 단련하는 복뇌강화 타오기공체조도 따라 해 보았다.

복뇌강화 타오기공체조는 단전력과 회음력을 중점으로 신체 전체를 강하게 단련해준다. 특히 복뇌수련 2단계의 타오기공체조 1,2번을 실천하면 단전을 집중적으로 단련할 수 있다.

단전을 강화하는 단전기공은 여러 가지 방법이 있지만, 쉽게 따라 할 수 있는 그 두 가지 타오기공체조를 먼저 실천해보도록 하자. 단전이 강화되면서 이미 에너지가 든든하게 형성되는 게 느껴질 것이다.

〈타오기공체조1〉 단전강화 배두드리기　　　〈타오기공체조2〉 활 당기기

기충전 배꼽호흡

배꼽호흡은 어린아이들처럼 배로 하는 자연스런 호흡이다. 배로 호흡하면 더 많은 기를 들이마셔서 배에 축적한다. 어린아이의 호흡은 절대 가슴을 사용하지 않는다. 배 부위만 오르락내리락 할 뿐이다.

가슴을 사용하는 얕고 빠른 호흡은 다급할 때, 흥분할 때, 몹시 긴장할 때에 비상수단으로 숨 쉬는 호흡이다. 비상사태에서는 얕으면서도 강렬한 에너지가 필요하기 때문이다. 우리 주변 환경은 늘 긴장과 스트레스의 연속이다. 자연히 가슴호흡에 길들여져 더욱 급해지고 흥분하기 쉬운 체질로 변해가고 있다.

태아는 배꼽을 통해 호흡하고 생명에너지를 공급받는다. **우리는 다시 배꼽호흡으로 생명의 근원과 연결된 태아의 상태로 되돌아가야 한다.** 그러면 아이처럼 단전에 양기가 충만해지고 지칠 줄 모르는 재생의 체력을 지니게 될 것이다.

배꼽호흡의 요령

❶ 공복 상태, 혹은 식후 한 시간이 지난 후 헐렁한 옷을 입고 조용한 장소를 선택한다.

❷ 초보자는 눕거나 의자에 앉아서 시작한다. 다리를 엉덩이 넓이만큼 벌리고 고환이 의자에 닿지 않도록 의자 끝에 걸터앉는다. 척추를 바르게 하고 앉아서 어깨의 긴장을 풀고 턱을 약간 끌어당긴다.

❸ 손은 양 허벅지 위에 손바닥을 위쪽으로 향하여 편안하게 놓는다. 혹은 양 손바닥을 배꼽 위에 포개도 좋다.

❹ 혀는 입천장의 편안한 위치에 갖다대어 임맥과 독맥을 연결해준다.

❺ 눈은 살며시 감고 배꼽을 바라본다.

❻ 숨을 아랫배부터 불룩하게 팽창시키며 의식적으로 5초 동안 깊이 들이쉰 후, 아랫배부터 들어가게 하며 5초 동안 내쉰다. 숨을 들이쉴 때 골반은 팽창하되 항문 전체는 지그시 긴장하고, 내쉴 때 항문 전체를 배꼽 안쪽, 단전까지 조여올리듯 천천히 강하게 조인다.

❼ 숨을 들이쉴 때 배꼽과 성센터, 명문으로 동시에 우주에너지가 나선형을 그리며 들어와서, 숨을 내쉴 때 단전에 진주 형태로 감겨 갈무리된다는 상상을 한다.

❽ 호흡은 되도록 길게 하되 자신에게 편할 정도로 맞춘다. 규칙적으로 부드럽고 자연스럽게 호흡하는 것이 중요하다. 익숙해지면 호흡이 저절로 깊어져 호흡이 멈춘 듯이 미미하게 된다.

이 과정에서 아랫배가 든든해지고 따뜻한 기운과 더불어 힘이 솟아남을 느끼게 된다.

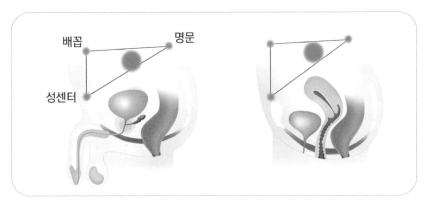

단선

배꼽과 배꼽 반대쪽에 위치한 명문(요추2~3번 사이)의 중간 약간 아래에 위치하고 있다.
성센터는 성에너지가 많이 모이는 곳으로 치골 바로 위에 있다.

숨을 들이쉴 때 배꼽과 성센터, 명문으로 동시에 우주에너지를 나선형으로 들이쉰 후,
숨을 내쉴 때 단전에 진주 형태로 감는다.

| 심뇌수련 3단계: 운기(運氣)수련

에너지가 단전에 충전되어 어느 정도 양기(陽氣)가 무르익었으면, 이제 임맥을 열어 외부의 에너지를 끌어들여 더욱 강하게 단전에 양기를 쌓을 차례이다. 동시에 차례로 심뇌와 두뇌도 깨우게 될 것이다.

그리고 임맥이 먼저 열리고 단전에 양기가 강하게 모이면, 독맥을 따라 이 에너지를 돌린다.

운기수련은 통기와 기감이 터득되고 단전의 축기 후에 원만하게 진행할 수 있다. 만약 당신이 전 단계의 훈련에 익숙하지 않다면, 먼저 4주 정도 심뇌수련 1,2단계를 다시 실행한 다음 이 장의 훈련을 시작하길 바란다.

사실 운기수련은 성뇌수련 3단계인 성에너지 순환호흡, 빅드로 호흡과 유사하며 서로 보완하는 성격을 지녔다. **성에너지 순환호흡인 빅드로 호흡은 성적 흥분에너지를 바로 소주천 회로로 순환시킨다. 성적으로 흥분된 에너지, 즉 오르가즘에너지는 축기수련에 의해 단전에 쌓인 양기(陽氣)와 유사한 에너지이다.**

다만 오르가즘에너지는 성적 자극에 의해 빠르게 깨어났기 때문에, 지혜롭게 관리되지 않으면 밖으로 발산되기 쉽다. 그러므로 오르가즘에너지를 소주천 회로로 순환시켜 연단한 후, 단전에 쌓는 성에너지 충전 고환/질호흡 과정이 따라야 한다. 그래야 성적으로 깨어난 양기, 즉 오르가즘에너지를 낭비하지 않고 고차원의 에너지로 배양하고 승화시킬 수 있다.

심뇌수련에서는 배꼽호흡으로 오랫동안 단전에 양기를 쌓은 후, 소주천 회로로 순환시킨다. 때문에 에너지를 쉽게 상실할 위험이 적고 소주천 회로로 공고하게 순환시킬 수 있다. 하지만 축기과정이 오래 걸리는 단점이 있다.

반면 성뇌수련에서는 성적 자극으로 양기를 빠르게 발동시켜 바로 소주천회로로 순환시킬 수 있는 장점이 있다. 그러므로 흥분된 성에너지를 소주천 순환에 지혜롭게 활용한다면, 소주천을 빠르게 여는 데 큰 도움이 된다. 그러면 축기와 운기를 거의 동시에 행하는 빠르고 획기적인 내단수련이 될 수 있다.

많은 종교계와 정신계는 자연스런 성욕에 대해 무조건 억압과 금기만 강조하는 경향이 있다. 성행위나 성욕을 금기하는 금욕수행은 성에너지의 낭비를 막고 성적 욕망을 초탈하려는 목적이 있다. 하지만 성에너지의 메커니즘을 이해하지 못하고 성욕을 무조건 금기하고 죄악시하는 경향은 오히려 성에너지의 왜곡을 비롯하여 많은 문제점을 파생시켜 왔다.

성에너지 정체로 인한 심신의 질병이 대표적인 부작용이고, 많은 사람들, 특히 여성들이 겪어온 고질적인 고통이다. 성적 억압에 의한 반동으로 유발되는 뒤틀린 성적 집착과 변태 성행위도 종교와 정신 수련계 전반에 퍼져있는 고질적인 병폐이다. 성욕 처리의 미숙으로 많은 종교계와 정신계는 의식의 각성이나 진보는 고사하고 심신 질환자를 양산하는 등, 인류를 고통과 불행으로 빠트리고 있다.

이제 성에너지에 대한 올바른 이해를 바탕으로 이 욕구를 건강하게 충족시키고, 더 나아가 지고한 에너지와 욕구로 승화시키는 방법을 가르칠 때가 되었다. 성에너지와 성욕구를 자연스럽게 받아들이고 대하는 태도만으로도 그 에너지는 올바른 방향으로 흐르기 시작한다. 그리고 소주천 회로를 여는 방향으로 양기나 성에너지를 돌린다면, 인류는 무한히 건강해지고 행복해지는 신세계로 발딛게 될 것이다.

그러자면 먼저 몸의 에너지 순환 회로를 잘 이해하고, 에너지를 순환시키는 방법을 정확히 터득해야 한다.

성뇌수련에서도 소개했듯이 인체의 가장 중요한 에너지 순환 회로가 소주천 회로(독맥과 임맥)이다. 대우주의 순환구조를 닮았다고 하여 소주천(小周天) 회로라고 한다. 이 소주천 회로는 회음에서 올라와 척추를 통해 머리(백회)로 올라간 다음, 혀와 몸의 앞부분을 통해 배꼽으로 내려가고, 다시 성기관과 회음으로 돌아가는 일종의 순환 서클을 이루고 있다.

소주천 회로(임맥과 독맥)
회음에서 올라와 척추를 통해 머리(백회)로
올라간 다음, 혀와 몸의 앞부분을 통해
성기관과 회음으로 돌아가는 순환 서클

백회
임맥
독맥
회음

단전의 양기를 소주천 회로로 순환시킬 수만 있다면, 에너지가 질적으로 변화하는 에너지 연금술이 일어난다.

운기수련 역시 성에너지근육 펌핑, 천골과 두개골 펌핑, 호흡 등의 말고삐를 적절하게 활용할 줄 알아야 한다. 약간의 훈련만 하면 달리는 말을 말고삐로 조련하듯이 쉽게 단전의 양기를 원하는 방향으로 순환시킬 수 있다.

심뇌 열고 임맥으로 성뇌와 연결하기

소주천 회로 중 인체 앞면 중앙으로 내려오는 임맥을 먼저 열 필요가 있다. 임맥(任脈)은 여성의 임신과 관계있는 맥이다. 단전의 축기를 공고히 하려면 임맥을 열고 외부의 에너지를 연결해 단전으로 가져올 줄 알아야 한다.

심뇌는 흉강을 중심으로 한 감정에너지를 주관하는 뇌이다. 장기로는 심장과 폐가 심뇌와 밀접하게 관련되어 있다. 심뇌의 센터는 일명 중단전(中丹田)으로 양 젖꼭지 사이, 단중혈(膻中穴)이다.

심장이 뛸 때 만들어내는 전자기적 파동은 온몸은 물론 몸 밖으로 퍼져나가 자신의 오라장을 형성하는 데 기여한다. 심뇌의 감정에너지는 우리 삶의 행복에 지대한 영향력을 행사한다.

먼저 심뇌를 열고 심뇌를 복뇌, 성뇌와 연결하며 임맥의 일부를 개통하는 과정을 수련해보자. 뇌 사이의 연결은 각 뇌의 특성을 더욱 키워주고 뇌들 간의 조화를 증진시켜 준다.

이를테면, 심뇌를 성뇌와 연결하면 성뇌의 욕정은 심뇌의 사랑에너지로 승화되고, 그 사랑에너지는 성뇌의 욕정에 의해 더욱 증폭된다.

1. 심뇌(중단전) 열기

1.늑골궁 풀기

늑골궁은 늑골(갈비뼈)과 복부가 만나는 지점, 활처럼 생긴 부위이다. 이곳이 긴장되어 있거나 굳어 있으면 가슴횡격막이 아래로 내려가지 못해 심호흡이 되지 않는다. 그러면 가슴도 답답하고 심호흡에 의한 장운동도 되지 않는다.

늑골궁을 푸는 방법은 쉽다. 양쪽 늑골궁을 따라 숨을 내쉬며 양쪽 네 손가락 끝으로 동시에 꾹꾹 눌러준다. 늑골궁 중심에서 시작하여 가장자리로 옮겨가며 꼼꼼하게 풀어준다.

배푸리 막대로 이 부분을 깊이 찔러주면 더욱 쉽게 풀 수 있다. 역시 숨을 내쉬며 늑골궁 중심에서 시작하여 가장자리로 옮겨가며 꾹꾹 눌러준다. 옆구리쪽 늑골은 흉골(가슴뼈)에 붙어있지 않고 떠있기 때문에 누를 때 부러지지 않도록 조심한다.

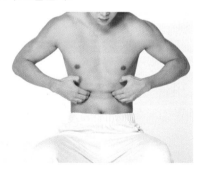

더욱 쉬운 방법은 배푸리 지압봉 3구를 삼각형으로 만들어 늑골궁을 따라 대고 엎드리는 것이다. 5분 정도만 온몸의 힘을 빼고 엎드려 있으면, 늑골궁이 이완되어 호흡이 훨씬 깊어진다.

2.가슴횡격막 풀기

가슴횡격막은 흉강의 하단부를 형성하고 있는 부위이다. 이곳이 굳어 있어도 역시 호흡이 원활하지 못하고 가슴이 답답하다. 앞의 늑골궁 풀기는 가슴횡격막을 푸는 데도 큰 도움이 된다. 여기서는 가슴횡격막을 더욱 효과적으로 푸는 방법 하나를 더 공개하겠다.

양쪽 네 손가락 끝을 늑골궁 아래로 최대한 깊이 찔러넣는다. 그리고 숨을 토하며 상체를 앞으로 천천히 숙인다. 숨을 내쉴 때 횡격막이 위로 올라가기 때문에, 늑골궁을 들어올리면 횡격막이 강력하게 스트레칭되어 잘 풀린다.

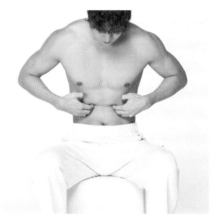

3.흉골(가슴뼈) 두드리기와 마사지하기

가슴이 답답할 때 누구나 본능적으로 가슴을 두드리며 한숨을 내쉰다. 가슴 중앙의 흉골을 따라 두드리거나 마사지하면 심뇌도 열리고 임맥도 잘 뚫린다.

주먹을 가볍게 쥐고 흉골 상단에서 하단으로 내려가며 두드린다. 후후- 소리를 내며 두드리면 가슴의 부정적 감정을 토해내는 데 더욱 도움이 된다. 철삼봉으로 두드리면 파장이 전달되어 더욱 좋다.

여러 손가락 끝으로 흉골 상단의 천돌혈에서 흉골 하단의 구미혈까지 눌러 흔들며 마사지 해준다.

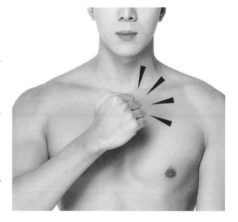

4.가슴호흡 크게 하기

 가슴 아랫 부위에 양 손바닥을 얹고 가슴을 부풀리며 최대한 깊이 숨을 들이쉰다. 그런 후 가슴을 쥐어짜듯이 숨을 완전히 토해낸다. 숨을 토해낼 때는 하- 하며 가슴에 쌓인 부정적 감정에너지가 완전히 씻겨나가는 것을 상상해보자. 9~18회 정도 호흡한다.

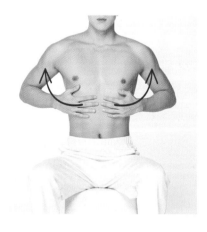

5.심뇌 센터(중단전)로 우주에너지 호흡하기

 양 손바닥을 포개 가슴에 얹고 심뇌 센터로 숨을 들이쉰다. 숨을 들이쉴 때 가슴 센터가 열리며 황금빛의 우주에너지가 태양에서 쏟아져 들어오는 것을 상상한다. 이때 심장의 모든 부정적 감정에너지를 해소하고 우주의 사랑에너지로 가득 채운다.

 내쉴 때는 우주의 사랑에너지를 심장에 회전시키며 더욱 충전해보자.

2. 심뇌의 사랑에너지와 성뇌의 성에너지 연결하기

❶ 왼손바닥은 심뇌 센터에, 오른손 손바닥은 성뇌 센터에 얹는다.

❷ 숨을 들이쉴 때 가슴이 열리며 황금빛의 우주에너지가 가슴 중앙으로 쏟아져 들어오고, 내쉴 때 임맥을 통해 성뇌 센터까지 내려가는 것을 상상한다.

❸ 9~18회 호흡하며 임맥이 우주에너지로 열리고, 심뇌와 성뇌가 하나로 연결되는 것을 느낀다. 심뇌의 사랑에너지와 성뇌의 성에너시가 조율되어, 성과 사랑이 하나로 꽃피는 것을 느낀다.

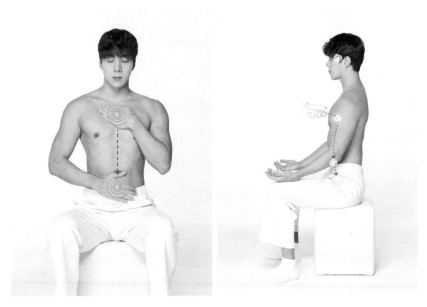

심뇌의 사랑에너지와 성뇌의 성에너지 연결하기

3. 심뇌 센터의 우주에너지와 함께 배꼽, 성센터, 명문의 에너지를 단전에 쌓기

❶ 양 손바닥을 위로 향한 채 허벅지에 얹는다.

❷ 이제 숨을 들이쉴 때 황금빛의 우주에너지가 가슴 중앙으로 쏟아져 들어오고, 임맥을 통해 배꼽, 성센터, 회음을 거쳐 미골과 명문까지 올라가는 것을 상상한다. 내쉴 때 배꼽과 항문조임근을 살짝 조이며 그 받아들인 에너지를 배꼽 안쪽의 단전에 나선형으로 감으며 저장한다. 9~18회 정도 반복한다.

❸ 동시에 배꼽, 성센터, 명문의 에너지도 나선형을 그리며 단전에 모이는 것을 상상한다. 이는 심뇌 센터, 배꼽, 성센터, 명문의 네 센터에서 에너지를 나선형으로 받아들여 단전에 쌓는 축기 배꼽호흡이다.

❹ 이 배꼽호흡을 단전이 따뜻해질 때까지 10~20분 정도 실시한다.
우주에너지가 더해져 단전에 기가 쌓이는 느낌이 더욱 생생하게 느껴질 것이다.
단전에 기가 든든하게 쌓인 느낌이 들면 그 상태로 수련을 마무리한다.

네 센터의 에너지를 단전으로 받아들여
단전에 쌓기

두뇌(상단전) 열고 임맥으로 4브레인 연결하기

두뇌는 뇌강을 중심으로 한 정신에너지를 주관하는 뇌이다. 두뇌는 생각뇌인 대뇌피질, 감정뇌인 대뇌변연계, 생명뇌인 간뇌의 3층 구조로 이뤄져 있다.

두뇌의 센터는 일명 상단전(上丹田)으로 양 눈썹 사이, 제3의 눈이다.

두뇌 중심부인 간뇌는 송과선, 뇌하수체, 시상, 시상하부로 구성되어 있고, 영적 잠재력과 초의식이 잠자고 있는 신성의 장소로 통한다. 이곳은 수정궁(水晶宮)이라 불리기도 하는데, 이곳이 열리면 수백만 개의 반짝이는 수정들처럼 밝게 빛나기 때문이다. 수정궁은 우주의 천기(天氣)에서 빛과 지혜를 받아서 여러 장기와 내분비선으로 보내 온몸의 지성을 밝혀준다.

먼저 제3의 눈, 즉 수정궁을 열어 우리 내면의 지혜와 궁극의 잠재력을 깨워보자. 그런 후 그 영적 빛을 온몸으로 비추며 4가지 뇌를 모두 연결하고 통합해보자. 통합과 합일은 두뇌가 추구하는 궁극적인 체험이자 목적이다.

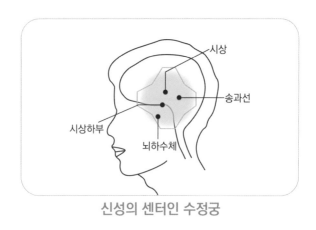

신성의 센터인 수정궁

1. 두뇌(상단전) 열기

1. 제3의 눈, 미간 두드리기와 마사지하기 [사진5]
 물리적 자극은 각 뇌를 깨우는 기초 작업이다. 중지손가락 끝으로 제3의 눈인 미간을 가볍게 톡톡 두드린다. 손가락에 힘을 빼고 두드리면 파장이 더욱 깊이 전달되어 수정궁을 쉽게 자극할 수 있다.
 중지손가락 끝으로 미간을 눌러 나선형으로 마사지해 준다. 마치 드릴로 제3의 눈을 뚫는다는 상상을 한다.

2. 의념으로 상상하기 [사진6]
 의념의 상상력은 잠재력을 깨우는 가장 중요한 수단이다. 미간으로 숨을 들이쉴 때, 황금빛 우주에너지가 나선형으로 들어온다고 상상한다. 혹은 미간 부위를 중심으로 나선형의 에너지 소용돌이를 상상한다.

3. 두뇌 센터(상단전)로 우주에너지 호흡하기 [사진7]
 두뇌 센터인 미간으로 숨을 들이쉰다. 숨을 들이쉴 때, 두뇌 센터가 열리며 황금빛의 우주에너지가 태양에서 쏟아져 들어오는 것을 상상한다.
 내쉴 때는 우주의 정신에너지를 두뇌 중심부, 수정궁에서 회전시키며 더욱 수정궁을 깨워라. 이때 두뇌의 모든 부정적 생각들을 정리하고 우주의 정신에너지로 가득 채운다.

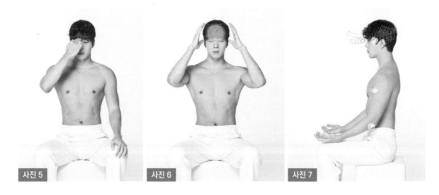

사진 5   사진 6   사진 7

4.두개골 펌프 가동하기

성뇌수련 3단계의 성에너지 순환호흡, 빅드로에서 행한 것처럼 두개골 펌프를 가동시켜 두뇌를 깨운다. 즉, 혀끝으로 입천장을 압박하고 어금니를 살짝 다물며 턱은 목 쪽으로 당긴다. 이때 눈은 수정궁을 집중한다.

		두정골
	측두골	
	후두골	
구개부		
혀로 구개부를 압박하면 두정골이 각성된다.	어금니를 꽉 다물면 측두골이, 아래턱을 당기면 후두골이 각성된다.	눈은 백회를 집중한다.

두개골 펌프 가동하기

5.위의 요소 한꺼번에 활용하기

두뇌 센터인 미간으로 숨을 들이쉴 때, 두뇌 센터가 열리며 황금빛의 우주에너지가 태양에서 쏟아져 들어오는 것을 상상한다. 이와 동시에 혀끝으로 입천장을 압박하고 어금니를 살짝 다물며 턱은 목 쪽으로 당기며, 두개골 펌프를 가동시킨다.

내쉴 때는 두개골 펌프를 이완하며 우주의 정신에너지를 두뇌 중심부, 수정궁에서 회전시키며 더욱 수정궁을 깨워라.

2. 두뇌의 정신에너지와 성뇌의 성에너지 연결하기

❶ 두뇌와 심뇌 연결하기
숨을 들이쉴 때 제3의 눈이 열리며 황금빛의 우주에너지가 미간으로 쏟아져 들어오고, 내쉴 때 임맥을 통해 심뇌 센터까지 내려가는 것을 상상한다.
이 호흡을 반복하며 두뇌와 심뇌가 연결되는 것을 느낀다.

❷ 두뇌와 복뇌 연결하기
다음 숨을 들이쉴 때 제3의 눈이 열리며 황금빛의 우주에너지가 미간으로 쏟아져 들어오고, 내쉴 때 임맥을 통해 복뇌 센터인 배꼽까지 내려가는 것을 상상한다.
이 호흡을 반복하며 두뇌와 복뇌가 연결되는 것을 느낀다.

❸ 4가지 뇌 하나로 연결하기
다음 숨을 들이쉴 때 제3의 눈이 열리며 황금빛의 우주에너지가 미간으로 쏟아져 들어오고, 내쉴 때 임맥을 통해 성센터까지 내려가는 것을 상상한다.
이 호흡을 반복하며 두뇌와 성뇌가 연결되는 것을 느낀다. 9~18회 호흡하며 임맥이 우주에너지로 열리고, 두뇌, 심뇌, 복뇌, 성뇌의 4가지 뇌가 하나로 연결되는 것을 느낀다. 4가지 뇌가 하나로 통합되어 지극히 고요해지고 환희심이 샘솟는 것을 느껴본다.

3. 두뇌 센터의 우주에너지와 함께 배꼽, 성센터, 명문의 에너지를 단전에 쌓기

❶ 이제 숨을 들이쉴 때 황금빛의 우주에너지가 두뇌 센터로 쏟아져 들어오고, 임맥을 통해 가슴, 배꼽, 성센터, 회음을 거쳐 미골과 명문까지 올라가는 것을 상상한다. 내쉴 때 배꼽과 항문조임근을 살짝 조이며 그 빨아들인 에너지를 배꼽 안쪽의 단전에 나선형으로 감으며 저장한다.
9~18회 정도 반복한다.

❷ 동시에 심뇌 센터, 배꼽, 성센터, 명문의 에너지도 나선형을 그리며 단전에 모이는 것을 상상한다.
이는 두뇌 센터, 심뇌 센터, 배꼽, 성센터, 명문의 다섯 센터에서 에너지를 나선형으로 빨아들여 단전에 쌓는 축기 배꼽호흡이다.

❸ 이 배꼽호흡을 단전이 따뜻해질 때까지 10~20분 정도 실시한다. 우주에너지가 더해져 단전에 기가 쌓이는 느낌이 더욱 생생하게 느껴질 것이다.
단전에 기가 든든하게 쌓인 느낌이 들면 그 상태로 수련을 마무리한다.

독맥 순환과 소주천 완성

　이 수련 단계에 대한 설명은 무척 길어질 수 있다. 4브레인 입문서인 이 책에서는 이 부분을 생략하고 심뇌 전문 수련서에서 자세히 공개할 예정이다.

　대신 '성뇌수련 3단계인 성에너지 순환하기'를 참고하면 이 단계의 수련이 어느 정도 보충은 된다. 성에너지 순환호흡은 성기에서 발생한 오르가즘에너지를 몸의 위쪽인 독맥으로 끌어올리는 수련이다. 그 기본 원리는 소주천의 독맥 순환과 비슷하다.

　소주천의 독맥 타통 과정은 단계별로 좀더 세밀하며 천지와 지기를 활용하는 요소 등이 더욱 포함된다. 심뇌 전문 수련서인 소주천 관련 서적을 기대하기 바란다.

　그전에 '소주천 완성반'에 직접 참여하는 것이 더 좋다. 내공 수련은 직접 참여해야 에너지를 전수받으며, 가장 정확하고도 빠르게 터득할 수 있기 때문이다.

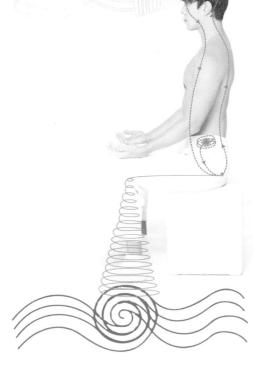

신나게! 두뇌수련

정신에너지 연금술

이제 두뇌수련을 공부할 차례이다. **두뇌란 인간의 네 번째 방인 뇌강의 장기를 중심으로 하여 정신적 기능 혹은 정신체 전체를 말한다.**

정신체라고 한 것은 사고나 직관 등의 지성작용이 두뇌에서만 만들어지는 것이 아니라 신체 전체에서 일어나고 있기 때문이다. 즉 성뇌, 복뇌, 심뇌에서도 그 자체의 지성기능이 작동하고 있는데, 두뇌는 그 지성 기능들을 대표하며 통솔하고 있는 중앙통제소일 뿐이다.

이는 복뇌가 복강을 중심으로 해서 육체 전체를 포괄하는 것과 같다. 두뇌 역시 정신작용을 특징적으로 하고 있지만, 그 구성은 육체 조직으로 이루어져 있지 않은가?

뇌 안에는 신경세포가 1조개 이상 존재한다. 그리고 신경세포가 서로 연결된 부위를 시냅스라고 부른다. 뇌의 신경세포 하나당 시냅스는 평균 1만 개 정도이다. 만 개의 신경회로망이 있으니 신경세포 하나로 들어오는 신호들이 만 개가 들어오게 된다. 바로 정신작용은 그 시냅스를 통해 신경회로가 복잡하게 형성되어 일어난다.

뇌의 신경세포와 시냅스, 신경전달물질들이 협연하여 만들어내는 정신작용은 후천적으로 발달하는 두뇌의 특징적인 기능이다. 두뇌의 후천에너지인 '식신(識神)'에서 주로 사고기능이 나와 기억과 학습을 촉진시킨다.

반면 두뇌의 선천에너지인 '원신(元神)'에서는 직관력이 나온다. 주로 두뇌의 중심부에 위치한 간뇌가 지니고 있는 선천적인 잠재력이다. 두뇌의 선천적인 잠재력인 직관력이나 영적 능력 등은 인간의 사고기능이 발달함에 따라 오히려 감퇴하는 경향이 있다. 그래서 인간은 신으로 태어나서 인간으로 퇴화하고 짐승으로 죽는다는 말이 있을 정도이다.

사실 인간의 사고기능이 탁월하여 만물의 영장이 되었다고 하지만, 그 사고와 지식 때문에 다툼이 일어나고 번뇌의 고통에 시달리는 경우가 비일비재하다. 그러므로 **두뇌수련의 목적은 선천에너지인 '원신(元神)'을 깨워 직관력과 통찰력, 신성을 회복하고, 거기에 발맞추어 후천적 사고기능을 조화롭게 발현시키는 것이다.** 전체적인 통찰에 기반한 사고와 지식의 쓰임은 혼란과 다툼을 초래하지 않고 원만하고 행복한 삶을 만들어 준다.

두뇌는 의도를 통해 현실의 방향을 설정하고 계획한다. 심뇌는 의지를 통해 그 계획을 결정하고 관리한다. 복뇌는 **행동**을 통해 결정된 계획을 실행한다. 성뇌는 창조에너지로 복뇌의 실행력에 **힘**을 원천적으로 제공한다.

그러므로 현실의 행복을 창조하기 위해서는 모든 뇌의 조화와 통합이 중요하다. 두뇌가 계획을 세우더라도 심뇌가 우유부단하여 결단을 내리지 못하거나, 심뇌가 결단을 내리더라도 복뇌의 실행력이나 성뇌의 창조력이 따라 주지 않는다면 그 계획은 실현되지 못한다.

하지만 삶의 올바른 목표를 설정하고 계획한다는 면에서 두뇌는 무엇보다도 중요한 요소이다. 애초에 삶의 목표가 잘못 설정되면 가더라도 엉뚱한 방향으로 가게 될 것이다.

두뇌수련의 원리와 단계

정신에너지 연금술은 어떻게 일어나는가?

두뇌를 자극하고 충족시키는 대표적인 양식(糧食)은 앎과 지식, 가치관, 통찰, 합일체험 등이라고 했다. 앎과 지식, 가치관 등이 두뇌의 후천에너지인 '식신(識神)'을 만족시켜 준다면, 통찰과 합일체험 등은 두뇌의 선천에너지인 '원신(元神)'을 충족시켜 주는 요소이다.

우리는 두뇌에 대한 적절한 자극을 통해 두뇌 수준을 무한히 발전시킬 수 있다. 그런데 재미있는 사실은 심뇌와 비슷하게 두뇌는 후천적 자극이 줄어들수록 그 발전 수준이 높아진다는 것이다.

쉽게 말하면 복잡한 생각과 쓸데없는 상상이 줄어들수록 두뇌는 평화로워지고 행복해진다. 이런 과정은 두뇌의 선천적 요소인 원신(元神), 즉 통찰력이나 합일체험이 풍부해져 무아경지를 체득하는 것과 맥을 같이한다. 심뇌 수준에서도 혼란한 감정 상태에서 통일된 감정 상태로 발전하고, 궁극적으로 감정에 초연해지는 무심의 상태로 발전하는 것과 같다.

사실 이런 발전 과정은 성뇌와 복뇌 수준에서도 비슷하다. 성뇌 역시 강한 성적 자극에서 섬세한 자극으로 성감이 깊어지고, 궁극적으로 에너지 자극과 정신적 황홀경을 체험하는 단계로 나아간다.

복뇌는 어떤가? 신체 역시 초보 단계에서는 강한 운동이나 다채로운 섭생이 필요하지만, 신체가 에너지체질로 깨어날수록 부드러운 자극이나 소식(少食)으로 충족할 수 있다.

이렇듯이 4브레인의 발전 과정은 자극의 결핍에서 충족으로 나아가고, 궁극적으로는 자극이 줄어들수록 충만해지는 내적 자질을 깨워나가는 데 있다. 충족 차원에서 스스로 충만하는 차원으로 나아가려면 나를 비워서 스스로 충만한 허공이 되어야 한다.

에고(자아)가 주도적인 상태에서 에고를 채운다는 건 밑 빠진 독에 물 붓기와 같다. 에고는 채워도 채워지지 않는 잔이기 때문이다. 채워도 채워지지 않는 잔을 과도하게 채우려는 건 과욕이요, 과욕의 끝은 고통이며 결국 허무하고 후회스러운 종말을 맞이할 뿐이다.

이제 **두뇌수련의 단계도 '3승9단계(三乘九段階)'로 구분해 보자.**

우선 3승(三乘)의 **하승(下乘)**은 9단계(九段階) 중 하위 3단계로 혼란된 사고로 번뇌하는 분열의식 상태이다. 94% 정도의 사람이 여기에 속한다.

중승(中乘)은 3~6단계로 자신의 의식을 컨트롤하고 통일할 수 있는 통일의식 상태이다. 약 6%의 사람이 여기에 속하는데 사고가 합리적이고 매사에 집중력이 뛰어나다.

상승(上乘)은 7~9단계로 대상이나 사건을 통찰하는 초월의식 상태이다. 대상이나 사건의 어떤 한 부위만을 편벽되게 보는 것이 아니라 늘 전체적으로 관조하는 태도를 지닌다.

다시 9단계로 정신 수준을 좀 더 자세히 기술해 보겠다. 이 기준을 참고하여 자신의 정신 수준을 판단하여, 더 높은 수준의 의식 상태를 목표로 잡기 바란다.

1단계는 매사에 기계적으로 반응하는 잠자는 의식 상태이다. 1단계 두뇌 수준은 자율적인 사고능력이 거의 없다. 마치 기계처럼 자신에게 입력된 정보와 습관에 따라 자동적으로 반응하고 행동할 뿐이다. 그래서 잠자는 의식 상태라고 하는 것이다.

삼국통일 시대 영웅 김유신 장군이 자신의 말을 칼로 벤 일화를 예로 들어보자. 김유신은 천관녀라는 기생에 깊이 빠졌다가 어머니의 호된 꾸지람을 듣고 발길을 끊었다. 그런데 어느 날 술이 취해 말 등에서 잠이 든 사이 말이 습관적으로 기생집 문 앞에 다가와 있는 것을 알고 그 자리에서 칼을 꺼내 말을 베어 버렸다. 이 일화는 단지 습관에 따라 기계적으로 반응하는 잠자는 의식 상태를 잘 보여주고 있다.

놀랍게도 사람도 예외가 아닌데, 전체 인구의 약 9% 정도가 1단계 두뇌 수준에 머물러 있다.

2단계는 정신이 산만하고 혼란된 의식 상태이다. 매사에 생각이 많고 생각의 변덕이 심하다. 삶의 뚜렷한 목표가 없고 어떤 결정을 할 때 여러 생각이 혼재해 있어 갈팡질팡하곤 한다.

전체 인구의 65%가 이런 혼란된 의식 상태로 살아가고 있다.

3단계는 잡다한 의식 상태이다. 3단계 정신 상태는 생각은 많으나 그 생각을 자신의 의도에 따라 컨트롤하고 정돈하기 시작하는 단계이다.

3단계 두뇌 수준은 전체 인구의 약 20% 정도를 차지하는 것으로 보인다.

4단계는 정돈된 의식 상태이다. 4단계 정신 수준은 생각이 잘 정돈되어 합리적 판단을 내리는 상태로, 전체 인구의 약 5% 정도를 차지하는 것으로 보인다.

사리 분별력이 뛰어나 매사를 원만하게 대처할 수 있게 된다. 이런 4단계 정신 수준에만 도달해도 비교적 다툼과 분쟁 없이 조화롭게 살 수 있게 된다.

5단계는 통일된 의식 상태이다. 의식이 하나로 통일되어 자기 주관이 확고하고 삶의 목표가 뚜렷하다. 단체나 사회의 리더들이 흔히 이런 정신 수준을 보이며, 전체 인구의 약 1% 정도를 차지하는 것으로 판단된다.

6단계는 직관적 의식 상태이다. 6단계 정신 수준은 주로 직관적으로 사고하는 경향이 있어 사물과 사건을 전체적으로 통찰하는 능력이 뛰어나다. 하지만 자신의 관심 분야나 전문 분야가 아닌 영역에서는 때로는 통찰력이 빛나갈 수도 있다.

이 단계는 전체 인구의 약 0.3% 정도를 차지하는 것으로 보인다.

7~9단계는 극소수만이 도달하는 초월의식 상태이다. 이 단계에서는 사건이나 사물을 통찰할 뿐만 아니라 판단조차 하지 않는 무아경지로 들어간다. 개인적 생각에서 자유로워 사건이나 사물을 판단하기보다는 그것과 교감하고 하나가 되어 신나게 즐기는 경지이다.

7단계는 초월의식이 시작되는 단계이고, **8단계**는 초월의식이 무르익는 단계이다. **9단계**는 초월의식이 완성되는 단계이다.

지금까지 보듯이 당신은 정신에너지 연금술로 **분열의식**을 잠재우고 **통일의식**으로 성장한 후, 궁극적으로 **초월의식**에까지 도달할 수 있다. 이렇듯 두뇌수련의 길은 에고라는 좁은 관념의 굴레에서 벗어나 무아와 무심의 대아나 우주의식과 하나되는 것이다.

이런 견고한 에고의 감옥을 타파하는 길은 잡다한 일상생활의 관계에서 효과적으로 이뤄질 수 있다. 일상이 가장 효율적이고 혹독한 수련의 장인 셈이다. 일상을 떠난 외딴 수행은 에고가 더 커지기 쉬워도 타파하기는 쉽지 않다.

자, 이제부터 두뇌수련을 몸소 실천해볼 차례이다!

정신에너지 잠재력과 두뇌수련의 단계

3승	9단계	두뇌수준		정신과 의식 상태	비율
하승下乘	1단계	사고—분열의식	잠자는 의식	기계처럼 자신에게 입력된 정보와 습관에 따라 자동적으로 반응하고 행동하는 잠자는 의식 상태	5%
	2단계		혼란된 의식	매사에 생각이 많고 생각의 변덕이 심한 혼란된 의식 상태	65%
	3단계		잡다한 의식	생각은 많으나 그 생각을 자신의 의도에 따라 컨트롤하고 정돈하기 시작하는 단계	20%
중승中乘	4단계	직관—통일의식	정돈된 의식	생각이 잘 정돈되고 사리 분별력이 뛰어나 매사를 원만하게 대처하는 의식 상태	6%
	5단계		통일된 의식	의식이 하나로 통일되어 자기 주관이 확고하고 삶의 목표가 뚜렷한 의식 상태	3%
	6단계		직관적 의식	주로 직관적으로 사고하는 경향이 있어 사물과 사건을 전체적으로 통찰하는 직관적 의식 상태	0.5%
상승上乘	7단계	통찰—초월의식	초월의식 출연	개인적 생각에서 자유로워 사건이나 사물을 판단하기보다는 그것과 교감하고 하나가 되며 신나게 즐기는 초월의식이 시작되는 단계	0.05%
	8단계		초월의식 연장	초월의식이 무르익는 단계	극소수
	9단계		초월의식 완성	초월의식이 완성되는 단계	극소수

두뇌수련 따라하기

두뇌수련은 **사고(분열의식)-직관(통일의식)-통찰(초월의식)**이라는 **정신에너지 연금술의 3단계 원리**에 따라 실천한다. 정신에너지 연금술의 3단계 원리에 따라, 대상과 사건을 생각하고 관찰하는 방식이 부분적인 관점에서 전체적인 관점으로 진화하게 된다.

하지만 무엇보다도 자기 본성에 대한 자각이 가장 선행되어야 할 탐구과제이다. 그러므로 **'자기 관찰'에서 시작하여 '자기 통합'을 이루고 '자기 자각'에 이르는 과정이 두뇌수련의 핵심과제이다.** 이렇게 '자기 자각'에 이른 후에 자기의 삶을 세상에 펼친다.

삶을 살아가는 주체와 진리를 탐구하는 주체, 즉 잣대에 대해서 모른다면 그 모든 것이 불확실하고 불안할 수밖에 없다. 잣대에 대해서 먼저 잘 알고 올바른 잣대를 가져야 비로소 모든 탐구가 의미 있고 확실하게 드러난다.

과연 '나'는 누구인가? 나 자신을 알고자 하면 먼저 '자기 관찰'이 필요하다. 자기 관찰을 통해 '자기 통합'이 이뤄지고 '자기 자각', 즉 자신에 대한 앎과 통찰이 일어난다.

자신을 알고부터야 비로소 참다운 자신의 삶을 세상에 펼칠 수 있다. 내면의 평화에서부터 외부의 풍요가 창조된다. 자신의 본성과 본질을 이해하지 못한 상태에서 외부의 것은 채워도 채워지지 않는다.

이제부터 정신에너지 연금술을 위한 두뇌수련을 단계별로 실천해보자.

두뇌수련을 통해 자기 앎을 바탕으로 내면의 평화와 외부의 풍요가 창조될 것이다. 그 창조의 비밀을 몸소 체험해보고 세상에 펼쳐보도록 하자.

외부의 풍요를 부르는 **'창조명상'**은 두뇌 전문서를 통해 자세히 탐구해보도록 하고, 여기서는 자신의 본성을 깨닫는 자기 자각에 이르는 길부터 실천해보도록 하자.

두뇌수련 단계	두뇌수련법	두뇌 수련도구
1단계: 자기 관찰	4브레인 정화명상	
2단계: 자기 통합	4브레인 통합명상	
3단계: 자기 자각 자유명상	하나의식	배푸리, 목푸리, 맥뚜리, 철삼봉
	창조의식	
	주인의식	
	현존의식	

| 두뇌수련 1단계: 자기 관찰

사물과 사건을 파악하기 위해 관찰이 필요하듯이 자기 자신을 잘 알기 위해서는 먼저 자신을 세심하게 관찰해야 한다. 눈이 눈 자체를 볼 수 없듯이 탐구 주체인 자기 자신을 관찰하기는 쉽지 않다.

하지만 **자기 내면으로 눈을 돌림으로써, 자기 관찰은 얼마든지 가능하다.** 우리는 살아있는 인체를 탐구하여 몸에 대해 많은 것을 알아왔고, 현대의학에서는 인체 해부를 통해서 인체의 비밀을 알아내고 있다.

그리고 내면 탐구를 통해 마음과 의식의 비밀에 접근해왔고, 현대 심리학이나 뇌과학은 과학적 방법론을 통해 마음이나 의식의 메커니즘이 인체와 어떤 연관을 맺고 있는지도 연구하고 있다.

먼저 두뇌에서 일어나는 의식이나 생각을 관찰해 보자. 지금 이 순간에도 많은 생각들이 스쳐 지나가고 있다. 과연 어느 것이 나의 생각이고, 내가 진정 원하는 생각인가?

우선 꼬리에 꼬리를 물며 이어지는 잡다한 생각들과 상상들을 만나고는 놀라움을 금치 못할 것이다. 평소에는 잘 인지하지 못 했던 내면의 어이없는 광경들이다. 서양에서는 멍키마인드라고 부르듯이, 생각들이 두서없이 여기저기를 뛰어다닌다.

생각에는 어떤 인과관계도 없다. 때로는 현실로 일어나지 않았거나 결코 일어나지도 않을 상상과 공상의 나래를 펼치기도 한다. 생각, 그리고 상상과 공상은 대부분 과거와 미래와 연관되어 생겨난다.

거기에는 즐거운 과거를 떠올리려는 것도 있고, 현재의 쾌감을 추구하거나 미래의 즐거움을 계획하려는 목적도 있다. 하지만 대부분은 과거에 대한 후회와 아쉬움, 원망 등의 부정적 기억에 사로잡힌다. 반면 미래에 대한 것은 두려움과 초조, 불안 등의 상상이나 공상으로 닥치지도 않은 것 때문에 미리 고통을 당한다.

현재를 온전히 자각하고 몰입하며 생생하게 누리는, 깨어있는 의식은 거의 찾아보기 힘들다.

그런데 이런 자기 내면에 대한 관찰만으로도 잡다한 생각은 정리되기 시작한다. 마치 주인이 바라보고 있을 때 행동거지를 조심하는 하인들처럼! 관찰은 내면의 빛과 같다. 자기 내면에 빛이 켜지면 내면의 실상은 밝아진다. 그러면 무질서한 생각은 정리되고, 고통을 주는 공상과 허상은 어둠이 사라지듯이 사라진다.

자기 관찰을 통해 사념은 서서히 물러나고, 깨어있음의 무심(無心)이 드러나기 시작한다. 이제 생각이나 사념이 일어나도 분열과 고통을 일으키지 않고 무심의 하인 역할을 충실하게 대행할 뿐이다.

다음은 두뇌뿐만 아니라 심뇌, 복뇌, 성뇌의 분열된 사념과 부정적 속성을 정화하는 '4브레인 정화명상'이다. '4브레인 정화명상'은 호흡과 나선형의 에너지 소용돌이 상상력을 활용하여 4브레인을 빠르게 정화하여 통일의식으로 이끌어준다.

4브레인 정화명상

준비 수련

❶ 의자나 바닥에 편안히 앉아 등을 바르게 하고 눈을 살며시 감는다. 얼굴에는 미소를 띠며 긴장을 이완한다.

❷ 먼저 자신이 청량한 숲 속에 있다고 상상한다. 맑고 상쾌한 숲의 에너지를 수차례 깊이 호흡하며 몸과 마음을 더욱 깊이 이완한다.

두뇌 정화하기

❶ 먼저 두뇌를 주시하며 떠오르는 사념들을 관찰해본다. 천방지축 날뛰는 잡념에 포로가 되지 말라. 사념의 주인인 것처럼 멀리 떨어져 관조만 하라. 두뇌 관조만으로도 잡념이 어둠이 물러가듯 사라지는 것을 느낄 수 있다.

❷ 다음은 두 눈썹 사이인 인당으로 청량한 숲의 에너지를 나선형을 그리며 들이쉰다. 두뇌가 빛의 에너지로 가득차는 것을 느낀다.

❸ 내쉴 때는 들이쉰 에너지를 두뇌 속에서 회전시키며 잡념들이 하나의 통일된 의식으로 통합되는 것을 상상한다.

❹ 인당으로 숨을 들이쉬고 두뇌 안에서 회전시키는 것을 수차례 반복한다. 두뇌의 잡념이 하나의 통일의식으로 통합되거나 무념무상이 될 때까지 호흡을 계속 반복한다.

인당으로 숨을 들이쉬고 두뇌 안에서 회전시키는 것을 수차례 반복한다.

심뇌 정화하기

❶ 심뇌를 주시하며 느껴지는 감정들을 관찰해본다. 감정의 포로가 되지 말고, 감정의 주인인 것처럼 멀리 떨어져 관조만 해보라. 심뇌 관조만으로도 부정적 감정들이 눈 녹듯이 사라지는 것을 느낄 수 있다.

❷ 다음은 양 젖꼭지 사이인 단중으로 청량한 숲의 에너지를 나선형을 그리며 들이쉰다. 심뇌인 심장이 빛의 에너지로 가득차는 것을 느낀다.

❸ 내쉴 때는 들이쉰 에너지를 심장 속에서 회전시키며 부정적 감정들이 긍정적 감정으로 변화되는 깃을 상상한다.

❹ 단중으로 숨을 들이쉬고 심장 안에서 회전시키는 것을 수차례 반복한다. 심뇌의 부정적 감정들이 긍정적인 감정들로 가득 찰 때까지 호흡을 계속 반복한다.

단중으로 숨을 들이쉬고 심장 안에서 회전시키는 것을 수차례 반복한다.

복뇌 정화하기

❶ 복뇌를 주시하며 소장, 대장, 비위장, 간담, 신장 등의 각 장기들을 관찰해 본다. 몸과 장기의 주인인 것처럼 멀리 떨어져 관조만 하라. 복뇌 관조만으로도 몸과 하나로 연결되어, 몸과 장기가 건강해지고 생생하게 깨어나는 것을 느낄 수 있다.

❷ 다음은 배꼽으로 청량한 숲의 에너지를 나선형을 그리며 들이쉰다. 복뇌인 장기들이 빛의 에너지로 가득차는 것을 느낀다.

❸ 내쉴 때는 들이쉰 에너지를 배꼽을 중심으로 장기들 내로 회전시키며 장기의 부정적 에너지가 긍정적 에너지로 변화되는 것을 상상한다.

❹ 배꼽으로 숨을 들이쉬고 배꼽을 중심으로 배 안에서 회전시키는 것을 수차례 반복한다. 복뇌의 부정적 에너지가 긍정적인 에너지로 가득 찰 때까지 호흡을 계속 반복한다.

배꼽으로 숨을 들이쉬고 배꼽을 중심으로 배 안에서 회전시키는 것을 수차례 반복한다.

성뇌 정화하기

❶ 남성은 성기, 고환, 전립샘, 여성은 질, 자궁, 난소 등의 성뇌를 관찰해본
  다. 성뇌의 주인인 것처럼 멀리 떨어져 관조만 하라. 성뇌 관조만으로도 성
  뇌와 하나로 연결되어, 성기관이 건강해지고 활력으로 넘쳐나는 것을 느낄
  수 있다.

❷ 다음은 치골 바로 위의 성센터로 청량한 숲의 에너지를 나선형을 그리며
  들이쉰다. 골반과 성기관이 빛의 에너지로 소용돌이치는 것을 느낀다.

❸ 내쉴 때는 들이쉰 에너지를 골반과 성기관 내로 회전시키며 성기관의 부정
  적 성에너지가 긍정적 성에너지로 변화되는 것을 상상한다.

❹ 성센터로 숨을 들이쉬고 골반 안에서 회전시키는 것을 수차례 반복한다.
  성뇌의 부정적 에너지가 긍정적인 에너지로 가득 찰 때까지 호흡을 계속
  반복한다.

성센터로 숨을 들이쉬고 골반 안에서 회전시키는 것을 수차례 반복한다.

| 2단계: 자기 통일

　두뇌수련 1단계에서 내면을 관조하는 자기 관찰부터 시작했다. 자기 관찰만으로도 잡다한 생각과 부정적 감정, 잘못된 습관과 행동, 성의 억압과 과잉 성욕 등은 정리되기 시작한다고 했다. 자기 관찰은 내면의 빛이 되어 각 뇌의 어둠과 무질서를 몰아낸다.

　그러면 두뇌의 선후천 성질인 직관과 사고, 심뇌의 선후천 성질인 감성과 감정, 복뇌의 선후천 성질인 동작과 행동, 성뇌의 선후천 성질인 본능과 충동은 서로 조화를 이루기 시작하고 하나의 통일성을 갖추게 된다.

　이렇듯 먼저 4개의 뇌가 모두 조화롭게 통일성을 갖추는 것이 중요하다. **특정한 하나의 뇌만 발달시키고 다른 뇌의 추구를 멈춘다면, 전문인이나 전문 수행인은 될지언정 지혜인이나 전인은 더 이상 될 수 없다.**

　그러므로 4브레인 개발과 충족은 4브레인 간의 조화로운 통합으로 한 발 더 나아가야 한다. 4브레인이 하나로 통일되지 못하면 서로 간의 균형이 깨져버린다. 4브레인의 균형이 무너지면 어떤 한 뇌가 다른 뇌의 기능을 비효율적으로 대체하려 하고, 불균형은 더욱 극심해진다.

　4브레인 간의 조화로운 통합은 전체적인 인간인 전인을 낳고, 대자유인을 만들어준다. 이렇게 하나로 통일된 나는 자기 자신의 것을 제대로 소망할 수 있고, 성취할 수도 있다. 통일된 상태에서는 의도하는 바가 분열되지 않고 확고해진다. 그 성취력과 창조력 역시 한 힘으로 집중되어 초능력을 발휘한다.

다음은 두뇌, 심뇌, 복뇌, 성뇌를 하나로 통일하는 '4브레인 통합명상'이다. '4브레인 통합명상'은 호흡과 나선형의 에너지 소용돌이 상상력을 활용하여 4브레인을 빠르게 통일하여 전체적인 전인(全人)으로 이끌어준다.

이 명상은 앞의 1단계 '4브레인 정화명상'에 이어서 실시하면 좋다. 1단계 '4브레인 정화명상'이 익숙해졌다면, 2단계 '4브레인 통합명상'으로 바로 들어갈 수 있다.

4브레인 통합명상

준비 수련
❶ 의자나 바닥에 편안히 앉아 등을 바르게 하고 눈을 살며시 감는다.
   얼굴에는 미소를 띠며 긴장을 이완한다.
❷ 먼저 자신이 청량한 숲 속에 있다고 상상한다. 맑고 상쾌한 숲의 에너지를 수차례 깊이 호흡하며 몸과 마음을 더욱 깊이 이완한다.

두뇌를 비워서 심뇌와 통합하기

❶ 먼저 두 눈썹 사이인 인당으로 청량한 숲의 에너지를 나선형을 그리며 들이쉰다. 두뇌가 빛의 에너지보 가늑차는 것을 느낀다.
❷ 내쉴 때는 들이쉰 에너지를 두뇌 속에서 회전시키며 잡념들이 하나의 통일된 의식으로 통합되는 것을 상상한다.
❸ 인당으로 숨을 들이쉬고 두뇌 안에서 회전시키는 것을 수차례 반복한다. 두뇌의 잡념이 하나의 통일의식으로 통합되거나 무념무상이 될 때까지 호

흡을 계속 반복한다.

❹ 다음은 인당으로 청량한 숲의 에너지를 나선형을 그리며 들이쉰 후, 내쉴
때 심뇌인 심장까지 에너지를 내리고 심장에서 회전하며 심뇌와 통합한다.
두뇌의 의도가 심뇌의 의지와 확신으로 확고해지는 것을 느끼라.

인당으로 청량한 숲의 에너지를 나선형을 그리며 들이쉰 후,
내쉴 때 심뇌인 심장까지 에너지를 내리고 심장에서 회전하며 심뇌와 통합한다.

심뇌를 비워서 복뇌와 통합하기

❶ 양 젖꼭지 사이인 단중으로 청량한 숲의 에너지를 나선형을 그리며 들이쉰다. 심뇌인 심장이 빛의 에너지로 가득차는 것을 느낀다.

❷ 내쉴 때는 들이쉰 에너지를 심장 속에서 회전시키며 부정적 감정들이 긍정적 감정으로 변화되는 것을 상상한다.

❸ 단중으로 숨을 들이쉬고 심장 안에서 회전시키는 것을 수차례 반복한다. 심뇌의 부정적 감정들이 긍정적인 감정들로 가득 찰 때까지 호흡을 계속 반복한다.

❹ 다음은 단중으로 청량한 숲의 에너지를 나선형을 그리며 들이쉰다. 내쉴 때 복뇌인 배꼽 안쪽까지 에너지를 내리고 배꼽 안쪽에서 회전하며 복뇌와 통합한다.

심뇌의 의지와 확신이 복뇌의 행동으로 실현되는 것을 느끼라.

단중으로 청량한 숲의 에너지를 나선형을 그리며 들이쉰 후,
내쉴 때 복뇌인 배꼽 안쪽까지 에너지를 내리고 배꼽 안쪽에서 회전하며 복뇌와 통합한다.

성뇌를 비워서 복뇌와 통합하기

❶ 치골 바로 위의 성센터로 청량한 숲의 에너지를 나선형을 그리며 들이쉰
다. 골반과 성기관이 빛의 에너지로 소용돌이 치는 것을 느낀다.

❷ 내쉴 때는 들이쉰 에너지를 골반과 성기관 내로 회전시킨다. 성기관의 부
정적 성에너지가 긍정적 성에너지로 변화되는 것을 상상한다.

❸ 성센터로 숨을 들이쉬고 골반 안에서 회전시키는 것을 수차례 반복한다.
성뇌의 부정적 에너지가 긍정적인 에너지로 가득찰 때까지 호흡을 계속 반
복한다.

❹ 다음은 성센터로 청량한 숲의 에너지를 나선형을 그리며 들이쉰다. 내쉴
때 복뇌인 배꼽 안쪽까지 에너지를 올리고 배꼽 안쪽에서 회전하며 복뇌와
통합한다. 성뇌의 창조에너지가 복뇌의 실행력으로 증폭되는 것을 느끼라.

성센터로 청량한 숲의 에너지를 나선형을 그리며 들이쉰 후,
내쉴 때 복뇌인 배꼽 안쪽까지 에너지를 올리고 배꼽 안쪽에서 회전하며 복뇌와 통합한다.

배꼽호흡으로 4브레인 통합하기

❶ 배꼽으로 청량한 숲의 에너지를 나선형을 그리며 들이쉰다.

❷ 내쉴 때는 들이쉰 에너지를 복뇌 중심인 배꼽 안쪽(단전)으로 회전시키며 에너지의 공(덩어리)으로 집중되는 것을 상상한다.

❸ 배꼽으로 숨을 들이쉰 후, 내쉴 때 배꼽 안쪽(단전)으로 회전시키며 에너지의 공으로 집중하는 것을 수차례 반복한다. 동시에 4브레인이 하나로 통합되는 것을 느끼며 호흡을 계속 반복한다.

❹ 4브레인이 함께 배꼽 안쪽(단전)에서 호흡하며 하나로 통합되고 있다. 4브레인이 하나로 통합되면서 몸과 마음이 점점 고요해지고 평온해진다.

통일의 고요한 평화와 에너지 속에 머무르라. 고요 속에서 지복을 느끼며 하나된 자신을 찾고 자신이 진정 누구인지 탐구해보라.

통일의 신비한 힘, 일정한 규칙을 따른다면 이 힘이 당신이 의도하는 것을 실현시켜 줄 것이다.

| 3단계: 자기 자각

감옥은 나 자신

그대가 그토록 지키고 싶은 '나'는
그대 자신을 가두는 감옥이다.

아무도, 어떤 환경도
그대를 구속하지 않는다.
누구도, 어떤 조건도 그대를 괴롭히지 않는다.

오직 '나' 자신이
나를 가두고 괴롭힐 뿐이다.

'나'로부터 벗어나면
바로 자유, 온 세상이 바로 나!

우리는 두뇌수련 1단계 자기 관찰부터 시작해 2단계 자기 통합을 통해 4브레인이 하나로 통일되는 경지에 이르렀다.

이렇게 4브레인이 하나로 통일됨에 따라 점차로 자기에 대한 앎, 자기 자각이 저절로 생겨난다. 자기 자신의 본성이나 존재의 실상은 어떤 지식이나 지성, 혹은 감성이나 느낌만으로 알 수 있는 영역이 아니다.

오히려 그런 편협한 주관의 안경이 개입될수록 본성이나 실상은 그 본모습이 가려지고 왜곡되고 만다. 하얀 도화지가 드러나려면 그 위에 그려진 그림의 채색이 말끔히 지워져야 한다. 그림의 선이나 채색으로는 하얀 도화지 자체를 설명하거나 드러낼 수 없다.

전체에 대한 앎은 직관을 넘어 통찰로 가능하다. 자신의 의식에 대한 앎은 역설적이게도 그 의식을 넘어선 초월의식으로 접근이 가능하다. **참으로 나를 알고자 하면 내가 없어져서 무아(無我)가 되어야 한다.** 자기 자각은 수많은 '나'가 하나로 통일되는 '자기 통합'에 의해 생겨나기 시작한다. 그리고 궁극적으로 자기 초월에 의해 그 본모습이 완전히 드러난다.

자기 자신의 본성에 대한 앎만이 진짜 지식이고, 진리를 밝게 보는 눈이 된다.

우리는 1부 3장에서 **앎의 영역을 실상(實像), 현상(現像), 약상(約像)의 세 가지 범주**로 나누어 파악해보았다. 에고의 주관으로 보는 현상(現像)은 사실은 실상(實像)의 그림자일 뿐이고 허상이다. 우리는 주관들로 왜곡된 허상 안에서, 상호 약속에 의해 만들어진 약상(約像) 속에서 살아갈 뿐이다.

자기 자각은 진짜 삶의 시작이다. 자기 자각을 통해 허상은 실상이 된다. 즉, 현상이 실상(이데아)이 되고 이상향이 된다. 현상과 실상이 하나로 될 때 비로소 해탈하여 고해의 쳇바퀴에서 완전히 탈출할 수 있다. 미래가 아닌 바로 지금 이 삶에서!

이제 자기 자각에 이르러 드러난 개념은 다음 네 가지로 압축된다.
'하나의식, 창조의식, 주인의식, 현존의식!'

성뇌수련에서 출발하여 복뇌수련, 심뇌수련을 거쳐 두뇌수련에 이르러 도달한 진리와 행복의 최종 종착지는 '하나의식, 창조의식, 주인의식, 현존의식'이다.

진리 탐구의 긴 여정을 내딛은 것 치고는 얼핏 특별난 것이 없어 보이는 목적지이다. 하지만 성급한 판단은 금물이다. 이 네 가지 의식 역시 존재의 실상 자체는 아니며, 실상을 가리키는 손가락이요 지도일 뿐이다. 이 지도를 따라가노라면 가장 쉽고 빠르게 실상의 세계에 당도하게 된다. 우리가 도입부에서 제기한 자신 존재의 근본문제가 스스로 풀린다.

'나는 과연 누구인가?', '나는 어디서 와서 어디로 가는 것일까?', '나는 어떻게 하면 행복할까?'

'하나의식' 하나로 끝낼 수도 있지만 실상에 다가가기 위한 방편으로는 네 가지가 가장 유용하다. 이 네 가지 의식을 개념으로만 이해한다면 역시 지식 차원으로 번뇌만 더할 뿐이다.

이 지도를 따라 직접 걷고 체득해야 자기 자각에 이를 수 있다. 나 자신이 누구인지 알게 되었을 때 비로소 실상을 맛보게 되고 참다운 행복이 시작된다. 다행히도 그곳은 멀리 있지 않다. 나 자신이며 이 세상이 가까이 있지 않은가?

| 자기 자각에 이르는 자유명상

'자유명상'은 자기 자각에 이르러 참 자유와 행복을 얻는 생활수행이다. 시간과 공간에 얽매이지 않고 언제, 어디서나 행하는 수행이기에 자유명상이라 이름 붙였다. 또한 감옥이자 고통과 문제의 근원인 '나'로부터 해방되어 참 자유를 얻는 수행이기에 자유명상이다.

자유명상을 삶 속에서 실천하노라면 스스로 자신이 누구인지 알게 되고, 저절로 자유로워지고 행복해진다. 나의 본질에 대한 앎을 바탕으로, 내가 진정 원하는 삶을 세상과 우주에 펼치게 된다.

그대와 나, 하나의 영혼으로

여기 이 성 안에 앉아 있는 시간 즐거워라.
두 모습, 두 얼굴이지만 그러나 하나의 영혼으로 그대와 나

우리가 오래된 정원으로 걸어들어가는 순간
숲의 눈부심과 새들의 지저귐이 우리에게 영원한 생명을 약속한다.
그대와 나

하늘의 별들은 우리를 보려고 서로 다투어 얼굴을 내민다.
그 별들에게 우리는 달이 되어 다가가리라. 그대와 나

각자 자기 자신에게 해방된 우리들 환희 속에 한 몸이 된다.
더없는 기쁨 더 이상의 말은 필요없다.
그대와 나

하늘의 새들은 질투심에 심장을 뜨겁게 불태운다.
우리가 행복하게 웃고 있는 이 성에서 놀라와라, 이 순간!

이렇게 우리 함께 있음에도 사실 그대는 강 저쪽 기슭에 있고
나는 강 이쪽 기슭에 있다.
그대와 나

-루미 (1207~1273, 수피 시인)

나 자신의 유일한 존귀성을 자각하고 결코 남과 비교하지 말라!

나는 하나이다. **하나라는 뜻은 '유일한 존재'인 동시에 '전체'라는 것이다.**

먼저 '유일한 존재'란 무엇일까? 천상천하유아독존(天上天下唯我獨尊)! 이 우주에서 '나' 하나밖에 없는 존귀한 존재라는 뜻이다. 진짜 나뿐(나뿐인) 사람, 나 하나밖에 없다. 이 세상에 나와 똑같은 존재는 그 어디에도 없다. 나는 유일하다. 하나밖에 없으니 얼마나 존귀하고 위대한가?

그런데도 흔히들 자신의 존귀성을 망각한 채 열등감으로 노예나 패배자처럼 처량하게 살아간다. 유일한 자신을 다른 사람과 끊임없이 비교하면서 자기 자신을 처참하게 만들고 상대방을 집요하게 괴롭힌다. 그것도 자기에게 유리한 것은 빼고 불리한 것만 비교하면서!

진짜 나뿐 사람, 즉 자신의 존귀성을 자각한 독존자(獨尊者)는 결코 남과 비교하지 않는다. 나는 나일 뿐. 진짜 나뿐 사람은 이 세상에 오직 하나뿐인 나를 사랑하며 그런 자신에 대해 자부심을 가진다.

나뿐 사람은 이기주의자인 나쁜 사람과는 완전히 다르다. 나쁜 사람은 다른 사람의 입장과 생각은 안중에 없고 오직 나 중심으로 바라보고 행동한다. 반면 나뿐 사람은 타인의 존귀성도 잘 알기에 타인의 개성도 존중하고 받아들인다.

유일한 존재들이 모여 이 지구촌이 얼마나 다채롭고 풍성해지는가? 오직 하나뿐인 존재들이므로 각자 고유의 매력이 있고 향기가 있다.

비교할 필요도 없고 비교할 수도 없다. 오직 분별의 마음만이 비교하고 시비를 가리고 호불호를 따진다. 진짜 나쁜 사람의 눈에는 모두가 아름답게 보이고 순간순간이 행복으로 다가온다. 비교하고 시비를 가리는 순간 나쁜 사람, 어설픈 이기주의자가 된다.

> 나의 존재는 홀로 존귀하다.
> 남과 비교하는 순간
> 독존(獨尊)에서 멀어진다.
> 다른 대상과 같은 반열에 자신을 위치시킴으로써
> 스스로 자신의 격을 떨어뜨린다.

굳이 남과 비교하고 싶다면 자신이 남보다 좋은 점, 더 많이 가진 것을 비교하라. 그러면 감사함과 만족감이 스스로 생겨난다.

결코 남에 대해 우월감을 가지라는 말이 아니다. **우월감은 자신의 내면이 텅 비어있음을 뜻한다.** 그 공허감을 자기보다 못한 이들, 약한 이들에게서 채우고자 하는 가련한 욕구, 그것이 우월감이다. 거짓 나인 에고는 우월감을 먹고 자란다. 그래서 많은 사람들은 친구든 동료든 자신보다 좀 열등한 이들을 좋아한다.

요즘 들어 반려동물이 그토록 각광받는 이유가 무엇이겠는가? 바로 자신의 에고를 충족시켜 주고 우월감을 부추겨주기 때문이다. 진짜 동물을 위하고 사랑한다면 그냥 동물들이 본능에 따라 하고 싶은 대로 놔두는 것이 최상이다. 이 얼마나 불쌍한 동물들이고, 가련한 인간들인가?

이 세상에 진짜 나쁜 사람은 드물다. 진짜 나쁜 사람이야말로 행운이 가득하며 어떤 경우든 이 세상의 승자나 성공인이 될 수 있다.

독존자(獨尊者)는 남이 아니라 그 자신의 삶을 살기 때문이다. **유일하고 존귀한 자기 자신이 되라. 비교하는 순간 처참한 나락으로 떨어지게 된다.**

온 존재는 모두 나, 타인을 거울로 삼아라!

두 번째, 하나라는 뜻은 '전체'라는 것이다. **온 존재는 하나요, 곧 나이다.**

이 세상에 나 아닌 것이 없다. 이번엔 유아독존(唯我獨存), 오직 나만 홀로 존재한다. 오직 나뿐이고, 나 이외의 것은 없다. 왜 그럴까?

진짜 나뿐인 사람은 타인이나 나와 분리된 대상은 없다고 생각한다. 그들의 사전엔 남과 너란 단어가 없고 오직 나와 우리밖에 없다. 남이란 또 다른 나일 뿐이고 모두 하나로 연결된 우리이다.

왜일까?

우주의 모든 존재는 돌고 순환하며 하나로 연결되어 있는 한 생명체이다. 비근한 예로 내 몸 밖의 공기와 음식을 먹으면 곧 내가 된다. 내가 내놓은 공기와 노폐물은 다른 생명체의 먹이가 되고, 또 그 생명체는 다른 이의 먹이가 된다.

크게 보면 우주는 한 생명체이고 우리 하나하나는 우주의 일부이자 우주 그 자체이다. 섬처럼 보이는 것이 실상은 바다 밑에서 하나로 연결되어 있듯이. 손가락은 다섯이지만 하나의 손이지 않은가?

이 세상과 우주는, 내가 확대된 나일 뿐이다. 진짜 나뿐인 사람은 자신을 사랑하는 것이 다른 이를 사랑하는 일이요, 다른 이를 사랑하는 것이 진정 나를 사랑하는 길임을 알고 있다. 그리고 모두가 나의 또다른 분신이므로 다른 이를 욕하거나 죽이는 일은 곧 자신을 욕하고 죽이는 것임을 알고 있다. 다른 이의 잘못을 비판하거나 꾸짖을 때는 자신을 대하듯 깊은 연민과 사랑으로 한다. 진짜 나쁜 사람들이 많아지면, 지구촌은 싸울 일이 없어지고 평화로 가득해질 것이다.

나의 단점과 허물을 쉽게 보는 방법이 있다. 바로 타인을 거울로 삼으로 된다. 타인에게서 보이는 바가 바로 나의 모습이다. 타인이 바로 나이며 나의 거울이기 때문이다.

부처의 눈에는 부처만 보이고, 도둑놈의 눈에는 도둑놈만 보인다는 말이 있다. 이 말은 딱 맞다. 내가 화내면 상대방도 화내고, 내가 웃으면 상대방도 웃는다. 상대방에게서 보이는 것은 아무리 터무니없이 느껴져도 바로 내 속에 똬리 틀고 있는 속성이다.

자기 자신을 스스로 보기 힘들기 때문에, 상대방의 거울을 보면 자신을 쉽게 알 수 있다. 상대방이 밉게 보이면 그 미워하는 마음이 내 속에 있다는 증거이다. 그러므로 상대방이 밉게 보이면, 그에게 눈을 돌리지 말고 자신 속의 미워하는 마음을 없애야 한다. 상대방의 얼굴에서 때가 보일 때 내 얼굴에 낀 때를 먼저 씻으면 상대방도 감쪽같이 깨끗해진다.

하나님이 이 세상을 창조한 후 보시기에 모든 존재가 아름다웠다고 「성경」의 창세기에 기록되어 있다. 바로 하나님의 눈으로 보면 모든 게 아름답게 보일 뿐이다. 내 마음의 때가 씻겨 순수해지면 온 세상이 맑고 아름답게 보인다. 그러므로 자기 자신을 타인과 우주의 거울에 비춰가며 살면, 자신을 되돌아보며 맑은 의식을 끊임없이 닦아나갈 수 있다.

'내'와 '네'는 하나이며, 서로를 비춰주는 거울이다.

그렇다면 홀로 존귀한 '독존(獨尊)'과 모두가 하나라는 '독존(獨存)'은 어떻게 양립되는가? 이는 존재의 독립성과 의존성을 동시에 나타내주는 것으로, 하나 속에 전체가 있고 전체가 곧 하나라는 뜻이다. 현대물리학적으로 표현하면 부분과 전체는 같다.

바로 이런 존재의 양면성을 수피 시인 루미(1207~1273)는 이렇게 시적으로 노래했다. 함께 있으면서 따로 또 있는 역설이 존재의 실상이다. 레바논의 신비주의 시인인 칼릴 지브란은 두 기둥이 적당히 떨어져 있어야 그 집이 함께 온전히 서 있을 수 있음을 노래한 것과 같은 맥락이다.
연인이든, 친구든, 신이든 하나의 영혼으로 만나야 하지만, 또 서로 자유롭게 홀로 존재해야 한다. 홀로 존재해도 전체이며, 전체가 만나도 또 하나이다. 존재는 역설적으로 보이며 신비로움으로 가득 차있다.

"이렇게 우리 함께 있음에도
사실 그대는 강 저쪽 기슭에 있고
나는 강 이쪽 기슭에 있다.
그대와 나"

'나'는 삶과 우주의 창조자

내가 보기에 따라 세상은 달라지고
다른 우주가 만들어진다.
"인간이 상상할 수 있는 모든 상황이 무수한 평행우주에
실제로 존재한다."는 평행우주론이나 다중우주론은
과학적으로 이 사실을 말해주고 있다.

개개인은 자신의 우주를 창조한다!
생각의 선택이 자신의 운명을 만들고
자신이 처한 환경을 바꾸고 우주의 실상을 결정한다.

창조놀이를 즐길 것인가? 괴로워할 것인가?
행복을 창조할 것인가? 불행을 창조할 것인가?

모두 우주의 창조자인 당신에게 달려있다!

나는 삶의 창조자, 운명론과 비관론에서 벗어나라!

대부분의 사람들은 삶의 창조자가 되기보다는 피조의식에 사로잡혀 있다. 자신이 태어난 것부터가 부모가 만들었다고 생각한다. 부모가 자식에게 못마땅한 말을 하면 "왜 날 낳았어?"라고 반문한다. 하지만 1~2억 마리 정자 중 난자에게 제일 먼저 달려간 자는 과연 누구인가?

바로 자기 자신이다. 1~2억분의 1의 경쟁자를 물리치고 난자에 도달한 자는 바로 자기 자신이라는 사실을 자각해야 한다. 자신의 의지에 의해 난자로 달려갔으며, 바로 자신의 힘으로 수많은 경쟁자들을 물리치고 난자와 만나는 영광을 차지했다.

이 생애에서 당신의 출발은 위대했으며 가히 성공적이었다! 그런데 과연 당신은 그 성공적인 출발점과 초발심을 유지하고 있는가?

불행하게도 대부분은 그렇지 않다. 대부분은 그 의기양양했던 초발심을 잊어버리고 현실에 안주하기에 급급하고, 타인과 환경의 노예가 되기를 자처한다.

"코로나 때문에 죽겠어!" "부모 못 만나 이 모양 이 꼴이야!" "너 때문에 괴로워!"

모두가 환경 탓, 남 탓 타령들이다. 그나마 다행스런 것(?)은 좋은 일은 자신 덕분이라고 생각하는 것이다. 하지만 좋은 일이든 나쁜 일이든 모두 자기 자신이 창조한다는 사실을 절실히 깨달아야 한다.

좋지 않은 상황, 고통스런 일도 스스로 자초하고 만들어낸다는 자각은 참으로 노예의식이나 피조의식이 아닌 창조의식의 발로이다. **참다운 창**

조인은 필요에 따라 즐거운 것뿐만 아니라 고통스런 것도 만들어낼 수 있다.

불운은 그야말로 운명적으로 기획된 일이라거나 우연이 생긴 일이라고 치부하면 피조의식에 사로잡혀 있는 것이다. 더구나 불운을 환경이나 남 탓으로 끝낸다면 노예의식에 사로잡혀 있는 것이다. 환경과 남의 지배에 있다고 스스로 인정하니, 그것의 노예가 아니고 무엇이겠는가?

위대한 과학자 아인슈타인도 "상상은 삶의 핵심이다. 다가올 미래의 시사회다."라고 간파했듯이, 현재 자신의 모습과 삶은 자신의 생각이 만들어낸다. 자신의 사고와 의식수준은 세상을 보는 모습을 결정하며 실제로 세상을 변화시키기도 한다. **어떤 사람의 의식과 사고는 그의 삶과 우주를 창조하는 씨앗이다.**

두뇌의 의도라는 씨앗이 무르익어 발아하면, 심뇌의 의지와 확신으로 표출된다. 충분히 원하고 의도하지 않으면 그 씨앗이 발아하지도 못한다.

바로 의도가 충분히 굳건해지면 의지가 되어 신념과 말 등으로 표현된다. 신념과 말은 의지가 에너지화된 실체로, 현실 창조의 비료가 된다. **두뇌의 의도와 상상에 생명력을 불어넣는 건 바로 심뇌의 신념과 말 등**이다.

"너희가 기도할 때 **믿고** 구하는 것은 무엇이든지 다 받을 것이다."〈마태복음 21장 22절〉 "태초에 **말씀**이 계시니라, 이 말씀이 하나님과 함께 계셨으니 이 **말씀**은 곧 하나님이시니라."〈요한복음1:1〉

이렇듯이 「성경」에서도 믿음이 꿈을 이루는 힘이요, 말이 창조력이라

두뇌의 의도는 창조의 씨앗. 심뇌의 의지(신념)는 상상이 에너지화 된 좀더 견고한 실체로,
의도에 생명력을 부여하는 거름(에너지).
이 둘이 복뇌의 행동을 유발하여 현실로 물질화된다.

는 것을 강조하고 있다.

말은 아무리 사소한 것이라도 일단 발설되면 마음밭에 뿌려진 씨를 키우는 거름이 된다. 말은 단순히 생각의 표현에 그치는 것이 아니라, 강력한 상념으로 마음을 지배하며 결국 사람의 운명을 창조해낸다.

부정적인 말을 계속 반복해서 자신에게 암시하면, 이것이 마음의 씨가 되어 좋지 않은 상황만 발생한다. 반면 좋은 말을 계속 되풀이해서 자신의 귀에 들려주면, 그것이 마음의 거름이 되어서 좋은 운명을 만들어 낸다.

흔히 기쁜 노래는 기쁜 사람을 만들고, 슬픈 노래는 슬픈 사람을 만든다고 한다. 이별의 노래를 즐겨 부르는 가수는 쉽게 이별하게 되고, 죽음의 노래를 즐겨 부르는 가수는 일찍 죽는 사례가 많다고 한다. 노래라는 것도 그것을 몇 번이고 계속하여 부르다 보면, 그것이 자신도 모르는 사이 상념(想念)으로 되어 자기의 마음에 거름을 주게 된다.

말은 자기 자신뿐만 아니라 그것을 듣는 상대방에게도 큰 영향을 끼친다. 특히 마음이 백지와 같은 상태의 어린이에게, 그 말은 직접적으로 그의 운명을 결정하는 씨앗이 된다.

평강공주가 바보 온달에게 덕이 되고 힘이 되는 말을 해줌으로써 바보를 장군으로 만든 사실을 생각하면, 말의 힘이 얼마나 위대한가를 새삼 짐작할 수가 있다. 말 한 마디로 자신의 운명과 상대방의 운명을 바꿀 수 있음을 명심해야 한다.

"험담은 살인보다도 위험하다. 살인은 한 사람만을 죽이지만 험담은 반드시 세 사람을 죽인다.
험담을 퍼뜨리는 사람, 그것을 부정하지 않고 듣고 있는 사람, 그리고 화제가 되어있는 그 사람."
– 「탈무드」

깨어있는 눈이라야, 순간순간 창조의 새 날을 맞이할 수 있다

　매일매일, 순간순간이 창조의 새 날이라는 사실을 느끼고 있는가?

　흔히들 창조는 태초에 일어났던 한 순간의 이벤트요, 파괴는 먼 훗날에 일어나는 미래의 종말이라고 생각한다. 하지만 그것은 현재를 바로 보지 못하는 착각이다. 창조와 파괴는 찰나 생멸하는 현재 진행형의 실상일 뿐이다.

　삶과 우주는 지금도 순간순간 창조되고 있다. 이 순간 새로운 삶이 펼쳐지고 이 순간 새로운 우주가 탄생되고 있다. 우리는 같은 물에 두 번 다시 발을 담글 수 없고, 같은 공기를 두 번 다시 들이쉴 수 없으며, 하늘의 같은 별빛을 두 번 다시 볼 수 없다.

　또한 삶과 우주는 순간순간 파괴되고 있다. 파괴되지 않고 새로운 존재가 탄생할 수 없지 않은가? 지금 이 순간에도 내 몸의 묵은 세포는 죽고 새 세포가 복제되고 있다. 오래 된 생명과 별이 멸하고 새 생명과 별이 탄생된다.

　창조와 종말은 과거의 신화도 아니고 미래의 예언도 아니다. 이 순간순간 동시에 일어나는 현재 진행형일 뿐이다. 어떻게 동전의 한 면만이 존재할 수 있겠는가?

　자연의 변화와 일상이 쳇바퀴 돌 듯이 반복되는 것으로 느껴지는 경우가 많다. 하지만 같은 날, 같은 순간이 반복되는 건 일체 없다. 매일 새로운 날이고, 매 순간순간이 새롭다. 다만 고정관념의 안경이 그 새로운 변화를 보지 못하게 사진 찍듯이 가로막고 있다.

　내 자신의 내적 의식과 몸이 변화될수록 우주와 일상은 전혀 다르게 다가온다. 같은 음식도 같은 맛이 아니요, 같은 자연의 변화도 전혀 새로운 감동으로 감지된다.

　　깨어있는 의식으로 대하면
　　미묘하게 변화하고 있는 일상이 경이롭게 느껴지며,
　　나날이 새로운 눈을 뜨면
　　전에 보지 못했던 깊이를 느끼고 맛보게 될 것이다.

　그리고 당신은 존재계를 아름답게 수놓는 창조자이자 창조물이요, 존재계를 새롭게 하는 파괴자이자 파괴물이다. 이 순간을 사는 사람, 이 순간의 창조와 파괴에 온전히 동참하는 사람이야말로 삶을 온전히 사는 사람이다. 그는 이 순간을 사는 현존자이며, 파괴조차 자신이 선택하며 온전히 주체적으로 기꺼이 받아들인다는 측면에서 참다운 창조자이다.

　이제 창조자인 그는 삶과 운명의 주인이다. 그에게 운명이나 우연은 술에 취한 신의 주사위놀이일 뿐이다.

주인의식

주인의식으로 살면?

주인의식으로 살면
모든 것의 주인이 될 수 있다.

내 건물이든 임대건물이든 사는 동안은 내 것이다.
내 것이라 생각하고 아끼면서 마음껏 사용하라.

하는 일을 내 일이라 생각하면
창조성이 샘솟고 신난다.
일에 대한 가장 큰 보상은 일 자체를 즐기는 것이다.

생각하기에 따라 당신은
당신의 의식, 감정, 몸의 주인,
더 나아가 이 지구의 주인, 이 우주의 주인도 될 수 있다.

참다운 창조자는 주인의식으로 산다

앞에서 우리는 나의 본성과 존재의 실상을 꿰뚫는 '창조의식'에 대해 공부해보았다. 이제 그 세 번째로 '주인의식'에 대해 탐구해보자. '주인의식'은 창조의식과 그 맥락을 같이 한다. 창조자는 자기 삶과 우주의 주인이기 때문에 주인의식으로 살기 마련이다. 하지만 주인의식 측면으로 존재의 본성을 탐구해보면 그 실상이 좀더 쉽게 다가올 것이다.

우선 주인이라는 개념은 타인이나 환경의 지배를 덜 받는다는 뜻이다. 그리고 더 나아가 자기 생각이나 감정, 몸의 타성에 따르는 노예근성에서 벗어난다는 뜻이다.

우리는 자신의 삶이라고 생각하지만 실제로는 환경의 조건이나 타인의 눈을 너무 의식하며 피동적으로 살고 있다. **우리의 사고방식, 감정의 습성, 몸의 습관 자체가 대부분 부모와 친구, 사회관습에 따라 형성되었다.** 제3부 4브레인 인간관에서도 살펴보았지만 부모의 유전적 요소, 태생시의 환경적 영향, 백지상태와 같은 7세 이전의 유아교육, 7세 이후 사회관습과 배우자의 영향으로 자신의 개성이 만들어진다. 이런 '개성'은 거짓자아의 가면(심리학적 용어로는 페르소나)으로 자신의 '본성'과는 다르다.

"그 누구도 아닌 나 자신이 된다는 것은, 밤낮없이 우리를 다른 사람들과 똑같이 만들기 위해 갖은 애를 쓰는 세상에서, 사람이 할 수 있는 가장 힘든 싸움을 싸우면서도 결코 그 싸움을 멈추지 말아야 한다는 것을 의미한다."
- E. E. 커밍스(시인)

우리는 주변의 영향으로 만들어진 거짓 자아의 개성으로 살면서 자기의 삶을 살고 있다고 착각한다. 그러므로 주인의식을 찾는다는 건 자신 속에 따리 틀고 있는 수많은 군중의식을 관찰하는 것부터 시작해야 한다.

여기에서 또 앞에서 언급한 '자기 관찰'이 절실히 필요하다. 여기서의 자기 관찰은 분주한 일상 속에서 자신의 사고 흐름, 감정 기복, 몸의 습관을 깨어있는 의식으로 관조하는 것이다. **자신의 사고, 감정, 몸의 습관에 지배당하지 않고 멀리 떨어져 바라보는 것이 바로 주인의식의 출발점이다.** 주인은 하인이나 노예를 지켜보며 다스리는 자가 아니던가?

지켜보고 있노라면 참 자기의 것이 아닌 것은 나에게서 떨어져 나가기 시작한다. 조상의 유전적 습성, 부모가 심어준 꿈과 이상, 사회의 집단의식과 편협한 윤리의식, 국가의 옹졸한 애국심, 종교와 집단의 맹신적 교리와 이념 등등. 지금까지 나와 동일시해왔던 작은 나, 거짓 개성들이 가면을 한꺼풀 한꺼풀 벗겨지듯이 깨져나간다.

멀리 떨어져 지켜보는 주인의식은 내면을 비추는 의식의 불꽃이요, 신성의 빛이다. 그것은 작은 나를 깨뜨려 큰나를 다듬고, 거짓 개성을 불태워 '순수의식'의 빛을 더욱 밝게 타오르게 한다.

본질과 하나가 될 때까지 주인의식으로 지켜보라

본질과 본질의 나툼[현현]

하늘을 명상할 때 희열을 느꼈다면
구름은 하늘의 나툼임을 알아야 하리
그러니 네 자신을 하늘과 하나되게 하라

산을 명상할 때 행복을 느꼈다면
나무와 수풀은 산의 나툼임을 알아야 하리
그러니 네 자신을 산과 하나되게 하라

대양을 명상할 때 기쁨을 느꼈다면
파도는 대양의 나툼임을 알아야 하리
그러니 네 자신을 대양과 하나되게 하라

자성에 대해 명상할 때 지복감을 느꼈다면
산란스런 상념은 자성의 나툼임을 알아야 하리
그러니 네 자신을 자성과 하나되게 하라

– 밀라레빠, 「밀라레빠 십만송」

본질의 나툼을 자기라고 동일시하지 말고 본질과 하나가 될 때까지 거짓 자기를 버리라. 늘 깨어있는 주인의식으로 지켜보는 것만이 거짓을 깨뜨리고 본질이 스스로 드러나게 한다.

내면을 놓치는 자는 살았으나 죽은 자요, 활동하나 잠자는 자이다. 온갖 사념과 부정적 감정에 끌려다니는 노예에 지나지 않는다. 잠자는 사람은 삶의 아름다움을 만끽할 수 없다. 노예는 감시와 감옥에 갇혀 삶과 우주가 선사하는 행복과 대자유를 누릴 수 없다.

그리고 당신이 뭔가 중요한 자신의 목표를 세웠다면 주인다운 목소리로 뇌에 그 사실을 외쳐야 한다. 확고하고 당당하게 말하고, 심장이 떨릴 만큼 의지와 확신의 간절한 심정을 실어야 한다.

우리 두뇌에는 지금 이 순간에도 엄청난 양의 정보가 쏟아져 들어오고 있다. 주인나운 태도로 확신에 차서 뇌에게 말하지 않으면, 당신의 말은 외부에서 들려오는 수많은 정보들 가운데 하나로 전락한다. 혹은 외부의 큰 정보가 당신 뇌의 주인자리를 차지하게 될 것이다.

주인의식은 주체적이고 능동적인 삶을 가꿔주고, 궁극적으로 당신 자신을 존재의 본성으로 이끌어준다.

현존의식

나우토피아

밥 먹을 때는 맛있는 즐거움
차 마실 땐 그윽한 차향의 즐거움

일 할 땐 창조적 즐거움
사랑할 땐 부드러운 감촉의 에너지 쾌감

볼 땐 아름다운 모양의 감동
들을 땐 파동의 오묘한 전율

모든 것이
환상적이고 경이로운 생명의 향연이구나!

'현존의식(現存意識)'은 지금 여기에 살며, 지금 여기를 유토피아로 체험하는 의식이다

현존의식은 하나의식과 창조의식, 주인의식에 이어 자신의 본질과 존재의 실상에 다가가는 가장 빠른 길이다.

현재에 존재하는 건 가장 큰 축복을 경험하는 삶이며 가장 큰 선물을 받는 삶이다. 현재(present)라는 단어에는 '선물'의 의미도 담겨 있다. 우리에겐 현재란 선물이 계속 주어지는데도 받지 않고 있다. 우리가 깨어있다면 매 순간이 축복이요 선물이다.

그런데도 우리는 '무엇무엇만 얻으면 행복할 텐데' 하며 행복을 미래로 계속 미루고 있다. 다들 행복을 갈구하지만 행복하지 못하는 이유는 단순하다. 너무 가까이 있는 행복을 너무 멀리서 찾기 때문이다. 등잔 밑이 어둡듯이 행복은 너무나 가까이에 있어 못 보고 못 찾고 있다.

행복은 내 주변 어디에나 있지만, 진짜는 나 자신의 내면 속에 고요하게 숨어있다. 자신의 4브레인 속마다 행복이 가득하다. 성적 쾌감, 육체적 움직임의 경쾌함과 맛있는 먹거리, 깊은 호흡의 떨림, 주변과 온 존재와의 흥분되는 교감 등등. 우리 자신만 바뀌면 모든 것이 행복으로 다가온다. 바로 내 속에 행복이 있고, 그 행복을 발견하고 깨워내는 순간, 온 존재가 행복으로 가득해진다.

내 아닌 다른 곳 어딘가에 행복이 있다고 착각하여 쫓아다니다가 행복을 찾지 못하는 이 역설. 너무나 어이없고 우습다!

이념, 종교, 도덕, 명분, 국가, 권력, 돈, 과거와 미래 등등. 모든 꿈과 환상을 던져버리고 오직 지금 여기의 실상을 향유하라. 나의 온 존재를 바칠 곳은 오직 **나우토피아**!

미래를 위해 현재를 희생하라고 하는 모든 외침에 단호히 거부하라.

희망, 미래의 즐거움, 내세에 대한 갈망 등, 아직 오지 않은 환상적인 파랑새를 위해 금쪽같은 현재를 투자하는 건 어리석지 아니한가? 지금 여기를 순간순간 잡고 즐기라. 지금 고통스런 순간이라도 다시 맞이할 수 없는 위대한 경험이지 않는가?

사람들은 살아있어도 참으로 살고 있지 않다. 죽은 과거에 묶여있고 오지 않은 미래에 발을 허우적대고 있다. 당신의 고통은 존재하지도 않는 과거나 미래라는 심리적 시간관념 때문에 생겨난다.

당신이 꿈꾸는 유토피아도 지금 여기에 존재할 뿐이다

지상선경, 천국, 천당, 유토피아, 낙원… 누구는 과거에 있었다 하고 누구는 미래에 도래하길 고대한다. 또 누구는 다른 세상에 존재한다고 믿고, 누구는 죽어서 간다고 믿는다.

하지만 유토피아는 지금 여기 현재에만 존재한다. 다만 그것을 보는 눈을 뜨지 못했을 뿐이다.

4복음서의 근간이 된 「도마복음서」(제113장)와 「신약성경」에 언급된 예수의 천국관을 이 책의 3부에서 이미 자세히 살펴보았다. 「도마복음서」 제3장에서는 천국이 어디 있는지 더욱 명확하게 표현했다.

예수께서 가라사대, "너희를 인도하는 자들이 너희에게 이르기를, '보라! 나라(천국)가 하늘에 있다'고 한다면, 하늘의 새들이 너희보다 먼저 나라에 이를 것이다. 그들이 또 너희에게 이르기를, '나라는 바다 속에 있다'고 한다면, 물고기들이 너희보다 먼저 나라에 이를 것이다. 진실로 나라는 너희 안에 있고, 너희 밖에도 있다. 너희가 너희 자신을 알 때, 비로소 너희는 알려질 수 있으리라."

참으로 유토피아, 낙원, 천국은 여기 있다 저기 있다 할 수 없다. 그것이 어디에 있다고 한다면 신기루와 같은 상품일 뿐이다. 유토피아로 가는 티켓을 판매하는 사람은 많지만 헛된 꿈만 심어주는 것이다.

유토피아가 있다면 지금 여기 현재에만 존재할 뿐이다. 그것은 나만이 발견하고 창조하는 세계이다. 유토피아는 내 성감각 속에서도, 내 몸 속에도 가꿀 수 있고, 내 마음 속에서도, 내 정신 속에서도 창조할 수 있다.

유토피아는 어디로 가는 세계가 아니라, 지금 여기에서 내가 창조하는 세계이다. 내가 바로 창조자이다!

현재만이 영원하다!

누구나 자신의 존재가 사라질까 두려워한다. 누구나 가진 것을 잃어버릴까 노심초사한다. 영원한 것을 추구하고 가지려 한다.

수요가 있으면 공급이 있는 법. 영원한 것이 있고 영원한 곳이 있나고 설파하며 종교 장사하는 자들이 득세한다.

하지만 이 세상에, 이 우주에 영원한 것이 있을까? 지구상의 모든 존재, 심지어 우주조차도 생로병사를 겪으며, 끊임없이 변화하고 있다.

변화하는 순간순간을 체험하고 즐기는 것. 그것만이 영원을 사는 길이다. 현재는 살아 움직이는 영원이다. **과거와 미래는 존재하지 않는 마음의 관념, 환상일 뿐이다.** 심리적 시간이 없어지면 마음이 사라지고 실상의 영원을 경험하게 된다. 동시에 시간에 뿌리내리고 있는 마음의 고통도 사라진다.

모든 것은 지나가고 사라진다.
하지만 영원하다.
이 순간은!
차 한잔의 이 순간.

사라질까 두려워 말라. 당신은 사라지고 싶어도 사라질 수 없고 죽고 싶어도 죽을 수 없다. 사라지는 것처럼 보이지만 당신 자신의 본질은 모습만 바꾸어 영원히 존재한다. **그러니 오직 영원한 현재를 놓칠까 깨어만 있으라!** 눈을 뜨고 깨어있으면 지금 여기가 파라다이스요, 영원임을 알게 된다. 현재만이 그대를 구원해줄 유토피아요, 영원이다.

오직 현재에 살고 존재하라.
지금을 즐기라.
지금 즐거우면 영원히 행복한 것.
그러면 이미 유토피아에 사는 것.

지금 이 차 한잔의 행복보다 더 큰 게 있을까?
모든 경험이 경이로운 축복!

5부

내 안의 유토피아를 맛본
사람들 이야기

성뇌에서 두뇌까지,
지금까지 황홀하게 걷고 있는 내면 여행!

- 강현이 (수원시, 45세, 개인사업가)

은방울로 성뇌수련에 입문

타오월드와의 인연은 은방울로 시작되었습니다. 여행이든 어디든 화장실만 보이면 소변을 보러 다녀와야 하는 등, 잠자리에서도 화장실을 들락거리느라 잠을 설치기 일쑤였습니다.

그런데 은방울 착용만으로 이 모든 것들이 완벽하게 개선되었습니다!

별다른 생각없이 은방울을 착용만 한지 7개월째, 요실금이 완치된 게 신기하여 성뇌 교육에 참여했습니다. 워킹우먼으로 워낙 바쁘게 살다 보니 성적 즐거움도 몰랐고, 건강이 좋지 않아 뭔가 더 있을 것이라는 생각이 들었습니다.

1회차 수업을 듣자마자 성에 대해 닫힌 의식이 열리기 시작했습니다. 질 속의 은방울을 자주 의식하라는 말씀을 듣고 실천했더니, 2회차 수업부터 바로 은방울의 위치와 진동감이 느껴졌습니다.

그리고 애액도 풍부해지고 꽃향 같은 냄새로 바뀌었습니다. 성을 즐기지 않는 남편임에도 관계가 원만해졌고, 빨려들어 갈 것 같다면서 남편이 의아하게 반응했습니다. 이후 골반운동과 셀프마사지를 하면서 흥분감과 오르가즘이 올라오곤 했습니다. 심지어는 은방울만 착용해도 질이 꽉 차 있고 미묘한 성감이 느껴졌습니다.

확실히 어딘가 막혀있던 곳이 뚫린 것 같습니다. 항상 차가웠던 배와 손도 따뜻해졌고, 뱃살도 정리되었습니다. 모든 변화는 한 달 동안의 4회 수업 과정에서 체험한 겁니다.

수련 기간이 3여 년이 되어가는 요즘은, 자궁 적출 수술을 했음에도 명기 소리를 제대로 듣고 있습니다. 저 스스로도 에너지오르가즘이 끊임없이 느껴집니다. 때로는 몽환오르가즘이나 환희심(삼매)에도 빠지곤 하고요. **성뇌수련 9단계로 보자면 6,7단계를 경험하는 셈이지요.**

저는 전공이 상담학이어서 주변에 상담을 많이 해줍니다. 그중 하나가 섹스리스나 갱년기 부부 문제입니다. 그럴 때면 저는 부작용 제로이고 효과가 무궁무진한 은방울과 성뇌수련을 권합니다.

복뇌수련, 몸신으로 자궁경부암 극복하고 건강 자신감 회복

성뇌수련을 마치고 얼마 지나지 않아 자궁경부암 초기 진단을 받았습니다. 은방울 수련 전에 이미 유방암 수술을 받은 상태였지요. 15년에 걸쳐 집안 문제로 극심한 스트레스를 받아온 터라 서서히 진행된 결과가 아니었나 생각합니다.

이후 자궁을 몽땅 적출하는 큰 수술을 받았습니다.(지금의 건강지식이 있었다면 수술 대신 자연치유로 극복했을 것입니다.) 회복을 위해 종일

침대에 누워있으니 온몸의 근육이 빠져나가 서서 걷는 것조차 힘들었습니다.

문득 순환을 돕는 은방울 생각이 났습니다. 은방울을 착용해도 되는지 타오월드에 물어보았고, 은방울 수련과 더불어 '몸신' 건강프로그램 안내를 받았습니다. 무기력한 재활보다는 적극적인 회복이 필요한 상황이고 재발에 대한 두려움 때문에 흔쾌히 몸신 프로그램을 받기로 했습니다.

수업에 올 때는 힘들었습니다. 하지만 마치고 돌아갈 때는 온몸이 시원하며 기력이 충만해지는 걸 느꼈습니다. 정신 또한 명료해졌고요. 타오요가와 기공체조 등 매주 다양한 운동을 하자, 수술로 빠졌던 근육이 붙고 몸의 탄력도 생기기 시작했습니다.

특히 셀프 장기마사지와 배푸리, 목푸리는 큰 수술로 어수선했던 장기들의 기능을 최고조로 끌어올려 주었습니다. 철삼봉 두드리기와 철삼기공도 무기력해져 있는 하체와 뼈대를 강하게 만들어 주었고요.

그리고 **8주만에 수술 후 회복은 물론 평생 체기와 위경련, 변비, 수족냉증, 뱃살 등으로 고생해 온 고질적인 건강 문제를 해결할 수 있었습니다.** 끊임없이 돋던 얼굴의 염증과 뾰루지들도 말끔히 없어져 피부가 맑아졌고요. 뱃살은 현저히 줄어 4킬로나 감량되었네요.

저는 현재 8주 과정인 몸신수련을 10회째 수강하고 있습니다. 수술 후유증과 암 재발 걱정에서 완전히 벗어난 것은 물론, 갱년기 증상이 사라졌습니다. 몸은 젊은 시절로 돌아간 듯 활력이 넘칩니다.

심뇌수련, 소주천으로 무한한 우주기 터득

몸신수련이 끝나자 소주천 수업이 개강되어 다시 참여했습니다. 4브레인 수련으로 몸이 갱생되는 체험을 하게 되니, 다른 프로그램이 궁금해졌습니다. 기공수련은 전혀 접해 본 적이 없지만, 4브레인 수련이라면 어떤 변화를 줄 것 같은 확신이 들었습니다.

에너지를 느끼는 방법, 천기와 지기, 우주기를 끌어와 단전에 쌓고 임독맥과 온몸으로 돌리는 방법을 배웠습니다. 보이지 않는 에너지 수련이다 보니 처음엔 어렵게 느껴졌습니다. 하지만 수업이 거듭됨에 따라 점점 익숙해졌습니다.

무엇보다도 돈 한 푼 들이지 않고 얼마든지 끌어다 쓸 수 있는 에너지가 지천에 깔려 있음을 알게 됐습니다. 기는 이미 온열감, 전기감, 진동감 등으로 우리가 느껴왔던 것이죠. 이런 깨달음이 오니 주체할 수 없을 만큼 주변의 따스함, 평안함, 충만감, 흥분감 등의 기가 온몸으로 스며들었습니다. 잠들어 있던 체내 에너지 스위치가 켜진 것이죠.

기수련 하는 분들은 소주천을 터득하기 어렵다고들 말합니다. 이른 나이에 소주천을 시작했으나 수십 년 동안 기맥이 안 뚫렸다는 한 수련생이 생각납니다. 그분은 심뇌수련 5회 만에 임독맥이 뚫렸지요.

심뇌수련의 소주천 수련법은 독특합니다. **진동과 나선형 에너지 증폭과 축기, 손쉬운 천기와 지기 연결, 천골과 두개골 펌핑, 성에너지 활용 등등. 독특하면서도 역동적인 수련법이 빠른 소주천 개통의 비법인 듯싶습니다.**

저는 언제 어디서든 잠시 눈을 감고 천기와 지기, 우주기를 끌어와 임맥과 독맥의 소주천 회로를 돌립니다. 병기와 탁기가 빠져나가면 심신이 평안해지고 충전되는 것을 느낍니다.

두뇌수련, 함께 창조 워크숍으로 '참나'가 원하는 삶 펼치기

6주 간의 '함께 깨어나는 창조 워크숍'은 명상의 끝판왕, 4브레인 생활 수행의 꽃이라는 생각이 듭니다.

무엇보다도 책임감으로 가족과 일에 매진해 정신없이 살던 저에게, 잠시 일상에서 벗어나 내면을 들여다보며 '참나'를 찾는 소중한 시간이었습니다. 또한 내 삶을 창조적으로 펼칠 수 있는 지혜를 깨치게 됐지요.

한때 유행한 시크릿의 상위 버전이라는 생각이 듭니다. 시크릿은 자신이 누구인지에 대한 탐구도 부족하고, 자신이 원하는 꿈을 이루는 실질적인 에너지 활용법도 모호합니다.

반면 **함께 창조 워크숍은 '하나의식'과 '주인의식'을 통해 자신의 본성을 깨우치게 하고, '창조의식'과 '현존의식'으로 행복의 원리를 가르쳐줍니다.**

여러 체험 중에서도 타인과 연결하여 내 에너지를 증폭하고 상대를 돕는 것이 독특했습니다. 내 몸 주변으로 보호막을 만드는 명상은 항상 좋은 일만 일어나도록 도와주었습니다.

저는 사랑하는 아이들이 학업과 시험 준비로 지치고 힘들어할 때, 안테나를 세워 우주의 치유에너지를 연결해주었습니다. 그렇게 에너지를 링크해준 날은, 정말 신기하게도 언제 힘들었냐는 듯이 아이의 모습이 씩씩해졌습니다. 그리고 어느새 이루기 힘든 꿈과 목표들이 이미 성취되어 있음을 발견할 수 있었습니다.

가장 큰 깨달음은 '모든 것이 내 속에 있다'는 이여명 박사님의 말씀! 이 말씀을 깊이 새기니 하루하루가 행복할 수밖에 없습니다. 저는 긍정의식의 무한한 확장으로 내면의 평화와 행복이라는 큰 선물을 매일 받습니다. 언제 어디서든 잠깐이라도 명상을 하면 충전되고 평온함을 느낍니다.

지금까지 이야기한 4브레인 정규과정 외에도 골수내공, 장기힐링마사지 전문가과정 등 4브레인 고급과정을 다수 마스터했습니다. 이에 대한 놀라운 체험들도 나누고 싶은 것이 많으나 지면관계상 생략합니다.

요실금을 치유하기 위해 성뇌(은방울)부터 시작한 공부가 어느덧 복뇌(몸신)-심뇌(소주천)-두뇌(함께 창조 워크숍)의 4브레인 수련 모두에 입문하게 되었습니다. **4브레인 수행을 통해 운 좋게도 건강은 물론 행복의 참맛을 느끼고, 궁극의 실상까지도 엿보게 되었습니다.** 부족한 부분이 아직 많으나 배운 것을 끊임없이 실천하고 체화해 보려 합니다.

이 책을 읽는 많은 분들이 저와 함께 4브레인의 내면 여행을 함께 하기를 간절히 바랍니다.

이여명 박사님과 존재계에 무한히 감사합니다.

복뇌의 몸신수련과 성수련,
소주천 수련으로 만성병 약 끊고
회춘하는 기적의 에너지체험

- 오석경 (광주광역시, 72세, 중소기업회장)

저는 동양의 도학(道學), 즉 타오 테크놀러지(Tao Technology)를 연구하는 사람입니다. 젊었을 때 국선도와 단학선원, 연정원 등 기치유 붐이 일어났을 때 기공을 시작했지만 기감을 전혀 느끼지 못했습니다.

하지만 4브레인 생활수행으로 기역도와 소주천을 수련할 때는 성에너지의 활용으로 기감을 빠르게 터득할 수 있었습니다. 수련 1개월 만에 치료와 예방 목적으로 먹던 고지혈증, 당뇨, 고혈압 치료약 등 10여 가지를 의사의 결정 없이 스스로 끊었습니다.

이는 2년 여가 지난 지금까지 이어지고 있습니다. 뿐만 아니라 몸은 더욱 활기로 가득 차며 다음과 같은 놀라운 체험을 겪을 수 있었습니다.

첫 번째로는 자발공 체험입니다.

몸 안에서 자율진동이 일어나면서 팔자다리가 십일자로 펴지고, 굽어진 등허리 척추선도 펴지는 신기한 경험을 체험했습니다.

두 번째는 외형적인 몸매 변화입니다.

배에서 가스와 지방이 급속하게 사라졌습니다. 생명에너지가 배 쪽에 쌓여서 생긴 현상으로 추측됩니다. 제 나이 또래의 몸매였는데 지금은 건장한 40~50대의 몸매가 되었습니다.

세 번째는 소주천 수련으로 에너지를 자유자재로 조절하게 되었습니다.

심뇌수련의 9단계 중에서 순수한 정신력으로 에너지(기)를 마음껏 조절하는 단계라고 확신합니다. 제가 6단계에 와 있다고 확신하는 것은 제가 4브레인 생활수행에서 요구하는 소주천 완성요건을 갖추었다고 생각하기 때문입니다.

온몸에 생명의 기가 가득 차니, 물레방아 돌 듯이 마음먹은 대로 소주천 회로를 따라 기가 회전하는 것을 체험하고 있습니다. 그 기를 소주천 회로로 돌리다가 우주로 보냈다가, 경혈로 우주에너지를 다시 받아들여 증폭시키기도 합니다. 그런 기공 수련을 일상화하고 있습니다. 일상 중 필요하면 언제든 생명에너지를 몸에 충전하는 것이 가능합니다.

네 번째 접이불루, 비사정 체험입니다.

소주천을 돌리게 되면 접이불루, 비사정(非射精)은 아주 쉽습니다. 그로 인하여 생긴 생명에너지를 두뇌나 장기 어느 곳이든 보낼 수 있습니다. 그러면 몸의 모든 병은 치유되는 느낌입니다. 이것들은 책이나 어디서 들은 것들이 아니라 저에게 나타난 상태이며 능력들입니다.

마지막으로 **2019년 복뇌수련인 몸신수련에 참여하여 크게 느낀 바가**

있어 그 소감과 체험담, 그리고 우리 건강과 사회에 미칠 영향에 대해 알리고자 합니다.

동양의 기공 수련은 눈에 보이지 않는 호흡과 마음으로 시작하기 때문에, 상당히 막연하고 어렵습니다. 기를 단전에 축적하여 원기를 보하고, 막혀 있는 경락을 뚫어 몸과 마음의 치유기법을 터득하는 것이라 어렵고도 험난합니다.

일반 기공수련에서는 오랜 단전 집중과 호흡을 통해 단전에 축기(畜氣)한 후 독맥과 임맥으로 그 기를 돌려 경락을 타통합니다. 물레방아가 물이 차면 돌 듯이, 단전에 기를 채우고 그 충만한 기가 저절로 돌 때까지 기다리니, 독맥과 임맥이 열리기까지 오래 걸릴 수밖에 없습니다.

이에 반해 **몸신수련에서는 축기를 병행하며 등쪽 척추선의 경맥인 독맥, 신체 앞면의 임맥, 몸 중앙의 충맥을 몇 가지 보조기구를 이용하여 일상적으로 풀어냅니다.** 기를 반강제적으로 또는 스스로 돌게 하여 경맥을 빠르게 열어 전신을 충전시킵니다. 막연하기만 했던 정적인 수행이 동적인 육체적 기공체조가 되어, 쉽게 그 효과를 얻을 수 있게 된 것이지요.

성뇌수련 역시 이렇게 축기(畜氣)와 운기(運氣)를 병행하는 수련 맥락과 통합니다. 활성화된 양기(陽氣)인 성에너지를 이용하여 소주천 회로를 열고, 성에너지 충전호흡으로 단전 축기를 병행한다는 점에서 다른 수련법들보다 에너지 체험이 빠르고 탁월합니다.

기가 통하면 혈이 통하여 병이 없고[通卽不痛], 기가 막히면 혈도 막혀

병이 됩니다[不通卽痛]. 기혈순환이 왕성하면 자연치유력이 살아납니다. 몸신수련은 기혈순환을 왕성케 하는 기공수련을 대신하는 기공체조입니다. 수련을 하면 할수록 몸이 충전되고 가벼워집니다.

이번 몸신 과정에서 제 몸의 기통로인 경맥이 1차선 도로에서 2차선 도로로 확장되어 단장된 느낌이며, 더불어 통로를 흐르는 에너지의 질도 고급화되었습니다.

제가 터득한 몸신수련의 기체조 원리를 상기하면서 수련하면 많은 도움이 될 것입니다.

첫째, 배푸리, 목푸리, 맥뚜리 등으로 미골에서부터 척추선을 따라 백회까지 풀어준 것은 독맥을 열기 위한 것입니다.

둘째, 얼굴, 가슴, 배꼽을 따라 치골 주위와 회음까지 풀어준 것은 임맥을 열기 위한 것입니다.

셋째, 배꼽 풀이와 장기마사지, 철삼봉, 철삼기공 등은 임독맥은 물론 충맥까지도 열어주는 수련입니다.

여기에 더하여 교육에서 강조되던 괄약근 운동에 치중하시고, 특히 항문을 포함한 골반바닥근육(PC근육 등)을 강력히 강화시키십시오. 이것은 아무리 강조해도 지나침이 없습니다.

기적이 일어납니다. 내 몸의 수승화강(水昇火降)이 원활해지며 회춘은 물론 모든 장기가 원래의 자리를 바로잡으면서 치유가 일어납니다. 현재 저의 몸 상태는 뭉친 곳이 하나도 없고 기혈순환이 잘 이루어져 따뜻하고 부드럽습니다. 그렇게 많은 약을 먹던 제가 6년 여 약을 끊고도 지금의 건강한 몸 상태를 유지하며 내 안의 유토피아를 나날이 체험하고 있습니다. 기공수련 과정에서 저에게 일어났던 진솔한 체험담이니 믿고 수련에 임하시기 바랍니다.

끝으로 이여명 박사는 성학, 기학, 건강학 분야에서 많은 활동과 업적을 쌓으신 분입니다. **이번 4브레인 생활수행을 집대성한 '4브레인 내면연금술'은 기학 박사인 이여명 회장의 도학(Tao Technology)을 실체화시킨 또 하나의 업적으로 평가하고 싶습니다.**

좀 더 쉽고 단순하게 다듬어서 우리 국민은 물론 인류 건강 증진에 크게 기여하시기 바랍니다. 감사합니다.

'행복의 나라'로 안내하는 4브레인 행복지도

">- 신우성 (서울 강남구, 57세, 자연치유사)

"장기 氣마사지Ⅱ, 이건 뭐지?"

2020년 봄 어느날, 치유마사지 자료를 조사하다 단행본 「장기 氣마사지Ⅱ」(타오월드 출간)를 접했습니다. 저는 장마사지의 일종인 '쾌뇌기공'(E-CST), 마음치유에 해당하는 '치유글쓰기' 등을 활용한 자연치유힐링센터(강남구 도곡동 타워팰리스)를 운영하고 있었습니다. 호기심이 발동한 저는 곧장 종로구에 위치한 타오월드를 방문해 관련 서적들을 구입했습니다. 치유마사지 또한 직접 경험해 보려고 타오월드의 장기힐링도 주 1회씩 4주간 받아보았습니다.

이어면 타오월드 회장님의 제자라고 밝힌 여성 관리사 선생님께서 복부의 오장육부를 손과 팔꿈치로 세밀하게 풀어주셨습니다. 첫 관리를 받고 나니 마치 새가 된 것처럼 몸이 가벼워졌습니다. 한 번 관리를 받을 때마다 1년 이상 젊어지는 기분이 들며 3천만원 가치의 불로초를 먹은 느낌마저 들었습니다. 제가 이미 자연치유사로서 고객들에게 장마사지를 해 주고 있지만, 타오월드의 장기힐링은 더욱 색다르게 다가왔습니다.

이렇게 **타오월드의 4브레인 프로그램을 접하기 시작한 저는 이어서 '몸신수련'과 '장기힐링마사지', '소주천', '함께 창조 워크숍' 등을 수강했습니다.**

타오월드에서 4브레인 수행을 하면서 저의 건강과 컨디션이 한결 더 좋아진 것은 두말할 필요도 없습니다. 중요한 것은 타오월드에서 배운 수행기법을 '신비의 약손치유' 고객들에게 적용했더니 치유효과가 더 빠르게 나타났다는 점입니다. 자가면역질환인 전신성경화증과 아토피는 물론 일반적인 생활습관병부터 심지어 치질 등 일일이 언급하기 힘들 정도로 다양한 난치성 질환자들의 건강이 좋아졌습니다.

몇 가지만 예를 들어볼까요? 2세를 가져야 하는데 생리가 나오지 않아 고민 중인 40대 여성과 생리가 끊겨서 '이제 폐경했나 보다' 하고 낙담하던 50대 여성이 신기하게도 달거리를 재개하였다는 점입니다. 이들에게는 타오월드에서 접한 '골반 진동주기'와 '자궁과 난소힐링'을 적용하여 효과를 보게 했습니다.

4브레인 수행에서 접한 '부신마사지'를 통해 몸이 붓고 혈액순환이 잘 안 되는 50대 여성의 고민을 말끔하게 해결해 주기도 했습니다. 이 고객은 타오월드의 목푸리 베개와 철삼봉을 구입하여 활용하고 있습니다. 팔과 다리가 굳어가던 70대 어르신은 자율신경총 부분을 집중적으로 힐링해 드리고 '철삼봉 두드리기'로 증상을 호전시켰습니다.

이외에도 정말로 수많은 힐링 사례가 있지만 지면의 제약으로 생략하겠습니다. 저는 의사가 아니기 때문에 진료도 치료도 하지 않습니다. 다만, **타오월드 등에서 배운 기공치유 수행법을 활용하여 스스로 자신의 질병을 치유하도록 도와줄 뿐입니다.**

어느날, 이여명 회장의 집무실을 둘러본 적이 있었습니다. 방대한 분량의 책을 꽂아놓은 책꽂이가 있었습니다. 책 제목만 보아도 지적 호기심이 충족되는 느낌이 들었습니다. 몇 권을 꺼내서 펼쳐 보니 곳곳에 빨간색 펜으로 밑줄을 긋고 메모를 해 놓는 등 공부한 흔적이 역력했습니다. 일부 자료엔 손때가 검게 묻어 있기노 했습니나.

이여명 회장은 세계적인 기공치유사 만탁 치아 선생에게 직접 가르침을 받고 국내 상황에 맞게 승화 발전시켰으며, 그의 저서들도 한글로 여러 권 번역하였습니다. 이론과 실제를 집대성한 이여명 회장의 지적 탐구심과 열정에 탄복할 수밖에 없습니다. 각 장기들을 하나하나 세밀하게 터치하여 치유효과를 내는 장기힐링마사지와 셀프 관리법인 복뇌건강법은 그 시작에 불과합니다.

이여명 회장님은 전통 타오의 정기신(精氣神) 3요소에, 성을 포함한 4브레인 체계로 집대성하였습니다.

결론적으로, 저는 타오월드의 4브레인 수행을 전국민운동으로 추천하고자 합니다. 아직은 4브레인(복뇌, 심뇌, 두뇌, 성뇌) 중 복뇌를 위주로 배웠지만, 나머지 영역에서도 뚜렷한 효과를 보실 수 있다고 생각합니다.

4브레인 내용을 초중고 교과서에도 소개하고 대학입학 수학능력시험에도 출제하면 좋겠습니다. 4브레인 프로그램이야말로 진정한 의미의 행복을 찾을 수 있는 전인교육이기 때문입니다. **'4브레인 행복지도'가 우리 모두를 '행복의 나라'로 안내할 수 있다고 확신합니다.**

성뇌수련으로 깨어나 삼매를 체험하고, 의식이 변화돼 행복을 만끽합니다

- 남편바라기 (전남 여수, 47세, 주부)

남편바라기님은 은방울 수련을 필두로 철삼봉, 여옥, 질역도 수련과 함께 타오러브 사이트와 유튜브, 「충전되는 에너지오르가즘 비법」 책으로 성뇌수련을 독학으로 공부했다. 성뇌수련을 통해 섹스리스 상태에서 질과 자궁오르가즘, 전신 오르가즘으로 확장했으며, 몽환오르가즘과 삼매(엑스터시)를 체험하며 두뇌수련의 최고 경지까지 획득했다.

이 과정에서 부부가 섹스리스에서 탈출, 이제는 애틋한 연인으로 거듭나 일상의 행복을 체험하고 있다.

성뇌수련을 무아지경의 두뇌 차원으로 끌어올려 일상의 도를 실천하는 남편바라기님은 진정한 4브레인 생활수행자라 할 수 있다. 그녀의 체험기('타오러브' 사이트https://taolove.kr의 여성훈련담에 원문 공개)는 일상의 성수행을 통해 삶이 어떻게 변해갈 수 있는지 보여준다.

여기에서는 지면 관계상 2019년 11월~2021년 6월까지 15차례 올린 체험기 중 첫 번째와 마지막 체험기를 중심으로 소개한다.

2019년 11월 26일

3년 반 정도를 섹스리스로 권태기를 보낸 우리 부부. 어느 날, 몇 시간에 걸쳐 남편과 속 깊은 이야기를 나누고 이대로는 안 되겠다 싶어 오랜만에 성관계를 가졌다. 잊고 있던 쾌감이 살아나 '앞으로 어떻게 하면 남편과 계속 즐길 수 있을까?' 고민하던 중 은방울을 알게 됐다.

하루에 4~5시간 착용하며, 1주일 쯤 지나자 아랫배와 골반이 따뜻해지는 걸 느꼈다. 또한 성욕이 솟았다. 남편은 나의 변화를 몸소 느꼈다. 질에 살이 많이 차올라 손가락을 넣어보기도 조심스러워졌다. 눌도 많아지고, 뜨거워졌다. 체중은 3킬로 줄었다.

은방울 착용 후 석 달. 이틀 동안 10시간이 넘도록 4번의 관계를 가졌다. 끝없이 나오는 나의 사정액. 앞으로 사정을 못하면 어쩌지 싶을 정도로 엄청난 오르가즘이 밀려왔다. 다음 날에도 10여 회 이상 오르가즘을 느꼈다.

남편에게는 더 이상 남자를 위한 섹스를 하지 않겠다고 말했다. 슬로우 앤 소프트를 해 달라고 선언했다. 질 오르가즘을 자궁 오르가즘으로 올리고 싶다고도 했다.

요즘은 나체로 잔다. 남편과 자주 잠자리를 하니 성감이 개발돼 A스팟 오르가즘을 체험 중이다. 10번 이상 오르가즘이 오는데 G스팟보다 더 강하고, 지속적인 느낌이다. 지금 우리 부부는 연애 때보다 더 뜨겁고 더 사랑하게 됐다.

2019년 12월 19일 ~ 2020년 6월 6일

그동안 정말 많은 변화가 있었다. 은방울 수련 이후 채 넉달이 안 된 시점, 치질이 들어가서 불편감과 통증이 싹 사라졌다. 질 근육이 두툼해지고 질 중간 전후좌우 근육을 분리해 조이거나 당겨올릴 수 있었다. 입구부터 깊은 곳까지 각 부분을 쪼개 따로 힘을 주거나 힘을 빼는 것도 가능해졌다.

은방울 수련 7개월 이후부터는 센터드로·빅드로 호흡법으로 성에너지를 몸의 중앙 통로나 소주천 회로로 돌리는 수련을 시작했다.

접궁오르가즘을 느끼기 시작했는데, 관계 후 여운도 30분 이상 간다. 남편도 변했다. 가끔 기역도도 하고 비사정 등 타오월드의 성의식을 조금씩 따라와 준다.

8개월 이후부터는 난소, 자궁, 질 마사지를 하면 흥분과 동시에 수축·이완되며 오묘한 기운이 전신으로 잔잔히 퍼졌다.

생애 처음으로 전신오르가즘을 맛보기도 했다. 작은 움직임에도 긴장과 이완을 반복하며 머리부터 발끝까지 덜덜거리는 전기자극이 왔다.

2021년 6월 25일

8개월 전(2020년 9월) 즈음부터 명상을 하고 있다.

명상을 하며 내면의 순수의식에 가까이 갈 때, 골반 안의 모든 근육과 장기가 스스로 움직인다. 페니스의 삽입이나 마찰 없이 질과 골반 안의 장기와 근육이 스스로 운동하고 에너지를 만든다. 그 에너지, 어떤 강렬한 기운이 척추를 타고 뇌로 올라가 정수리로 뿜어지고, 몸 밖으로 터지는 체험을 한다. 가부좌 자세로 명상하면서 일어나는 체험이다. 그 어떤 오르가즘보다 더 황홀하다.

이렇게 몇 달간 황홀경을 체험하다 이 역시 에고의 오감작용이니 내려놓자 싶었다. 황홀경을 내려놓고 순수의식에 집중하니 삼매에 들었다.

그리고, 알았다. 나는 이미 남편과의 관계에서 삼매오르가즘을 느끼고 있었다. 몸의 완전한 이완으로 몸은 사라진다. 에고는 사라지고 순수의식으로 세상에 존재한다. 시공간이 없어지고 절대 고요와 사랑만이 남는다.

"아무것도 없다. 이곳은 아무것도 없다."

관계 중 절정에 올랐을 때 남편에게 한 말이다.

섹스 그리고 오르가즘도 명상이고 몰입이다. 스스로 한계를 정하지 말고, 자신의 오르가즘 개발에 관심을 쏟아라. 슬로우 앤 소프트를 명심하고, 자신의 감각에 집중하라.

이박사님의 가르침은 옳았다. 오르가즘은 개발되고 궁극의 삼매오르가즘을 통해 의식의 변화가 온다. 그리고 그 변화된 의식이 일상의 행복을 준다.

나는 성수련을 통해 깨달을 수 있음을 알았다. 나는 또 한 명의 증인이다.

이여명 박사님 파이팅!

혈액암으로 다운된 몸과 정력이
빠르게 회복되고 있어요!

– 차근영 (서울 강남구, 68세, 미국 한의사)

저는 미국에서 살다가 최근 귀국하여 강남에 거주하고 있습니다. 어릴 때부터 약골이었고 혈액암을 오랫 동안 앓아와, 건강공부에 관심이 많고 각종 건강법을 몸소 실천해왔습니다.

그런데 유튜브를 통해 성교육을 포함하여 4브레인 수행에 대해 알고 이 회장님께 건강상담을 받게 되었습니다. 혈액암으로 몸의 기력도 떨어지고 발기도 2년 정도 안됐습니다. 대문을 아예 잠가버리고, 성의 세계를 떠났었지요.

회장님과 상담 후 바로 4브레인 과정 전체를 등록했습니다. 수업에 참여하기 전에 미리 미니기역도를 한 개 구입해서 착용해보았습니다. 그런데 **불과 4주 안에 반응이 오고 건강에 자신감이 붙더군요.** 예전엔 전립선이 안 좋아서 밤에 3번 정도 화장실에 갔습니다. 밤에 잠을 못 자니, 아침이면 정말 피곤했습니다. 지금은 중간에 안 깨고 잠도 잘 잡니다.

미니기역도를 한 달 하고, 본 수업인 기역도 성수련에 들어가니 수련이 한결 수월했습니다. 성수련 후에 몸의 변화는 더욱 놀라웠습니다. 나이가 60이 지나면서 성근육도 빠지는 것 같았거든요. 고환을 잡아보면 옛날과 영 느낌이 달랐습니다.

그런데 이제는 길이가 최소 1센티 넘게 늘어나고, 두께도 20% 정도 커졌습니다. 줄어든 고환도 커진 느낌입니다. 지금은 미니기역도를 차자마자 골반이 시원해지는 걸 느낍니다.

얼마 전엔 부인과 2년 반 정도 단절된 성생활을 재개했습니다. 그것도 비사정으로요! 다시 성기능이 살아났고 비사정으로 부인과 전에 없던 운우지정을 나누는 놀라운 체험을 했습니다.

다음은 **복뇌의 몸신수련과 심뇌의 소주천수련에 참가했습니다.** 요즘 시간 여유도 있고 빠르게 건강을 회복해야 하겠기에, 단숨에 모든 과목을 이수하기로 마음 먹었습니다.

몸신수련은 동작들이 간단하면서도 강력했습니다. **목푸리 베개, 배푸리, 철삼봉, 맥뚜리 등 이회장님이 개발한 수련도구들도 단순하게 보이지만 확실히 독특했습니다.** 특히 철삼봉 두드리기가 가장 좋았습니다. 두드리면 뼈까지 진동이 느껴지고 생체전기가 찌릿찌릿 발생합니다.

요즘은 미니기역도 효과를 위해 전철도 서서 다닙니다. 예전에는 항상 앉아서 다녔거든요. 꾸준히 실천하면 골수암도 곧 회복이 될 것으로 확신합니다.

두 달 다니다보니 이젠 4브레인 생활수행에 좀 익숙해졌습니다. 특히 성이 상스러운 것이 아니라, 적극적으로 공부하고 건강하게 즐겨야 함을 배웠습니다. 지금까지는 허전하고 소모적인 1단계 성에만 집착해왔던 것이죠. 그런데 비사정을 하면 에너지가 충전되고, 자신감도 생기고, 여러모로 도움된다는 걸 느꼈습니다. 이런 걸 젊을 때부터 알았더라면 얼마나 좋았을까요.

4브레인 생활수행은 몸부터 만들고 몸의 에너지를 깨워 순환시키고, 자기 본성을 깨닫고 원하는 삶을 창조하는 두뇌 공부까지 포함합니다. 내면의 모든 차원을 변화시키는 전인교육이지요. 또한 내면의 변화에 도움이 되는 핵심적인 도구들이 다 들어 있습니다.

4브레인 내면 연금술을 배워서 실천하면 할수록 건강해지고, 새로운 인생의 출발이 되리라 확신합니다. 젊을 때부터 배워두시면 정말 여생을 즐겁고 활기차게 맞이할 것입니다. 이런 훌륭한 교육에 인연을 맺는 것만으로도 큰 행운이라는 생각이 듭니다.

감사합니다.

끝맺기.
지상에서 누리는 천상의 맛

　이것으로 행복의 나라로 안내하는 4브레인 내면 연금술의 전체적 얼개를 제시했다. 성, 몸, 맘, 정신이라는 인간의 전체 요소를 모두 다루었다. 또한 그들 4브레인의 상호 관계와 통합 원리, 그리고 실천 수련법까지 다루다보니 결코 쉽지 않은 작업이었다.

　이제는 10달 산고를 겪고 아이를 낳은 산모처럼 가슴이 뿌듯하고 벅차다.

　이 책은 6개월 여간의 작업으로 탄생했다. 하지만 그 잉태기간은 무려 30년 이상의 세월이 걸렸다.

　나 존재의 의문으로 출발한 탐구의 여정이 에너지수련인 기공수련, 즉 심뇌수련으로 내려왔고, 이어서 복뇌수련과 성뇌수련까지 내려왔다. 이런 4브레인의 여정을 모두 밟는 데 20여 년의 세월이 걸렸다.

　그리고 다시 성뇌에서 복뇌, 심뇌를 거쳐 두뇌까지 올라가는 데 10여

년의 수행을 거쳤다. 이제 마침내 최초의 의문에 대한 답을 얻기에 이르렀다.

'나는 과연 누구인가?'

'나는 어디서 와서 어디로 가는 것일까?'

'나는 어떻게 하면 행복할까?'

당신은 자기 자신에 대한 의문이 풀렸는가? 지금 당신은 행복한가? 이 책을 통해 이 의문들에 대한 약간의 통찰이라도 얻었는가?

이 질문들에 대해 확실한 예스가 아닌 약간이라도 웃음 지을 수 있다면 나는 만족한다. 이 책은 행복의 보물지도이지 보물 자체는 아니기 때문이다.

이제 보물 자체를 캐서 그 혜택을 누리는 것은 당신의 몫이다. 이 보물지도를 따라가 보물 자체를 만나길 바란다. 이 책이 보물을 찾아갈 수 있는 가장 빠르고 확실한 보물지도임은 분명하다.

나는 뜬구름 잡는 하늘에서 시작하여 굳건한 땅으로 뿌리내린 후에, 마침내 천상으로 솟구쳐 오르는 경험을 했다. 하늘과 땅을 오르내리며 그 둘이 하나로 만나는 체험을 몸소 했다. 이것이 바로 등용문이요, 신천지의 체험이요, 참다운 성공의 길이다. 하늘에서 이뤄진 것이 땅에서도 이뤄졌으며, 땅에서 이룬 것이 하늘로 다시 솟구치는 지난한 여정! 무려 총 30여 년의 세월이 걸렸다.

하지만 독자들은 행복의 보물지도가 만들어졌기에 10여 년 이하로 그 탐구 여정을 줄일 수 있다. 이제 우주 왕복선들이 만들어져 일반인들도 우주여행을 하는 시대가 도래하지 않았는가? 당신이 발심을 확고하게 하거나 상근기라면 1~2년 내, 혹은 **지금 당장**이라도 **존재의 실상**을 맛볼 수 있다.

그 세계는 우주 왕복선을 타고 다른 별로 가는 여행도 아니고 죽어서 가는 곳도 아니다. 바로 지금 여기, 아니 **당신 안**에 그 모든 것이 있다. **내면 연금술을 통해 눈만 뜨면 지상에서 천상으로 솟아오를 수 있다. 4브레인 수련을 통해 당신 안에서 천시가 하나로 만나 합일된다.**

어디로 가야 하거나 세상을 변화시키는 일은 결코 쉽지 않다. 하지만 당신 자신이 변화하면 된다. 성, 몸, 맘, 정신은 당신 자신의 것이기에 그것의 변화는 당신의 선택에 달려 있다.

지금 당장 내면의 여행을 떠나라. 아무런 준비 과정이나 준비물이 필요 없다. 이 책 한 권이면 족하다. 그냥 있는 그 자리에서 떠나기만 하면 된다.

그러면 이 지상에서 바로 천상을 만나게 된다. 천상을 만나면 가족과 친구에게도 이 행복의 보물지도를 전하기 바란다. 온 지구촌이 행복의 나라가 되도록!

유교의 **대동사회**, 불교의 **불국토**, 도교의 **지상선경**, 기독교의 **아버지 나라** 등, 각 종교가 꿈꾸는 이상세계를 지구촌 가족이 함께 누려야 되지 않겠는가?

이제는 그럴 때도 되었다. 지금 여기에서!

부록. 4브레인 생활수행 가이드

성뇌수련 단계	성뇌수련법	성뇌 수련도구
1단계: 성에너지 깨우기	섹서사이즈 골반춤	**남성수련도구:** 기역도, 미니기역도, 맥뚜리
	성에너지근육 펌핑	
	성에너지마사지	**여성수련도구:** 은방울, 트윈 은방울, 옥알, 여옥, 각궁
2단계: 성에너지 충전하기	성에너지 충전호흡: 고환/질호흡	
3단계: 성에너지 순환하기	성에너지 순환호흡: 빅드로	

복뇌수련 단계	복뇌수련법	복뇌 수련도구
1단계: 복뇌이완	셀프 장기마사지	
	배푸리와 목푸리, 맥뚜리	
	이완 타오기공체조	배푸리, 목푸리, 맥뚜리, 철삼봉
2단계: 복뇌강화	강화 타오기공체조	
	철삼봉 두드리기	
3단계: 복뇌각성	철삼기공	
	에너지체질 자연섭생법	

심뇌수련 단계	심뇌수련법	심뇌 수련도구
1단계: 통기(通氣)수련과 기감(氣感)수련	통기수련	
	심박 느끼기	
	손 기감 느끼기	
2단계: 축기(畜氣)수련	단전기공	배푸리, 목푸리, 맥뚜리, 철삼봉
	배꼽호흡	
3단계: 운기(運氣)수련	심뇌 열고 임맥으로 성뇌와 연결하기	
	두뇌(상단전) 열고 임맥으로 4브레인 연결하기	
	단약으로 독맥 열고 소주천 완성	

두뇌수련 단계	두뇌수련법	두뇌 수련도구
1단계: 자기 관찰	4브레인 정화명상	
2단계: 자기 통합	4브레인 통합명상	
3단계: 자기 자각 자유명상	하나의식	배푸리, 목푸리, 맥뚜리, 철삼봉
	창조의식	
	주인의식	
	현존의식	

1. 4브레인 내면 연금술을 모두 한꺼번에 수련하고 싶다면, 일반적인 난이도에 따라 다음의 순서대로 실천하면 좋다.
   '두뇌수련 3단계-자유명상'은 삶 속에서 명심하며 늘 실천해야 하는 생활명상 지침이므로 0~10단계라고 했다.

0~10단계	두뇌수련 3단계-자유명상	5단계	성뇌수련 2단계
1단계	복뇌수련 1,2,3단계	6단계	두뇌수련 1단계
2단계	성뇌수련 1단계	7단계	두뇌수련 2단계
3단계	심뇌수련 1단계	8단계	성뇌수련 3단계
4단계	심뇌수련 2단계	9단계	심뇌수련 3단계

2. 각 뇌의 수련 기간은 1단계 1~3개월, 2단계 3~6개월, 3단계 6~12개월 정도 할애하기 바란다. 4브레인 전체 과정은 2년~5년 정도 작정하고 수련하기 바란다.

3. 3승9단계의 어느 수준을 목표로 하느냐에 따라 수련 기간이 달라진다. 그리고 수련자의 근기(根機)나 노력 여하에 따라서도 발전 정도가 많이 달라진다. 보통 4~6단계의 중승 단계로 발전하려면 1년~3년 정도의 꾸준한 수련이 필요하다. 그 후 지속적으로 실천해가다보면 연금술처럼 내적 변형이 끊임없이 일어나는 것을 체험하게 된다.

타오월드 소개

타오월드는 비전의 타오양생법을 과학적으로 체계화한 〈4브레인 생활수행〉을 실천하고 보급하는 단체로, 생명에너지를 높여 100세 젊음의 완전 건강을 얻고 궁극적으로 〈참나〉를 회복하여 성 · 몸 · 마음 · 정신의 전인적 행복을 누리는 데 그 목적이 있습니다.

MISSON
성 · 몸 · 마음 · 정신의
전인적 행복과
복된 지상선경 구현

VISION
4브레인 생활수행
실천 회원 50만명
모집

PLAN
전국민 건강증진과
의식향상을 위한 온라
인 오프라인 연계 교육,
국내외 네트워크 구축

4브레인 생활수행 타오월드

교육과 힐링, 수련물품 구입 문의 (02) 765-3270

www.taoworld.kr / www.taolove.kr

종로3가역 7번출구 창덕궁방향 도보 7분거리, 일중빌딩 2층

4브레인과 통(通)의 건강과 행복원리

타오수련은 통과 순환이라는 건강과 행복의 원리 아래, 전인적 성장과 행복을 위해
성뇌(생명뇌), 복뇌(신체뇌), 심뇌(감정뇌), 두뇌(생각뇌)를
각각 치유하고 수련하는 통합적인 프로그램으로 구성되어 있습니다.

4브레인	초급	중급	고급	힐링법	수련도구
성뇌 (생명뇌) 타오러브	기역도/은방울 단기과정	기역도/은방울 에너지오르가즘 수련	골수내공과 에너지오르가즘 고급과정	골반힐링	기역도 은방울 맥뚜리
복뇌 (신체뇌) 타오요가	복뇌건강법	몸神수련	장기힐링마사지 전문가	장기힐링 철삼봉 쓸기힐링	배푸리 철삼봉
심뇌 (감정뇌) 타오기공	배꼽호흡	에너지순환 소주천 완성반	오기조화신공 감리명상 오감밀봉 천인합일	코스믹힐링	목푸리 베개
두뇌 (생각뇌) 타오명상	내면 미소명상 배꼽명상	함께 창조 워크숍		원격힐링	

3승	9단계	품계	4브레인	4통4선	수련과정	성뇌수준	복뇌수준	심뇌수준	두뇌수준
하승下乘	1단계	도문1(道門)			독뇌건강법	젊은 빅뱅 오르가즘 / 말초쾌감	의존체질	무감정	잠자는 의식
	2단계	도문2(道門)	성뇌	性通 人仙	옴싹수련 / 몸깨 청조 워크숍	연장된 빅뱅 오르가즘 / 미세쾌감	병체질	혼란된 감정	혼란된 의식
	3단계	도문3(道門)			함깨 청조 워크숍 / 워크숍	말티 오르가즘	미병의 몸체질	정돈된 감정	정돈된 의식
중승中乘	4단계	도술(道術)	복뇌	道通 地仙	에너지 오르가즘	에너지 오르가즘	건강한 몸체질	전환된 감정	전환된 의식
	5단계	도예(道藝)	심뇌	氣通 神仙	소주천	감정 에너지가즘	건강한 에너지체질	통일된 감정	통일된 의식
	6단계	도인(道人)			금수내증 고급 에너지가즘	정신 에너지가즘 (몸향의식)	완전건강 에너지체질	직관적 감정	직관적 의식
상승上乘	7단계	도의(道醫)			오기조화신공 (대주천)	엑스타시 (환희의 무아지경)	무중력 영성체질	감정 해방	초월의식 출연
	8단계	도성(道聖)	두뇌	神通 天仙	금강영성 (전신주천)	엑스타시 연장	영성체질 양태	감정의 초연	초월의식 연장
	9단계	도신(道神)			오감밀화 천지합일 천인합일	엑스타시 완성	영성체질 완성	감정 월의	초월의식 완성

대표적인 4브레인 생활수행 프로그램
- 타오러브 · 기공 · 명상 마스터 과정 -

성뇌수련 – 에너지오르가즘 수련
사랑과 건강, 깨달음을 부르는 성에너지의 연금술

타오러브는 생명력의 원천인 성에너지를 낭비하지 않고 몸으로 되돌려 지고의 즐거움과 건강, 깨달음으로 승화시키는 사랑의 도입니다. 지금까지 소수에게만 비전되어온 고품격 성 비법을 현대인들의 아름답고 건강한 성을 위해 과학적으로 쉽게 체계화하여 공개합니다. 각종 성문제 해결에서부터 만족스러운 멀티 에너지 오르가즘까지! 국내 유일의 살리는 성교육 〈타오러브〉에서 그 해답을 찾아보세요.

복뇌수련 – 깨어나는 몸神수련
유토피아의 몸신 만들기 2개월 프로젝트

몸신 2개월 프로젝트는 내적 활력과 외적 아름다움을 동시에 추구합니다. 셀프 장기마사지, 타오요가와 기공체조, 두드리기, 철삼기공, 호흡 등의 통쾌한 자극으로, 장기 이완에서부터 근육과 뼈 단련, 전신 에너지 소통까지 몸 전체를 유쾌하게 뻥~ 뚫어주고 생생하게 살려줍니다.
또한 지도자가 수련자의 몸을 풀어주고 강화시켜주는 힐링교정으로 몸신 혁명을 도와드립니다.

심뇌수련 – 에너지순환 소주천 완성반
에너지 순환을 통해 치유와 활력의 샘을 깨우고 영적 환희심에 도달하기

소주천은 소우주 회로인 임맥과 독맥을 여는 수련으로, 소주천을 완성하면 온몸이 진기(眞氣)로 가득 차서 완전 건강체가 되고, 몸과 감정, 정신이 하나로 통합됩니다. 이제 그동안 비전으로 어렵게 전수되어 왔던 소주천 개통법을 쉽고 체계적인 방법으로 공개합니다. 기존의 호흡 위주의 수련과는 달리, 천기와 지기를 받아들여 단전에서 회전시키고 천골과 두개골 펌프를 진동시키는 혁신적인 공법을 통해, 단전의 축기 느낌을 빠르게 얻고 소주천 개통을 단시일에 이룰 수 있는 비법을 공개합니다.

두뇌수련   함께 창조 워크숍
내면의 행복과 삶의 풍요를 동시에 펼쳐내는 마법의 창조명상

참나는 원래 지복의 존재이며, 우주는 본래부터 영원하며 무한하게 풍요롭습니다. 당신은 의식의 확장을 통해 당신 자신과 타인 혹은 무한한 코스믹에너지와 연결하기만 하면 엄청난 창조력을 발휘하게 됩니다.
나와 타인이 연결되고 상생함으로써 증폭되는 극대의 창조의 마법으로, 내면의 평화와 행복, 건강과 치유, 부와 성공, 인간관계 등, 당신이 원하는 무엇이든 현실에서 마술처럼 이뤄집니다!

타오북스&DVD
- 이여명 에너지 연금술 시리즈 -

뱃속다이어트 장기마사지 책/DVD(2개 세트)

뱃속이 뚫려야 뱃살이 빠진다. 하루 15분, 뱃살도 빼고 건강도 얻는 가장 탁월한 셀프 뱃속다이어트 장기마사지 프로그램. 셀프 장기마사지 방법 외에 장운동과 복근운동, 기공호흡법, 배푸리, 장청소 디톡스 프로그램, 주고받는 장기마사지 등 뱃살 관리는 물론, 건강과 생활 전반이 향상되는 입체적인 프로그램을 제시했다.

이여명 장기氣마사지 실천테크닉 DVD(5개 세트)

장기힐링을 위한 전문가용 실전 장기마사지 테크닉 동영상 강의. 국내 장기마사지 창시자 이여명 박사가 누구나 장기마사지법을 손쉽게 따라할 수 있도록 재미있고 명쾌하게 강의했다. 아름다운 모델과 입체적 화면 구성으로 지루하지 않게 공부할 수 있도록 배려했다.

만병을 물리치는 기적의 복뇌건강법

'복뇌건강법'은 '복뇌'를 이완하고 강화하고 각성하는 과정으로, 장을 풀어주는 간단한 동작과 댄스워킹, 셀프 장기마사지, 배꼽호흡, 배꼽명상의 5단계로 이루어져 있다. 무척 쉽고 간단한 동작만으로 누구나 효과적으로 복뇌를 깨우고 강화할 수 있다.

배마사지 30분

동양 전통의 약손요법을 현대 과학의 지혜로 되살려낸 배마사지는 우리 몸의 자연치유력을 높여 몸과 마음을 편안하게 해 준다. 이 책은 인체의 뿌리이자 중심을 다스리는 장기마사지를 일반인들이 손쉽게 따라할 수 있도록 아름다운 화보와 함께 구성했다.

충전되는 에너지오르가즘 비법

에너지오르가즘의 원리를 바탕으로 건강한 몸(명기와 명도)을 만드는 에너지오르가즘 훈련법 5단계와 애무, 삽입, 체위 등의 실질적인 에너지오르가즘 연주법, 그리고 조루와 발기부전을 극복하고 성의 고수로 거듭나는 실전 비법까지 체계적으로 제시했다.

性수련으로 풀이한 소녀경

동서고금의 성학을 통합하여 에너지성학 비법으로 풀어낸 〈21세기 소녀경〉!
동양 최고의 성전(性典) 소녀경 시크릿, 드디어 열리다!
"이 한 권의 성전(性典)으로 당신의 침실이 진짜 뜨겁게, 성스럽게 변화됩니다!"

오르가즘 혁명

에너지오르가즘과 동양 성학의 전문가인 이여명 박사가 20세기 초의 혁명적 성이론가인 빌헬름 라이히의 오르가즘론을 현시대에 걸맞게 재조명하고 동양의 성학 관점으로 더욱 발전적으로 해체·완성시킨 작품

타오북스
- 만탁 치아 타오 내면의 연금술 시리즈 -

5장6부를 되살리는
장기 氣마사지

인체의 뿌리인 5장6부를 직접 다루는 장기 氣마사지를 동서양의 개념을 동원하여 가장 체계적인 방법으로 소개한 책. 장기 제독법은 물론, 치유에너지 배양법과 각종 진단법, 질병별 적용기법과 치유사례까지 장기 기마사지를 누구나 심도있게 활용할 수 있도록 자세히 소개했다.

풍을 몰아내는
장기 氣마사지 II

風이 몸 안에 갇히면 병기와 탁기가 되어 중풍, 심장마비 등 각종 장애 및 질병을 일으킨다. 장기 氣마사지 II 에서는 엘보우 테크닉을 사용하여 복부와 신체 각 부위에 갇힌 풍을 몸 밖으로 몰아내고 기혈의 흐름을 회복하여 신선한 양질의 氣로 장기와 내분비선을 채우는 법을 배운다.

누구나 쉽게 이루는 소주천 100일 완성
치유에너지 일깨우기

국내 최초로 소개되는 과학적 소주천(小周天) 수련의 결정판!
치유와 활력의 샘인 소주천을, 과학적인 방식으로 접근하여 누구나 쉽고 빠르게 개통하는 최신 공법을 공개했다.

골수와 성에너지를 배양하는
골수내공

세계적 氣전문가 만탁 치아가 달마대사가 전한 역근세수공의 비전을 과학적으로 낱낱이 공개한다! 뼈와 장기를 氣에너지로 감싸는 뼈호흡과 뼈압축, 두드리기 수련, 성에너지 마사지, 성에너지 배양을 위한 성기 氣역도, 옥알 훈련 등이 소개된다.

오장의 氣와 감정을 조화시키는
오기조화신공

팔괘의 힘으로 오장의 오기(五氣)와 천지기운을 융합시켜 부정적 에너지를 몰아내고 에너지 진주, 즉 단약으로 만들어 임맥과 독맥, 충맥을 여는 수련법. 더 나아가 양신(陽神, 에너지체)을 길러 공간에 투사하는 출신(出神), 분신(分身)의 선도 비법늘 최초로 공개한다!

여러번 오르가즘을 얻는 타오 性테크닉
멀티 오르가즘 맨/커플

이 책은 부부간의 깊은 육체적 친밀감을 높이고 나아가 조화로운 정신적 결합을 통해 강렬한 멀티 오르가즘과 지고한 영적 황홀경을 얻는 실제적인 타오 성테크닉을 성의학적으로 제시했다.

4브레인 생활수행 물품
- 건강 수련도구 -

뱃속~ 뻥! 뱃살~ 쏙!
배푸리
실용신안등록 0326033

국내 장기마사지 창시자 이여명 회장이 고안한 셀프 장기마사지 기구

배푸리에 그저 깔고 엎드려 있으면 굳은 장기가 부드럽게 풀리면서 숙변이 쏙 빠지고, 다이어트는 물론 찌뿌듯했던 몸이 날아갈 듯 가벼워집니다.
활기차고 당당한 삶, 이제 배푸리 건강법으로 시작하십시오!

맑은 아침을 깨우는~
도리도리 목푸리
디자인등록 0582683

무심코 베는 베개가 소리없이 당신을 죽이고 있다?

인생의 1/3을 차지하는 잠! 편안한 잠자리를 위해 고급침대와 이불, 공기청정기까지 사용하지만 정작 잠의 질은 베개에 달려있다는 사실을 아십니까? 목푸리 베개는 목의 만곡선을 살려주고 적당한 자극으로 굳은 목을 풀어줄 뿐만 아니라 내장된 편백나무에서 나오는 은은한 향으로 깊은 숙면을 유도해 상쾌한 아침을 맞이할 수 있도록 합니다.

배꼽·회음(전립선)힐링기구
맥뚜리

배꼽과 항문만 뚫어도 건강해지고 활력이 넘칩니다!

맥뚜리는 맥반석의 따뜻한 기운과 지압봉으로 배꼽과 항문을 효과적으로 뚫어주는 온열지압 힐링기구입니다. 인체의 중심혈인 배꼽이 통하면 복뇌(5장6부)가 살아나고 자연치유력과 면역력이 강해집니다.
인체의 뿌리혈인 항문(회음)이 통하면 남성은 전립선이 건강해지고 정력이 왕성해지며, 여성은 골반이 따뜻해지고 성감이 향상됩니다.

두드리면 강해지는
철삼봉(大,小,미니)

두드리면 강해집니다! 낫습니다!
뼛속까지 시원해집니다!

철삼봉은 스테인레스 가닥을 묶은 강력한 두드리기 도구로, 진동을 장기와 뼛속 깊숙이까지 효과적으로 전달합니다. 뼈는 인체의 버팀목인 동시에 정기의 보고. 철삼봉 두드리기는 골수의 재생을 촉진하여 골다공증을 비롯한 각종 질환을 예방하는 것은 물론, 정력과 활력을 샘솟게 합니다.

4브레인 생활수행 물품

- 성건강 수련도구 -

자율진동 케겔운동기구
은방울 / 트윈 은방울
특허출원번호 2020090115375

내 안의 여신을 깨우는 매혹의 진동!

은방울 내부에 장착된 진동추는 전기적 장치로 인한 것이 아닌 자연스런 진동을 유발시켜 케겔운동을 도와줍니다. 이제 안전하고 간편한 자율진동 운동요법으로 건강하고 매력적인 명기로 거듭납시다!
트윈 은방울은 은방울 두 개를 붙인 쌍방울로, 진동 기능을 보강했으며 질괄약근, pc근육, 질 심부외 자궁경부를 동시에 자극할 수 있게 업그레이드한 3포인트 자율진동 케겔운동기구입니다.

케겔운동 보조기구
옥알

10년이 지난 부부도 3개월 신혼처럼!

성근육과 성기관은 남녀 건강의 핵심입니다. 옥알은 고대 황실에서부터 전해오는 비법으로 질의 수축력을 위해 고안된 여성 케겔운동기구입니다. 〈멀티 오르가즘 맨〉 책을 내면서 국내 최초로 소개한 옥알은 성적인 매력을 되찾고 성생활의 질을 극적으로 향상시켜 줍니다.

3Way 케겔파워 여성운동기구
女玉(여옥)

여자의 자존심을 되찾아줍니다!

여성훈련 기구인 옥알을 널리 보급해오다가 질괄약근 운동에는 약간의 아쉬움이 있어 여옥을 개발하게 되었습니다. 여옥은 질괄약근과 질내 성근육, 자궁경부를 동시에 운동할 수 있는 3Way 시스템 운동기구입니다.
여옥을 독립적으로 훈련하거나 옥알 혹은 은방울과 함께 훈련하여 건강하고 사랑받는 여성으로 거듭나십시오.

대한민국 남녀 1%의 스포츠
기역도 / 미니 기역도 / 질역도

◀ 질역도
◀ 기역도
미니 기역도

강한 남성, 매력있는 여성의 상징!

기역도와 질역도는 생식기의 힘으로 중량추를 들어 올리는 훈련으로 타오 수행자들 사이에 비전 되어온 강력한 골수내공 수련의 일부입니다. 성근육과 성기관은 남녀 건강의 핵심입니다. 성기관 단련으로 건강한 남성, 사랑받는 여성으로 거듭나시기 바랍니다.

미니 기역도는 생활 속에서 착용 가능한 모바일 남성 운동기구입니다.